CR400BF 型动车组技术

主　编　王剑锋　王瑞锋　闫　剑
主　审　赵　超　卢　健
副主编　王　宇　李　建
参　编　张　阳　章天宇　王淏泽

活页式　　校企合作

西南交通大学出版社
·成　都·

图书在版编目（CIP）数据

CR400BF 型动车组技术 / 王剑锋，王瑞锋，闫剑主编
. --成都：西南交通大学出版社，2024.1
ISBN 978-7-5643-9651-0

Ⅰ. ①C… Ⅱ. ①王… ②王… ③闫… Ⅲ. ①高速动车－职业教育－教材 Ⅳ. ①U266

中国国家版本馆 CIP 数据核字（2024）第 009127 号

CR400BF Xing Dongchezu Jishu
CR400BF 型动车组技术

主编 王剑锋 王瑞锋 闫 剑

责任编辑 何明飞
封面设计 吴 兵

出版发行 西南交通大学出版社
（四川省成都市金牛区二环路北一段 111 号
西南交通大学创新大厦 21 楼）
邮政编码 610031
营销部电话 028-87600564 028-87600533
网址 http://www.xnjdcbs.com
印刷 四川玖艺呈现印刷有限公司

成品尺寸 185 mm × 260 mm
印张 14
字数 331 千
版次 2024 年 1 月第 1 版
印次 2024 年 1 月第 1 次
书号 ISBN 978-7-5643-9651-0
定价 43.80 元

课件咨询电话：028-81435775
图书如有印装质量问题 本社负责退换

前言

Preface

站在历史的海岸回溯那一座座人类发展的丰碑，中国高铁一定是最别致的风景。从无到有从大到强，中国高铁实现了从追赶到领跑的巨大飞跃。复兴号奔驰在祖国广袤大地上，创造了让 5 枚硬币“屹立不倒”的神话。沿着脚下的路一直跑，追着前方看到的光，我们努力超越，发现能做到的事情很多，也总能到达想去的地方。我们的前进没有终点站，复兴号动车组列车，中国“新名片”运营速度 350 km/h 正给世界带来更多惊喜，中国高铁，连接世界，与你同行。

高标准的检修质量和运用水平是复兴号动车组安全运行的基本保障，本书立足于对高铁运输从业者初学入门和拔高培训需求，内容包括 CR400BF 复兴号动车组基础知识、CR400BF 型动车组概述、车体、转向架及车端连接、车内设施、司机室、高压牵引系统、供风及制动系统、辅助电气系统、网络控制系统九个章节，不仅对复兴号动车组各系统的结构功能做了详细介绍，还对其各系统的工作原理进行了深入阐述。

本书由包头铁道职业技术学院与中国铁路呼和浩特局集团有限公司包头车辆段联合编写，由王剑峰、王瑞锋、闫剑担任主编，负责编写组织、全书构架和技术指导，赵超、卢健审核全书。具体分工如下：第 1 至第 6 章由王剑锋、王瑞锋、闫剑、王宇编写，第 7 章由王剑锋、王瑞锋、闫剑、李建、章天宇编写，第 8 章由王剑锋、王瑞锋、闫剑、李建、张阳编写，第 9 章由王剑锋、王瑞锋、闫剑、李建、王淏泽编写。限于编者水平，书中难免有疏漏和不妥之处，敬请同行和读者批评指正，便于本书的后续修订。

编　者

2023 年 10 月

目 录

Contents

第1章

基础知识

本章内容涵盖了动车组常用气动、电动元器件的图例原理及 CR400BF 标准动车组各系统功能图纸的基础识图方法。掌握这些通用基础知识有助于加强对后续章节各系统功能原理的理解，培养学生独立学习和检修 CR400BF 复兴号动车组的能力。

1.1 常见气动、电动元件原理及符号图例

在介绍 CR400BF 复兴号动车组各系统前，对控制动车组各系统部件的气动、电动元件进行详细的阐述和说明十分必要。这样做一方面在深入研究原理功能时，需要提前熟知图纸上绘出的各类元器件的作用和功能；另一方面在检修和运用中发现，动车组故障多发生于其控制元件，认识了解这些元件对动车组检修人员是一项不可或缺的技能。

1.1.1 常用气动元件介绍

1. 电磁阀

电磁阀是一种使用电磁控制的工业设备，属于执行元件，其主要结构如图 1.1 所示。

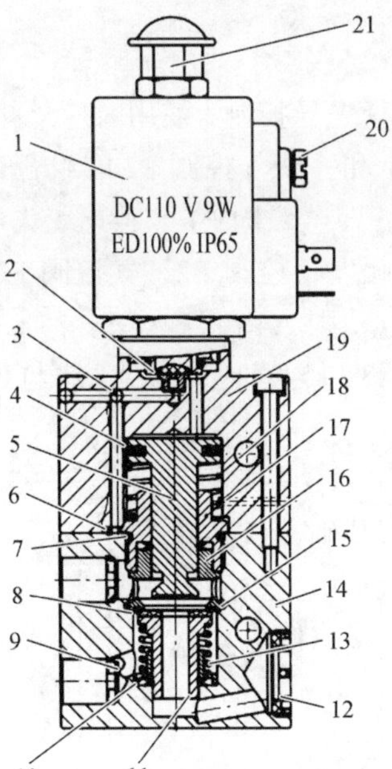

1—电磁线圈；2，16—阀门座；3—钢球；4，11—K 形圈；5—动力顶杆；6，7，15—O 形圈；8—阀门硫化组件；9—过滤网；10—弹簧座；12—过滤网组件；13—回位弹簧；14—阀体；17—螺套；18—阀门回位弹簧；19—上阀体；20—六角带槽螺栓；21—空气过滤器。

图 1.1 电磁阀结构示意

电磁阀主要以电磁线圈失电或得电的方式控制触点的动作，一般图示为未通电时的状态，如图 1.2 所示。当电磁阀的电磁线圈未得电（失电）时，A3 口与 A2 口导通；当电磁阀的电磁线圈得电时，A1 口与 A2 口导通，A3 口与 A2 口关闭，从而来实现气路的转换。

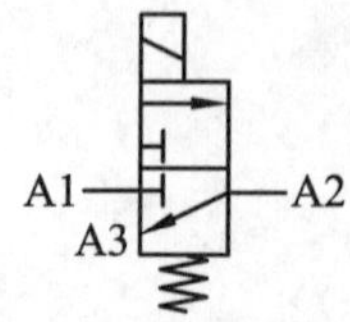

图 1.2　电磁阀符号

2. 活塞式气控阀

活塞式气控阀由阀体和阀座组成，主要通过控制口的压力和复位弹簧来控制输入口和输出口的通断，如图 1.3 所示。

活塞式气控阀的控制口 A4 控制输入口 A1 和输出口 A2 的通断，实现空气制动的切断。当活塞式气控阀控制口 A4 未接通压缩空气时（或切断连接到控制口 A4 的压缩空气时），复位弹簧 S1 推动阀杆 C1 向右运动，使得阀口 2（V2）关闭，切断输出口 A2 与排风口 A3 的气路，同时接通输入口 A1 与输出口 A2 的气路。当控制口 A4 接通压缩空气时，压缩空气将推动阀杆 C1 克服复位弹簧 S1 的弹簧力向左运动，直到关闭阀口 1（V1）为止。此时，会关断输入口 A1 与输出口 A2 的气路，同时接通输出口 A2 与排风口 A3 的气路。

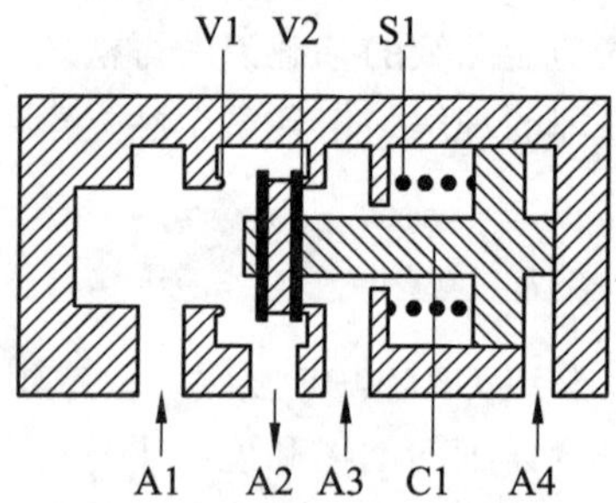

V1—阀口 1；V2—阀口 2；S1—复位弹簧；
A1—输入口 1；A2—输出口；A3—输入口 2；
A4—控制口；C1—阀杆。

图 1.3　活塞式气控阀

3. 先导电磁阀

先导电磁阀由电磁线圈进行先导控制，使用时应外接先导压力进行通断控制。先导电器阀可以看作一个电磁阀 P1 和一个气控阀 P2 的组合，其工作原理如图 1.4 所示。当先导电磁阀未得电（失电）时，即电磁阀 P1 未得电（失电），则其 A6 口与 A5 口导通，由于没有压缩空气通过，无法触发气控阀 P2，气控阀 P2 的 A1 口与 A3 口导通。当电磁阀得电时，即电磁阀 P1 得电，则 A4 口与 A6 口导通，压缩空气作用于气控阀 P2 的 T 口，使得气控阀的 A2 口与 A3 口导通，同时 A1 口与 A3 口被切断。

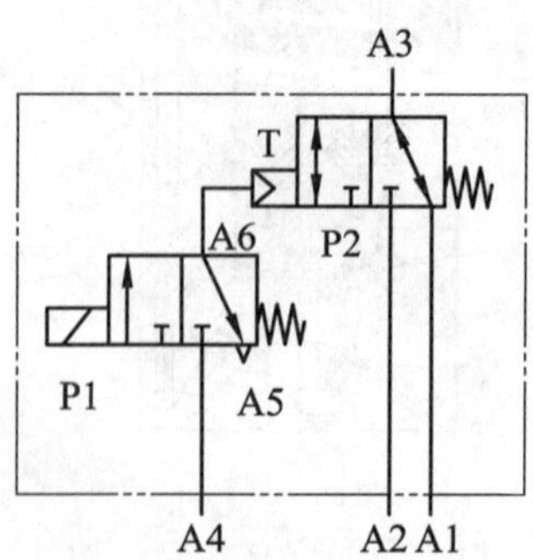

图 1.4　先导电磁阀工作原理

4. 双脉冲电磁阀

双脉冲电磁阀用于气动设备的充风与排风，其原理如图 1.5 所示。

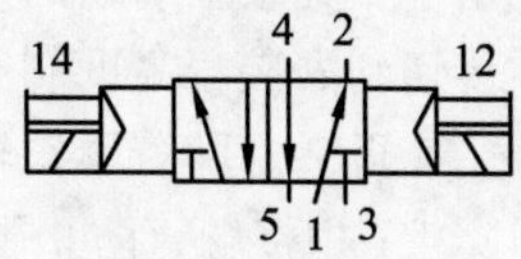

1—进气口；2，4—出气口；3，5—排气口；12，14—电磁阀连接器。

图 1.5 双脉冲电磁阀气路符号

电磁阀中的 1、2、3、4、5 为压缩空气接口，其中 1 口为进气口，2 口和 4 口为出气口，3 口和 5 口为排气口，当电磁阀连接器 12 得电，1 口和 2 口导通，压缩空气从 1 口流向 2 口为设备供风，同时 4 口和 5 口导通，设备中的压缩空气从 4 口流向 5 口，排到大气；当电磁阀连接器 14 得电，1 口和 4 口导通，压缩空气从 1 口流向 4 口为设备供风，同时 2 口和 3 口导通，设备中的压缩空气从 2 口流向 3 口，排到大气。同时，该电磁阀为了提高排气口 3 和 5 的防护等级，避免水分和灰尘进入，在排气口 3 和 5 处安装有金属过滤器堵。

5. 安全阀

当空气管路的压力超过设定值时，安全阀的阀口将会开启泄压，防止压力过高。安全阀的外形如图 1.6 所示，其阀芯被弹簧压在阀座上，这样阀口就能保持关闭。当输入的压力大于或等于安全阀设定的压力时，安全阀开启，当输入的压力下降到回座压力时，阀口则会关闭。滚花螺帽可以检查阀芯是否能正常动作，并将阀内积存的灰尘排出（在有压力的情况下，俯视状态下，逆时针旋转螺帽，直到安全阀排风，操作完毕，将滚花螺帽手动复位）。

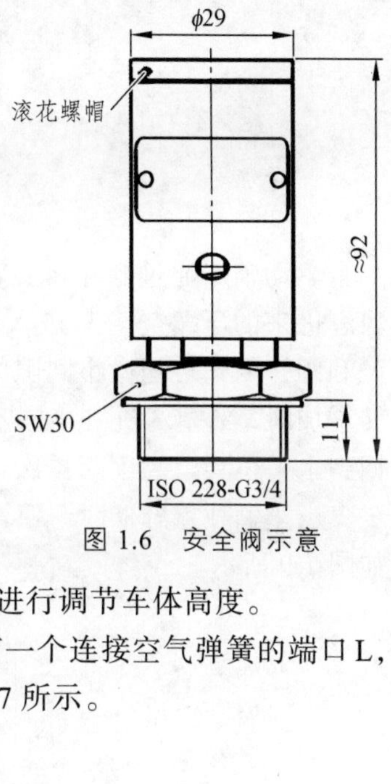

图 1.6 安全阀示意

6. 高度阀

高度阀是空气悬挂闭环系统中的驱动元件，其中含有空气弹簧保压的止回阀，可以通过空气弹簧的充风和排风进行调节车体高度。

高度阀的顶部有连接辅助风缸的端口 V，左右两侧各有一个连接空气弹簧的端口 L，与端口 V 相对的是排气阀口 E。其处于中立位时，如图 1.7 所示。

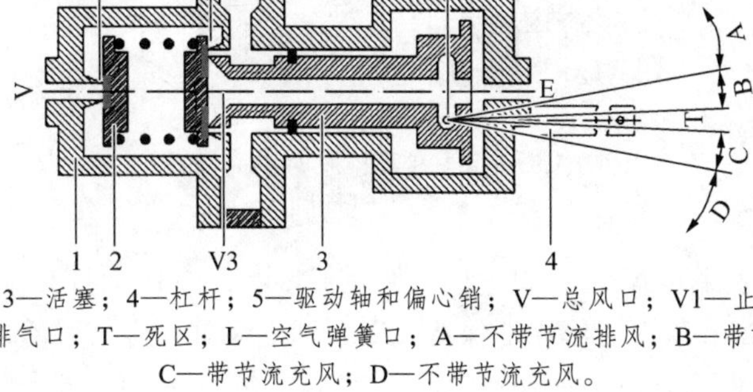

1—阀体；2—阀头；3—活塞；4—杠杆；5—驱动轴和偏心销；V—总风口；V1—止回阀；V2—进气口；V3，E—排气口；T—死区；L—空气弹簧口；A—不带节流排风；B—带节流排风；C—带节流充风；D—不带节流充风。

图 1.7 处于中立位的高度阀

由于车辆载荷引起的车体相对于转向架的垂向运动，通过连杆传递到杠杆 4，并进一步传递到安装于高度阀阀体 1 上的驱动轴和偏心销 5，偏心销在活塞 3 的长条形孔中运动，使得活塞随着驱动轴旋转向左或向右运动。当端口 V 的压力下降时，阀头 2 与止回阀 V1 相接触，防止了空气从 L（空气弹簧）逆流到端口 V。如果车辆处于设定高度，高度阀就处于所谓的中立位，这时空气弹簧既不充风，也不排风，进气口 V2 和排气口 V3 都处于关闭状态。

当车辆的载重增加时，随着车体下沉，空气弹簧压缩，此时需要向空气弹簧充风，其原理如图 1.8 所示。

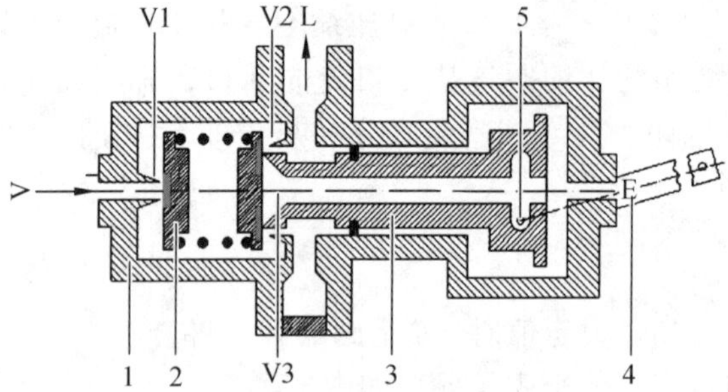

图 1.8　向空气弹簧充风时的高度阀

注：图中标注同图 1.8。

驱动轴 5 通过杠杆 4 旋转，使偏心销拉动活塞 3 向左运动打开进气口 V2，从辅助风缸进来的压缩空气 V 进入阀头 2，从而打开止回阀 V1，压缩空气 V 的通道受到活塞颈和阀体内孔之间微小间隙的节流作用，然后才到达 L 口进入空气弹簧。当杠杆 4 偏转增加时，活塞 3 进一步向左运动，打开活塞少许，车体升高到设定的位置后，杠杆返回到水平位置，高度阀再次处于中立位，止回阀 V1 和进气口 V2 关闭。

当车辆载重降低时，随着车体上升，空气弹簧膨胀，此时空气弹簧需排风，其原理如图 1.9 所示。

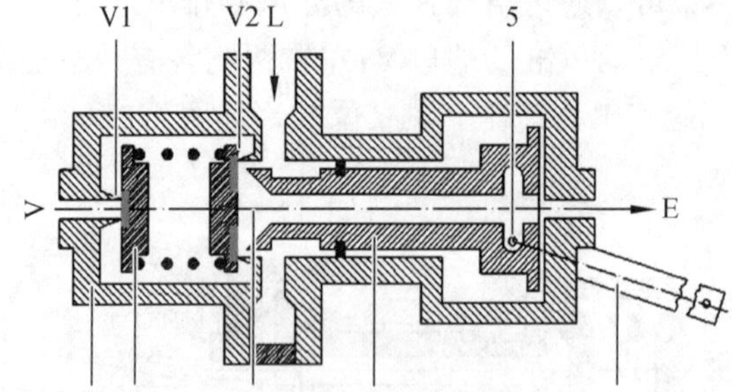

图 1.9　空气弹簧排风时的高度阀

注：图中标注同图 1.8。

驱动轴 5 通过杠杆 4 旋转，引起偏心销拉活塞 3 向右运动打开排气口 V3，进气口 V2 在弹簧和阀头 2 上压力的作用下保持关闭，辅助风缸和空气弹簧之间的通路切断。带有节流的高度阀中，通往空气弹簧的压缩空气通路 L 受到活塞颈和阀体内孔之间微小间隙的节流作用，最终流到活塞排气口。活塞 3 向右运动时，活塞孔越开越大。车体下降，回到初始水平位置，高度阀处于中立位，排气口 V3 关闭。

7. 中继阀

中继阀是可以实现大容量充风排风的一种阀体，它能使制动缸的压力随着预控压力的变化而变化，是空气制动控制系统的重要组成部分。

中继阀主要由阀体，进风阀及其阀座，排风阀及其阀座，膜板活塞等主要部件组成。其中进风阀包含带密封垫的阀导向杆和弹簧，进风阀主要用于控制风源和单元制动缸的接通、断开，K 形圈用于隔离 R 和 C 压力腔，排风阀包括阀座、阀导向杆、膜板活塞，用于控制单元制动缸和大气是否接通，缩堵主要用来防止膜板活塞由于 C 和 Cv 腔的充风和排风受到的振动，其具体结构原理如图 1.10 所示。

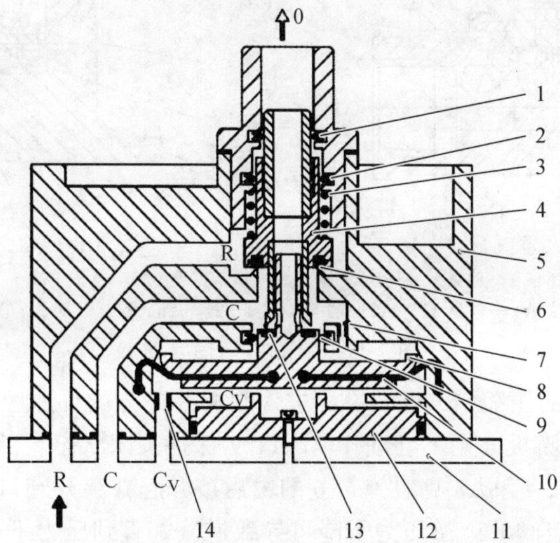

1，2，9—K 形圈；3—弹簧；4—阀导向杆；5—阀体；6—进风阀阀座；7，14—缩堵；8—膜板活塞；10—膜板；11—气路板；12—阀座；13—排风阀阀座；R—风源；C—制动缸压力；Cv—预控压力；0—排风口。

图 1.10 中继阀原理

当施加制动时，预控压力 Cv 经过缩堵 14 进入中继阀推动膜板活塞 8 向上移，当膜板活塞 8 下方的 Cv 面所承受的预控压力 Cv 足够大时，排风阀阀座 13 被关闭，进而弹簧 3 压缩，最终进风阀阀座 6 被打开，施加到进风阀的压力流入制动缸作为 C 压力，产生制动作用。同时，C 压力经缩堵 7 进入膜板活塞 8 的上腔，C 压力的增加和弹簧 3 的作用力促使膜板活塞 8 返回平衡位置。此时，进风阀阀座 6 关闭，排风阀阀座 13 也保持关闭，压力 C 和 Cv 相等。

当制动缓解时，施加到膜板活塞 8 的 Cv 压力通过分配阀完全排风后，膜板活塞在其上方 C 压力的作用下向下移动，进而打开排风阀阀座 13，C 压力通过排风阀完全排向大气，排风阀阀座 13 一直处于打开的状态，因此可以保持排风直到制动缓解。

8. 溢流阀

溢流阀通常安装于给空气弹簧供风的管路上，用来控制管路下游的压力，当输入压力超过设定值时阀口开启，大于设定值压力的空气通过溢流阀流出。

溢流阀分为管式溢流阀和板式溢流阀，阀体由膜板以上的部件和使空气流通的膜板以下的部件两个部分组成。膜板部件包含一个支承在膜板上，有预加载的压缩弹簧，它能控制阀口的开启或关闭，其结构组成如图 1.11 所示。

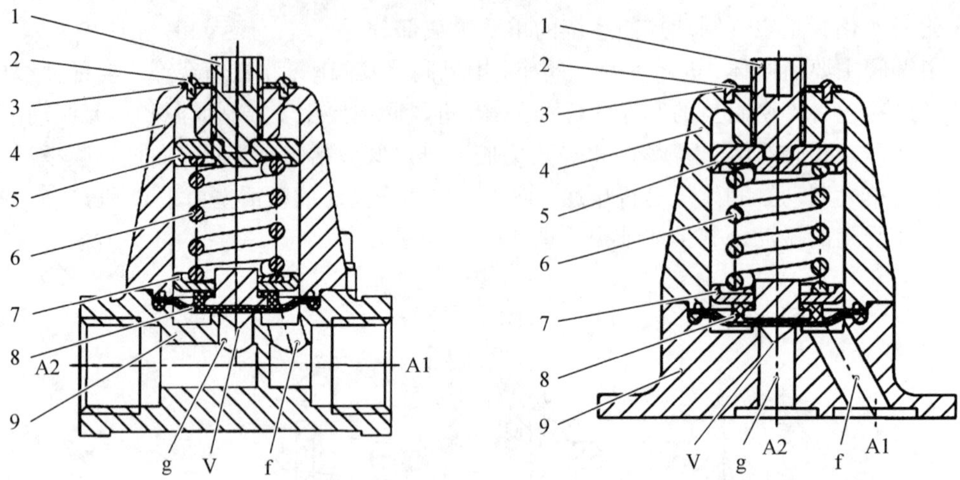

（a）管式溢流阀　　（b）板式溢流阀

1—调整螺丝；2—铆钉；3—铭牌；4—上壳体；5—上弹簧座；6—弹簧；7—下弹簧座；8—膜板；9—下壳体；A1—输入口；A2—输出口；f—进气孔；g—出气孔；V—阀口。

图 1.11　溢流阀结构原理

输入口 A1 进入的压缩空气经过孔 f 进入膜板 8 下方的环形腔，当 A1 的压力低于设定的动作压力值，膜板 8 则不会动作，阀口 V 保持关闭状态。当 A1 的空气压力达到设定的动作压力值时，膜板 8 克服弹簧 6 的力后被升起并离开阀口 V，空气就从通道 g 流向输出口 A2。溢流阀的上游压力下降可导致逆流，直到压力下降到可关闭压力，膜板 8 在压缩弹簧 6 的作用下关闭阀口 V。

9. 单向止回阀

单向止回阀是一种为了实现气路中单向导通功能的阀体，管装结构，主要由阀体、阀芯、螺盖三部分组成，结构原理如图 1.12 所示。

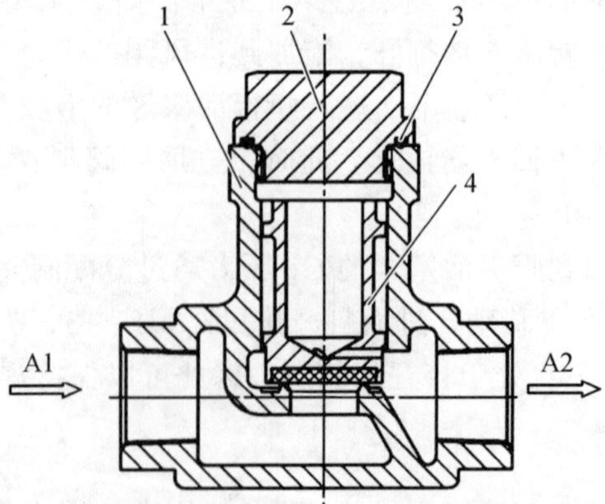

1—阀体；2—螺盖；3—O 形圈；4—阀芯。

图 1.12　单向止回阀结构原理

图中 A1 口为进气口，A2 口为出气口，气路中空气从进风口 A1 进入止回阀，将阀芯 4 打开，通过端口 A2 流出。如果 A1 口压力降低，A2 口压力大于 A1 口压力，止回阀阀芯在压差作用下将阀口关闭，压缩空气无法逆流。

10. 节流阀

节流阀主要通过减小空气管路的截面对其内的压缩空气进行节流。节流阀主要由带压缩空气接口 A1 和 A2 的阀箱 d 和一个可更换的喷嘴 c 组成。压缩空气通过进气口 A1 至出气口 A2，由中间的气流受喷嘴 c 的孔径大小控制而被节流，其结构原理如图 1.13 所示。

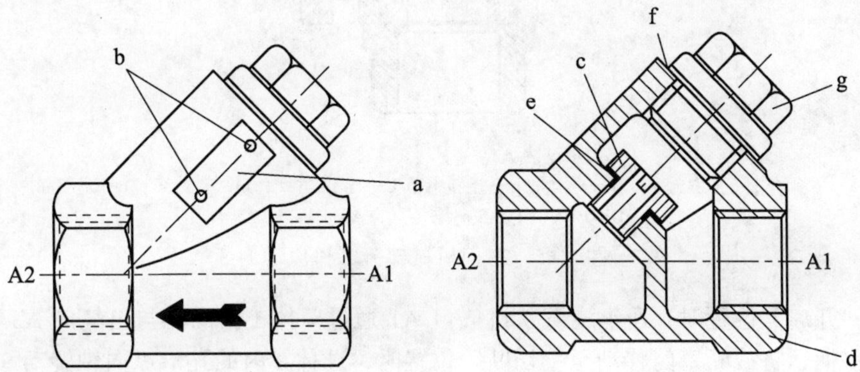

a—标牌；b—带槽铆钉；c—喷嘴；d—阀箱；e—密封圈；f—密封圈；g—螺塞；A1—进气口；A2—出气口。

图 1.13　节流阀结构原理

11. 塞　门

塞门用于切断管路的空气风路，若塞门带排风口，切断空气管路的同时会排空后端的空气压力。塞门的原理结构如图 1.14 所示。

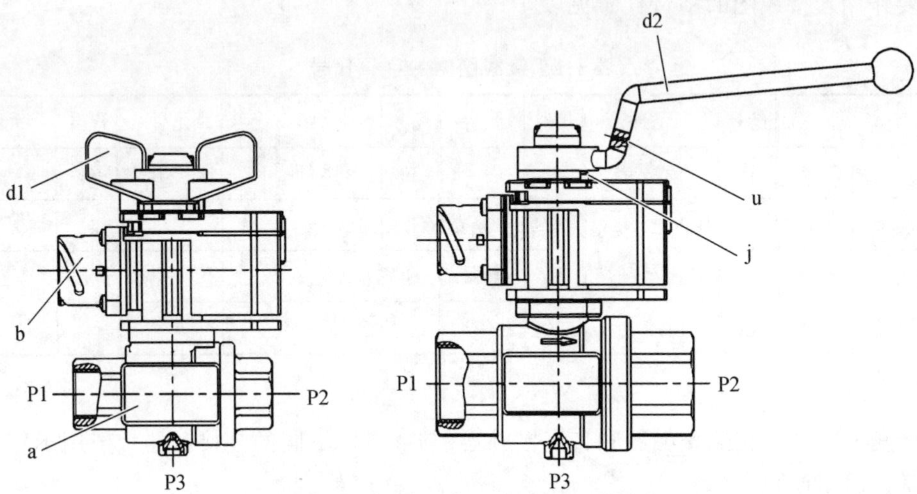

a—阀体；b—电气开关模块；d1—碟形手柄；d2—长手柄；u—铅封孔；j—挡销；P1—进气端；P2—排气口；P3—出气端。

图 1.14　带不同手柄的塞门

带电气开关的塞门分为机械部分和电气开关两部分，其机械部分结构如图 1.15 所示。

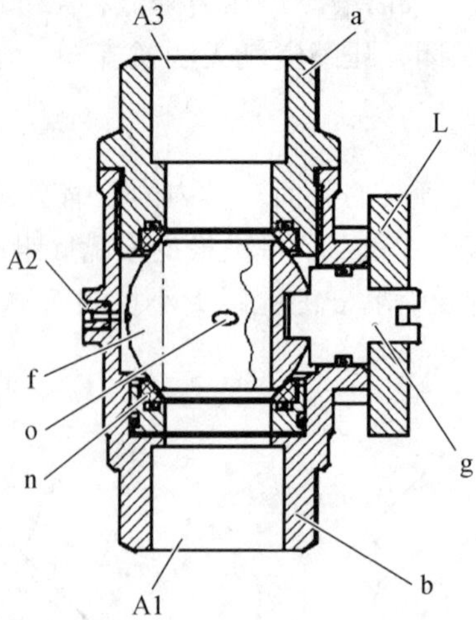

a—右阀体；b—左阀体；f—球体；g—连接轴；L—连接盖板；n—密封环；o—通气孔；
A1—进气口；A2—排气口；A3—出气口。

图 1.15　塞门机械部分工作原理

在“开启”位置时，压缩空气从进气口 A1 通过球体 f 内的孔与出气口 A3 连通，当转动手柄，将截断塞门移动至“切断”位置时，球体 f 内的孔沿纵向轴转动 90°，排气口 A2 通过通气孔 o 与出气口 A3 连通，A3 口的压缩空气通过 A2 口排出。

1.1.2　常用电路元件介绍

1. 接线图中的字母代号

接线图中，不同的电器元件有不同的字母代号，了解字母代号的含义对读懂电路图有重要作用。接线图的字母代号见表 1.1。

表 1.1　接线图中的字母代号

代号	元件	代号	元件	代号	元件	代号	元件	代号	元件	代号	元件
A	PLC	B	传感器	X	端子	E	照明灯	F	保护器件	G	电源
H	信号显示装置	K	继电器，接触器，定时器	C	电容器	L	电感器	M	电机	N	运算放大
P	仪表			R	电阻	S	开关电源	T	变压器	V	二极管
W	电缆、电线	Q	断路器	Y	电磁阀						

2. 接触器

接触器可分为交流接触器和直流接触器，与继电器不同的是接触器一般用于较大电流容量载荷的控制。

接触器利用线圈通过电流产生磁场，使触头闭合，以达到控制负载的目的。接触器可以快速切断交流与直流主回路、频繁接通关断大电流控制电路，具有低电压释放保护功能。接触器的外形如图 1.16 所示。

图 1.16　接触器

当接触器线圈通电后，线圈电流会产生磁场，使静铁心产生电磁吸力吸引动铁心，并带动交流接触器触点动作。此时，常闭触点断开，常开触点闭合，两者相互联动。当线圈断电时，电磁吸力消失，衔铁在释放弹簧的作用下释放，使触点复原，常开触点断开，常闭触点闭合。

3. 继电器

继电器是一种电控制器件，与接触器不同的是继电器一般用于较小电流容量载荷的控制。继电器具有控制系统和被控制系统之间的互动关系。通常应用于自动化的控制电路中，它可以实现用小电流去控制大电流。在电路中起着调节、安全保护、转换电路的作用。图 1.17 所示为继电器常见外形。

图 1.17　继电器

继电器主要由绕组、铁心、衔铁、弹簧、动断触点、动合触点和一些接线端等组成。在绕组未通电时，依靠弹簧的拉力使动断触点接通、动合触点断开，如果给电磁绕组通电，则当电流达到一定值时，绕组产生磁场并克服弹簧的拉力而吸引衔铁，从而使动断触点断开、动合触点接通。

继电器主要由能反映一定输入变量（如电流、电压、功率、阻抗、频率、温度、压力、速度、光等）的感应机构、能对被控电路实现“通”“断”控制的执行机构、对输入量进行耦合隔离和功能处理及对输出部分进行驱动的中间机构几个部分组成。

一个继电器可以拥有多个触点用来控制多条电路，其触点对照如图 1.18 所示。

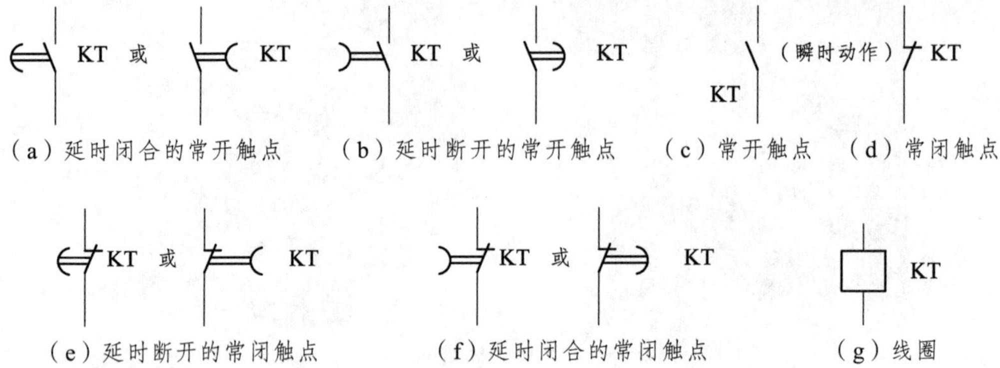

图 1.18　继电器触点对照

4. 延时继电器

延时继电器是在通用电磁继电器上附加了定时功能的一种继电器，用于电气工作设备和装置中，线路的定时闭合或断开控制。延时继电器可分为通电延时继电器和断电延时继电器两种。

断电延时继电器的工作原理可以通过图 1.19 来说明。该继电器 A1 为电源线，A2 为负线，B1 为激活电源。只有当 A1、B1 同时得电时，此继电器瞬间动作。当 B1 失电时，此继电器的触点，延时 5 s 断开。

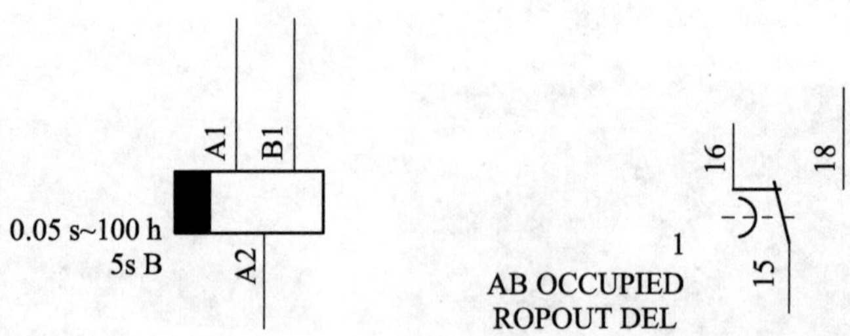

图 1.19　断电延时继电器电路符号

通电延时继电器的工作原理可以通过图 1.20 来举例说明。该继电器 A1 为电源线，A2 为负线，得电 10 s 后触点动作。

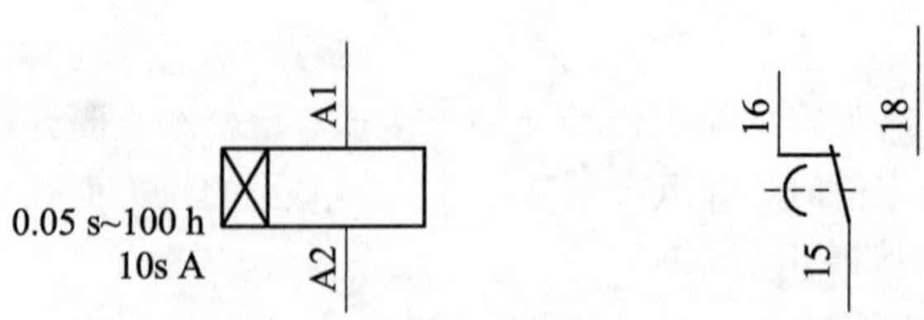

图 1.20　通电延时继电器电路符号

5. 脉冲继电器

脉冲继电器能够通过脉冲命令实现多点控制远程控制线路的功能，多用于控制阻性负载电路和感性负载电路。所谓脉冲，就是指一个周期内有一个导通信号，当有一个信号传递给它时，脉冲继电器的触点状态改变，当再次得到该信号时，触点状态再次改变。脉冲继电器的工作原理如图 1.21 所示。

该继电器 A1 为电源线，A2 为负线，B1 为激活电源。只有当 A1、B1 同时得电时，此继电器工作，但只工作 2 s。

6. 电　阻

导体对电流的阻碍作用就叫作该导体的电阻（通常用“R”表示），导体的电阻越大，表示导体对电流的阻碍作用越大，电阻是导体本身的一种性质，不同的导体，电阻一般不同，图 1.22 所示为电阻外观。

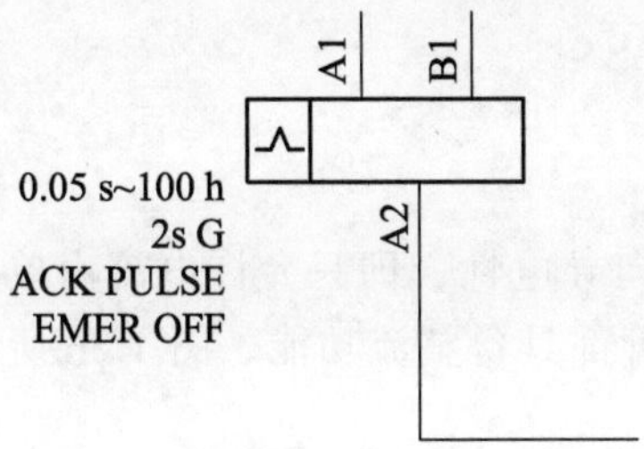

图 1.21　脉冲继电器的电路符号

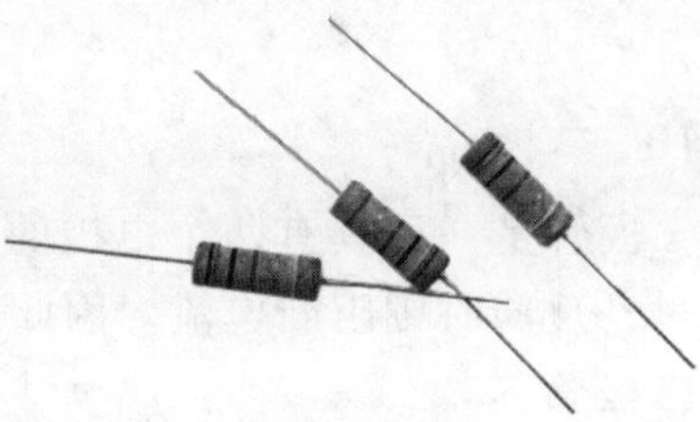

图 1.22　电阻

7. 光敏电阻

光敏电阻是用硫化镉或硒化镉等半导体材料制成的特殊电阻器，通过半导体的光电导效应使其电阻值随入射光的强弱发生改变，又称为光电导探测器，其外形如图 1.23 所示。光敏电阻一般用于光的测量、光的控制和光电转换。光敏电阻器对光的敏感性与人眼对可见光的响应很接近，因此只要是人眼可感受的光，都会引起它的阻值变化。

一般的光敏电阻分为两种：一种光敏电阻为当入射光强时，电阻减小，当入射光弱时，电阻增大；另一种光敏电阻为当入射光弱时，电阻减小，当入射光强时，电阻增大。

8. 热敏电阻

热敏电阻器属于敏感元件，如图 1.24 所示与普通电阻器的区别是普通电阻器阻值受温度变化影响很小，但是热敏电阻器的阻值随温度的变化而变化，是一种用温度控制电阻阻值大小的元件。

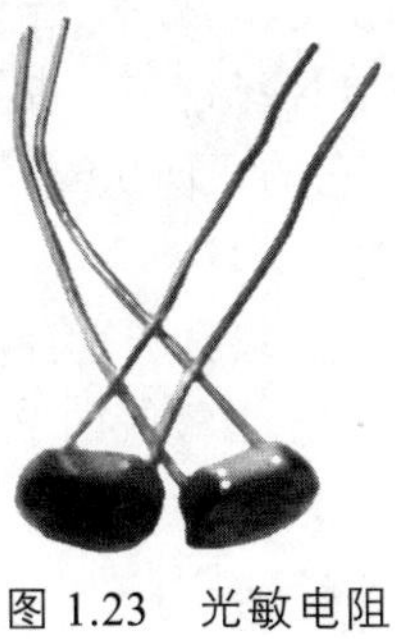

图 1.23　光敏电阻

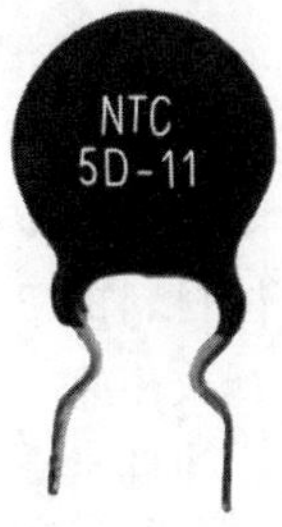

图 1.24　热敏电阻

热敏电阻器可以分为正温度系数（PTC）和负温度系数（NTC）。PTC 热敏电阻器的阻值随着温度升高而增大，NTC 热敏电阻器的阻值随着温度升高而减小。环境温度相对较高时具有更短的动作时间和较小的维持电流及动作电流。

9. 熔断器

熔断器是当电流超过规定值时，以自身产生的热量使熔体熔断，从而断开电路的一种电器，广泛应用于高低压配电系统、控制系统以及用电设备中，可作为短路和过电流的保护器，如图 1.25 所示。

图 1.25　熔断器

10. 二极管

二极管是一种具有两个电极的装置，具有单向导电性，即只允许电流由单一方向流过，反向时则阻断电流。因此，大部分二极管都具备整流功能，图 1.26 所示为常见二极管。

二极管由一个 P 型半导体和一个 N 型半导体制作在同一块半导体（通常是硅或锗）的基片上，它们之间的交界面形成的空间电荷区被称为 PN 结。由 P 区引出的电极称为阳极，N 区引出的电极称为阴极，因为 PN 结具有单向导电性，所以二极管导通时电流方向是由阳极通过管子内部流向阴极。

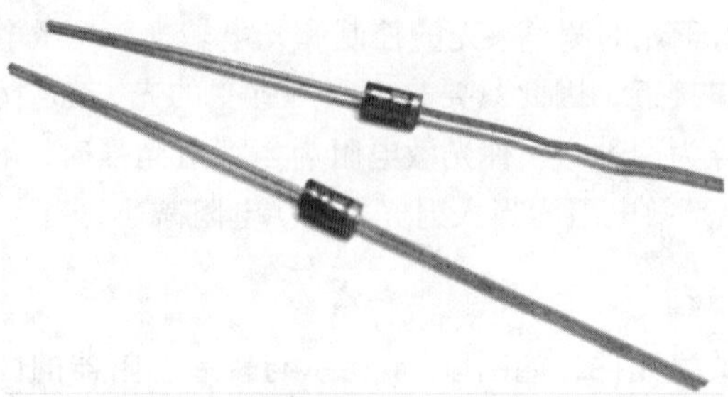

图 1.26　二极管

11. 发光二极管

发光二极管简称 LED，与普通二极管一样也是由一个 PN 结组成，也具有单向导电性，如图 1.27 所示。发光二极管的反向击穿电压大于 5 V，它的正向伏安特性曲线很陡，使用时必须串联限流电阻以控制通过二极管的电流。

在一些半导体材料的 PN 结中，注入的少数载流子与多数载流子复合时会把多余的能量以光的形式释放出来，从而把电能直接转换为光能。发光二极管的 PN 结一般封装在透明塑料壳内，并且具有驱动电压低、工作电流小、抗振动和冲击能大、体积小、可靠性高、省电和寿命长等优点。

12. 光敏二极管

光敏二极管是将光信号变成电信号的半导体器件，它也是由一个 PN 结组成的。和普通二极管不同的是，为了更方便地接受光信号，该二极管 PN 结面积要大一些，并且通常备有一个玻璃窗口。图 1.28 所示为光敏二极管电气符号。

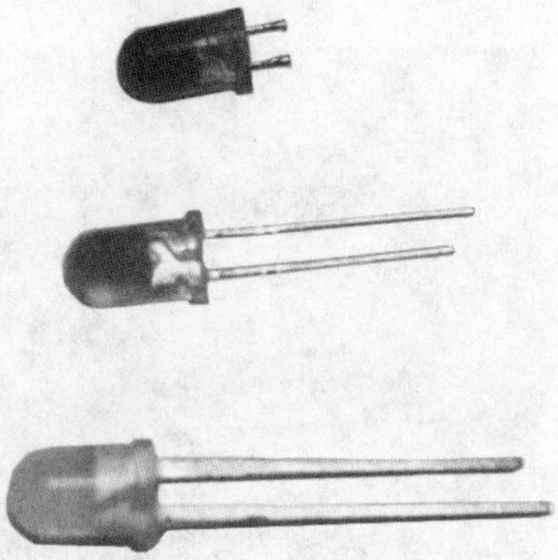

图 1.27　发光二极管

图 1.28　光敏二极管电气符号

13. 电容器

电容器是由两个互相靠近的导体和在其中间夹一层不导电的绝缘物质组成的。当电容器的两个极板之间有电压时，电容器就会储存电荷，电容器的基本单位是法拉（F），在电路图中通常用字母 C 表示，图 1.29 所示为电容器。电容器具有“通交流，隔直流”的作用，因此在直流电路中，电容器相当于断路。

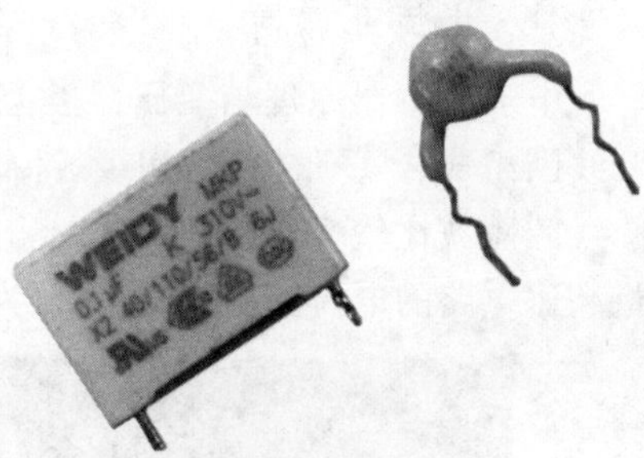

图 1.29　电容器

14. 变压器

变压器是利用电磁感应的原理来改变电压的装置，主要由铁心和线圈构成。铁心是变压器的磁路通道，是用磁导率比较高并且互相绝缘的硅钢片制成的。线圈有初级线圈和次级线圈之分，初级线圈与电源相连，次级线圈与负载相连，其工作原理如图 1.30 所示。变压器通过初级线圈匝数 N_1 和次级线圈匝数 N_2 的匝数比来实现电压的变换，即初级线圈和次级线圈的匝数比值等于输入电压与输出电压的比值。

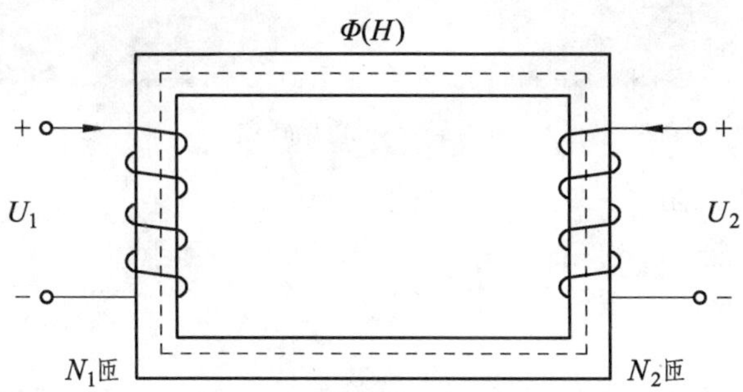

图 1.30　变压器工作原理

15. 电压互感器

电压互感器的结构与变压器基本相似，工作原理基本相同，它也有两个绕组，一个叫一次绕组，一个叫二次绕组，两个绕组都绕在铁心上。电压互感器在工作时，将输入边初级线圈的高压，转变为输出边次级线圈相应比例的用于仪表测量的低压，实现了对高压电路电压的测量，图 1.31 所示为电压互感器。

图 1.31　电压互感器

16. 电流互感器

电流互感器原理与变压器类似，也是依据电磁感应原理动作的。电流互感器由铁心和线圈组成，只不过它的初级线圈匝数比较少，一般串联在需要测量的电路中。它的次级线圈匝数比较多，一般串联在测量仪表和保护回路中，通过次级线圈的感应电流来测量高压电路的电流，图 1.32 所示为电流互感器。

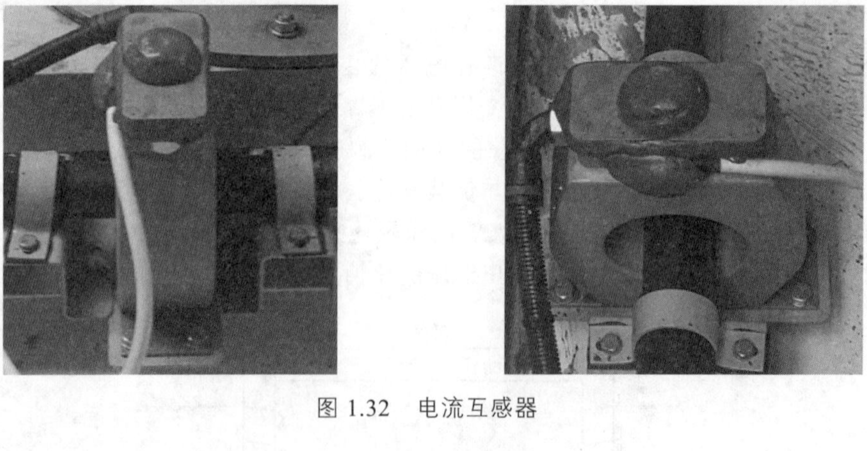

图 1.32　电流互感器

电流互感器在工作时，二次侧的回路始终是闭合的，因此测量仪表和保护回路串联线圈的阻抗很小，电流互感器的工作状态接近短路。

17. 逆变器

逆变器是一种将直流电转化为交流电的装置，由逆变桥、控制逻辑和滤波电路组成。

逆变器具有转换效率高、启动快、安全性能好、物理性能良好、带负载适应性与稳定性强等优点，在日常生活中被广泛运用。在动车组上，逆变器常常作为一种将直流电转变为交流电的装置，图 1.33 所示为常见的一种逆变器。

图 1.33　逆变器

18. 速度传感器

速度是指单位时间内位移的增量，包括线速度和角速度。速度传感器是一种用于测量速度的装置，可分为接触式速度传感器和非接触式速度传感器。一般动车上所采用的都是非接触式传感器，用来测量被测轮对的速度，其电气符号如图 1.34 所示。该速度传感器与齿轮配合使用，其产生的脉冲频率信号与速度成正比，可以测出齿轮的转速。

19. 温度传感器

温度传感器是指能将温度信号转换成可用的输出信号的传感器，温度传感器按测量方式可分为接触式和非接触式两大类。图 1.35 所示为温度传感器电气符号。

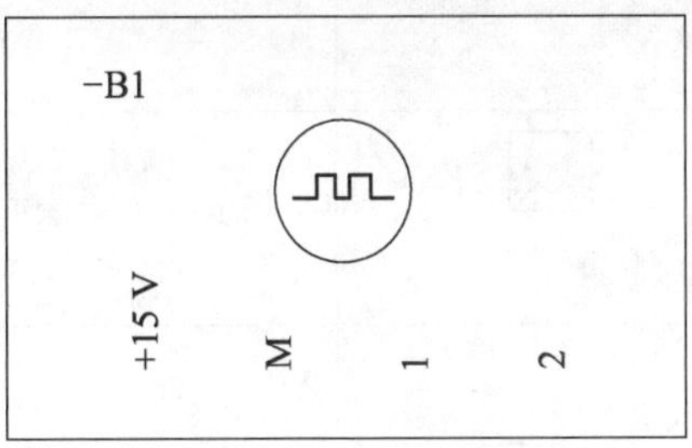

图 1.34　速度传感器电气符号

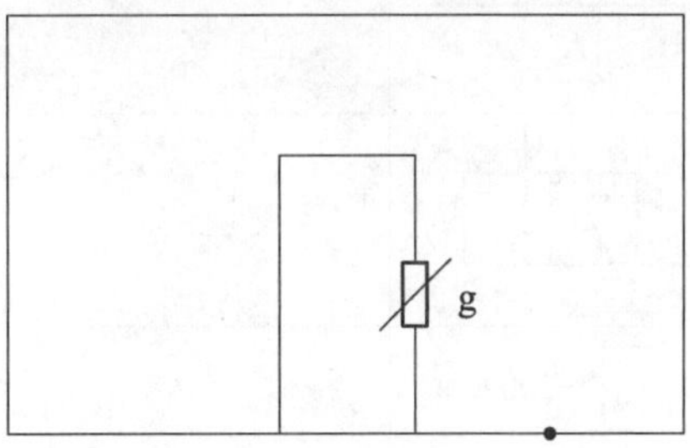

图 1.35　温度传感器电气符号

接触式温度传感器的检测部分与被测对象有良好的接触，又称温度计。

非接触式温度传感器用于测量的敏感元件与被测对象互不接触，又称非接触式测温仪表，可用来测量运动物体、小目标和热容量小、温度瞬间变化的对象。非接触式温度传感器具有对被测物体的最高可测温度没有限制的优点。

常见的气路符号和电路符号见表 1.2 和表 1.3。

表 1.2　常见气路符号

图　例	名　称	图　例	名　称
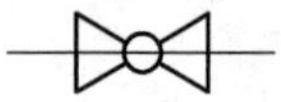	截断塞门	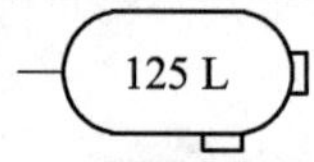	风缸（带两个堵头）
	带排气口的截断塞门	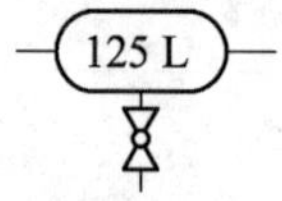	风缸（带排风塞门）
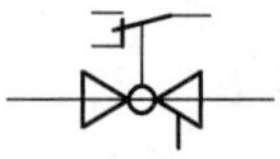	带一个电触点的截断塞门		单针压力表
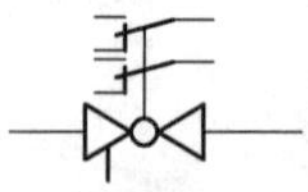	带两个电触点的截断塞门		双针压力表
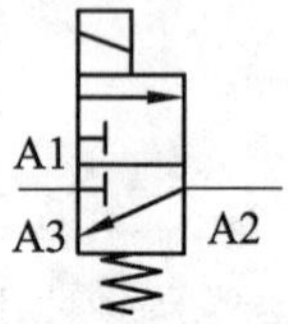	电磁阀	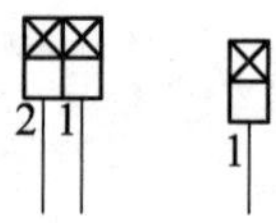	制动缓解指示器
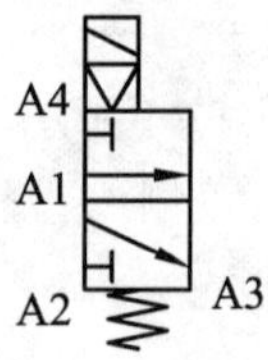	先导电磁阀	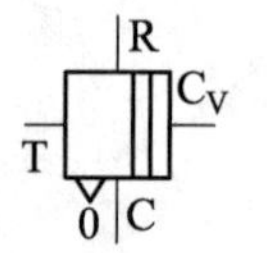	中继阀
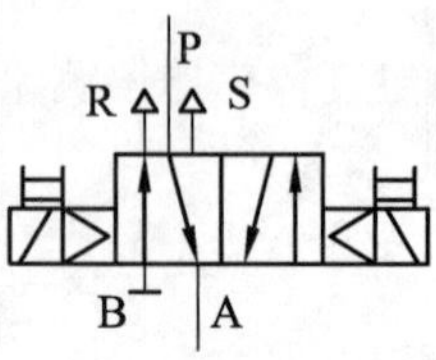	双脉冲电磁阀	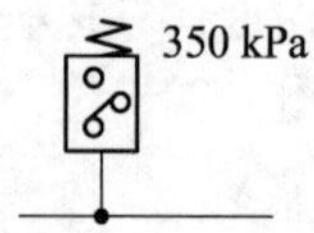	压力开关
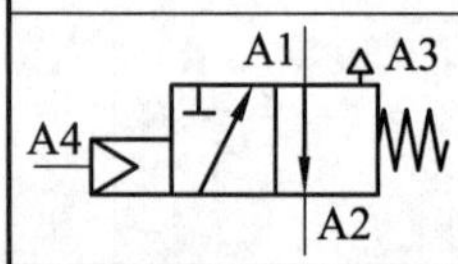	活塞阀	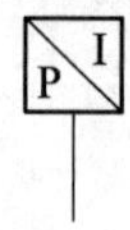	压力传感器
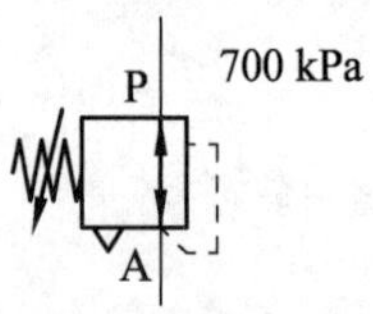	减压阀	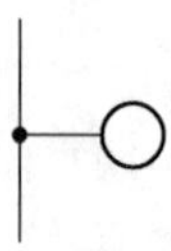	压力测试口
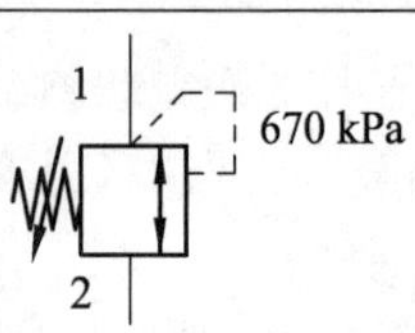	溢流阀	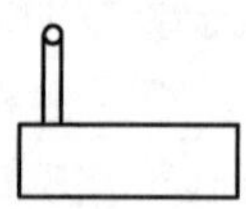	司控器

续表

图　例	名　称	图　例	名　称
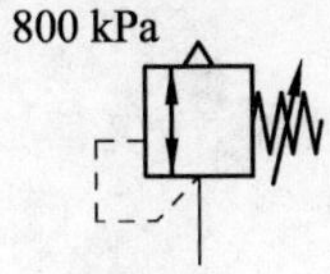	安全阀	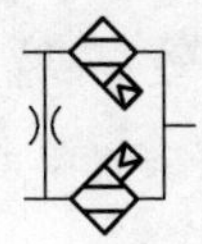	双塔干燥器
	单向止回阀		双螺杆空气压缩机
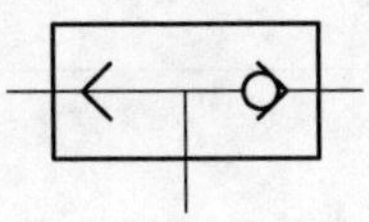	双向止回阀	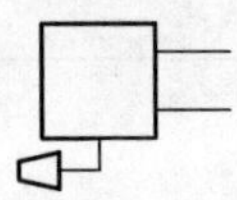	撒砂装置
	风缸（带一个堵头）	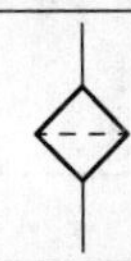	滤清器
	连接软管	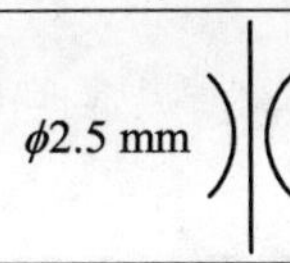	节流阀
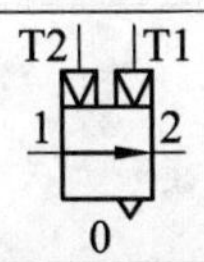	空重阀	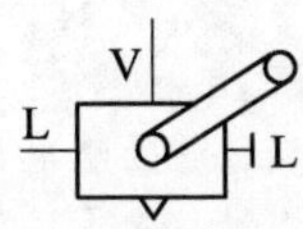	高度调整阀
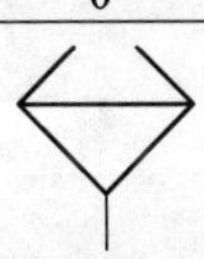	空气过滤器	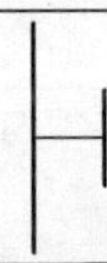	封闭气口
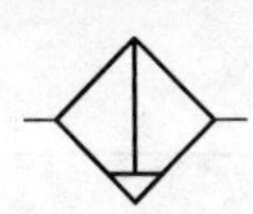	精细滤油器	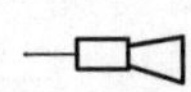	风笛

表 1.3　常见电路符号

图　例	名　称	图　例	名　称
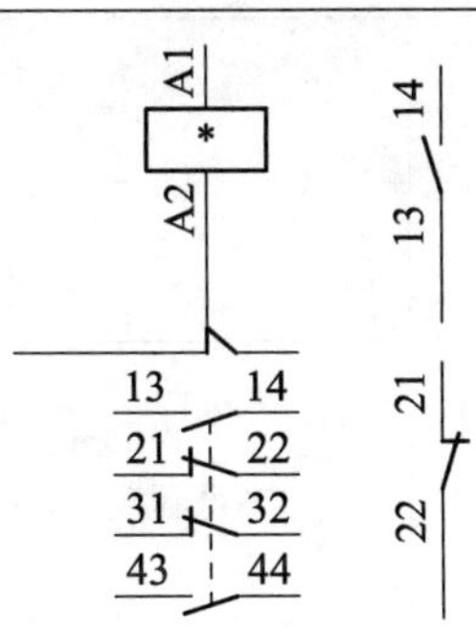	继电器及其相应的常开常闭触点	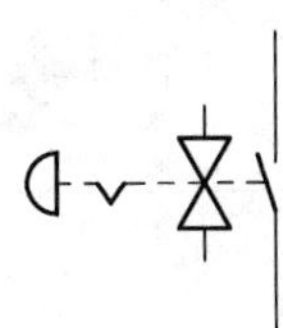	紧急制动按钮（自锁闭）

续表

图　例	名　称	图　例	名　称
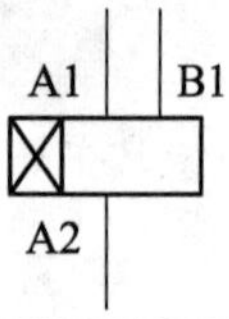	延时继电器 （延时得电）	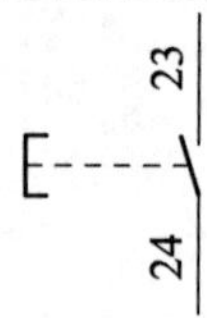	按钮（自复位）
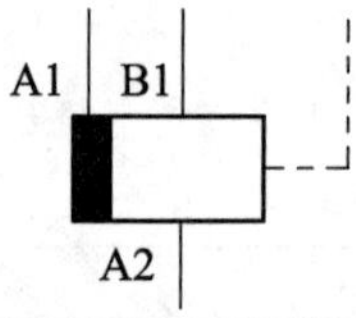	延时继电器 （延时断电）	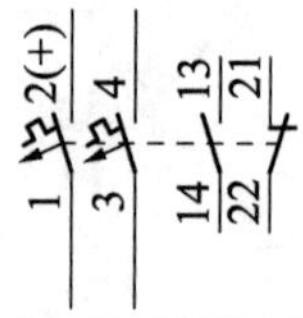	空气开关
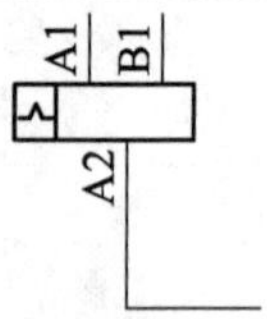	脉冲继电器	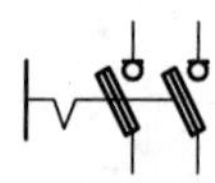	带保险的断路器
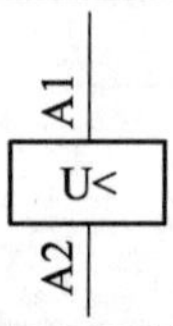	欠电压继电器	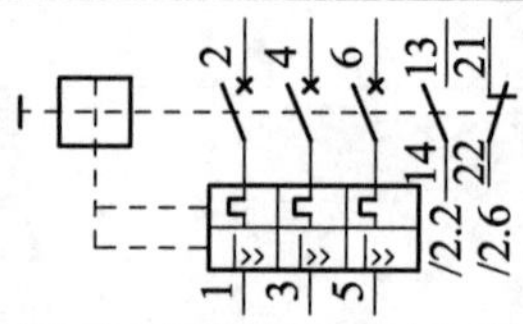	三相交流空开
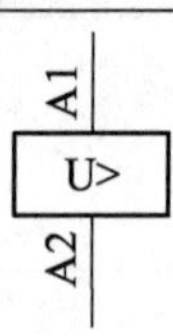	过电压继电器	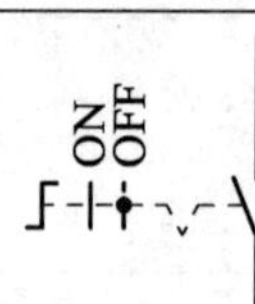	旋转开关
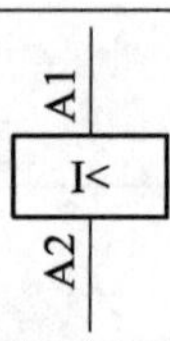	欠电流继电器	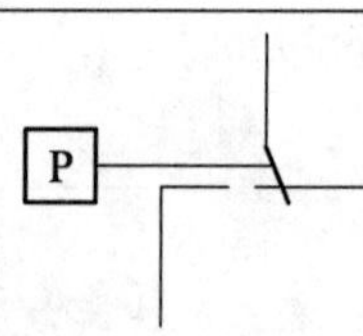	压力开关
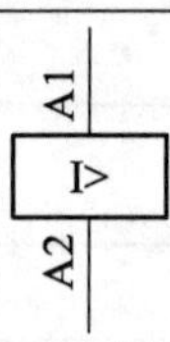	过电流继电器	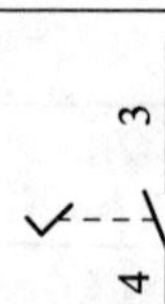	脚踏开关
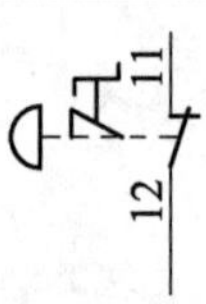	紧急断电开关 （自锁闭）	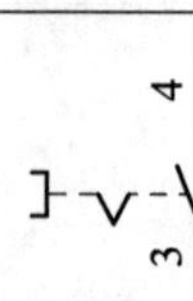	提拉开关
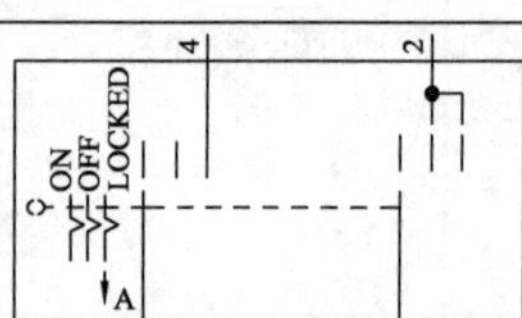	钥匙开关（自锁闭）		电阻

续表

图　例	名　称	图　例	名　称
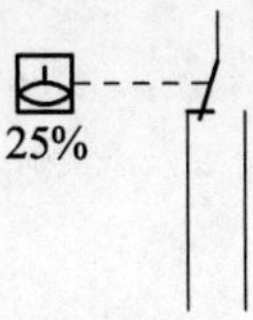	液位保护开关		光敏电阻
	二极管	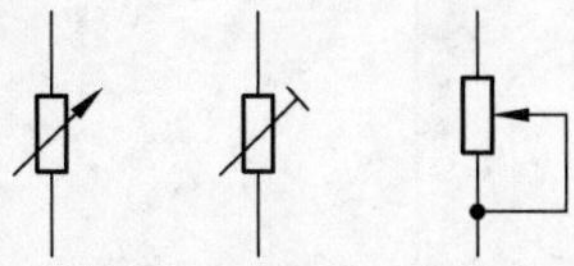	可调电阻
	发光二极管	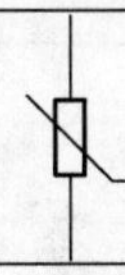	热敏电阻
	光敏二极管	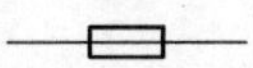	熔断器
	稳压二极管	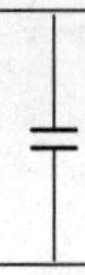	电容
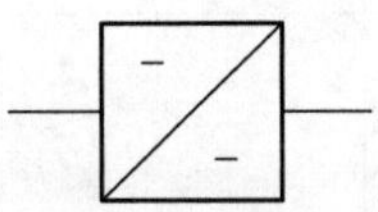	直流变压器	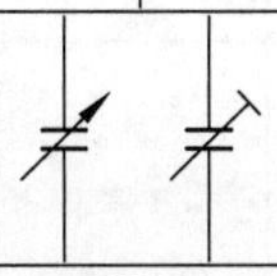	可调电容
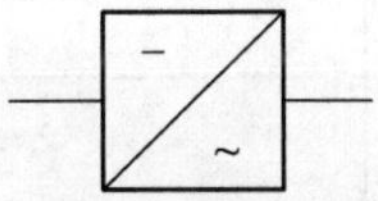	逆变器	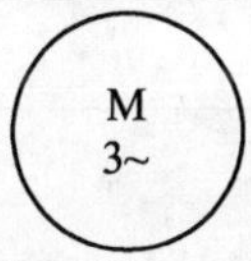	三相交流感应电动机
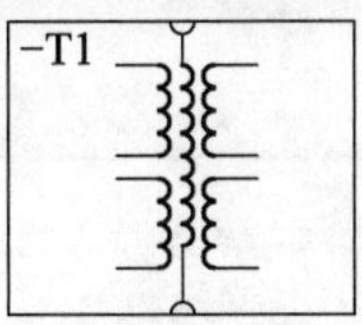	主变压器	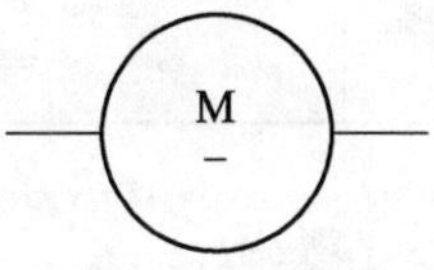	直流电动机
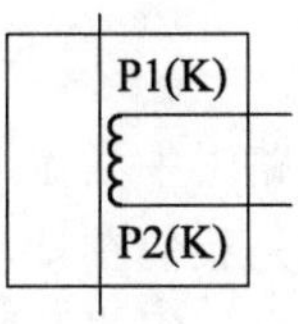	电流互感器	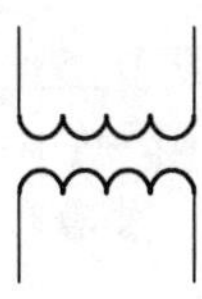	单相变压器
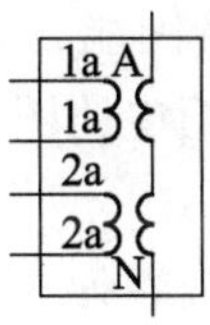	电压互感器		避雷器

续表

图　例	名　称	图　例	名　称
	电压表		灯泡
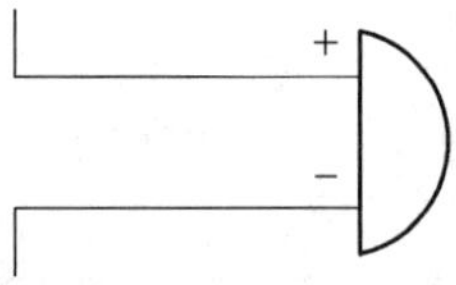	蜂鸣器	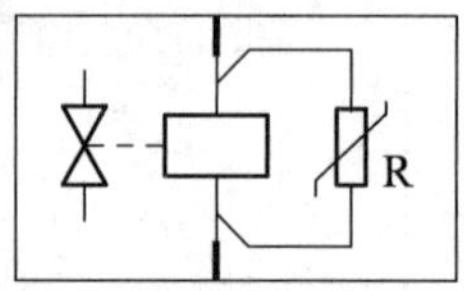	电磁阀
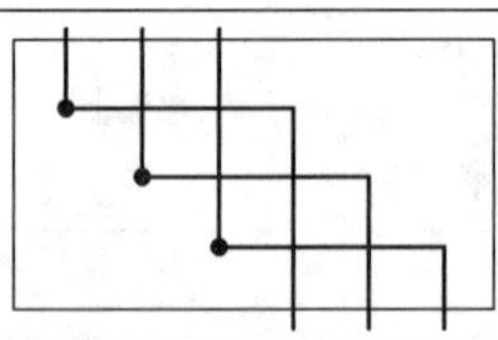	汇流排	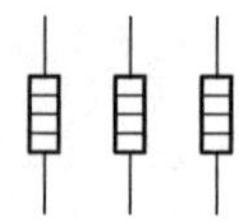	加热器
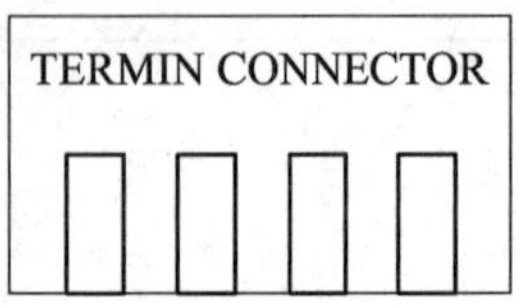	网络终端		接地
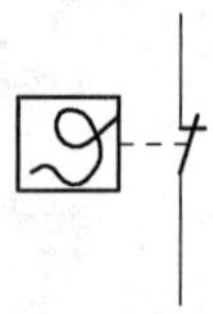	温度保护开关	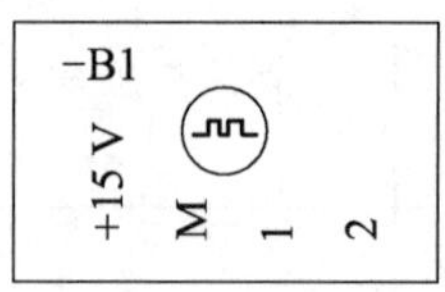	速度传感器
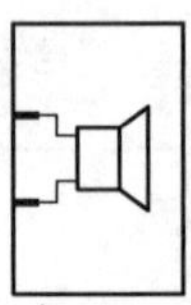	扬声器	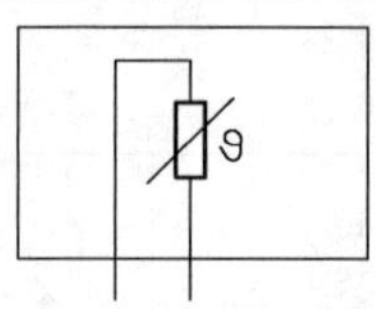	温度传感器

1.2 CR400BF 型动车组电路图读图入门

1.2.1 电路图读图基础

电路图是学习 CR400BF 型中国标准动车组的基础入门工具，电路图中涵盖了动车组各电气部分的功能介绍、位置标识、参数参考等内容。识读电路图是我们在日常工作中处理电气故障时必须掌握的技能之一。由于其组成非常复杂，一种电气组成及原理可能需要多张电路图纸组合起来才能表述清楚，因此不仅需要具备基础读图能力，还需要熟练地理解和掌握读图的各种技巧。以图 1.36 所示的 CR400BF 型动车组电路图纸为例，详细介绍图纸各部分组成（下面的序号与图中一一对应）。

（1）本页电路图的标题为打开图纸后需要率先阅读的部分。本图内容为 CR400BF 型动车组 Tp03 车受电弓和主断控制及升弓控制。

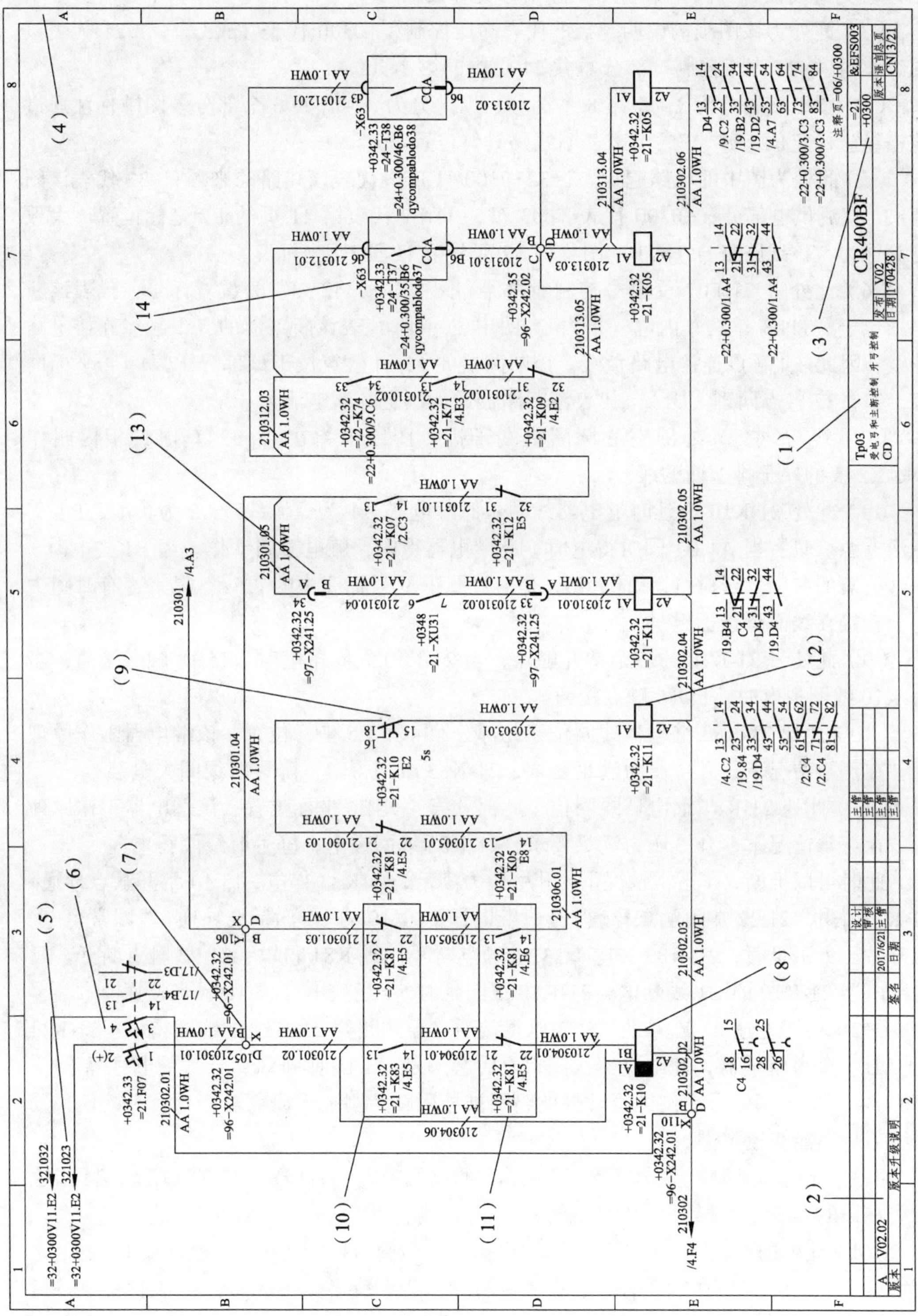

图 1.36 Tp03 车受电弓和主断控制及升弓控制

（2）此处为该图纸的版本号，需提前确认该版本图纸与正在配属的动车组是否匹配，避免造成误解。图例中的图纸版本号为 V02.02。

（3）此处为该图纸的说明，=21 代表高压控制，+0300 代表 Tp03 车，3/21 代表该图纸集内“=21 高压控制”部分总共 21 页中的第 3 页。

（4）图纸横向分为 1～8 共 8 个部分，纵向分为 A～F 共 6 个部分。图中标注通过该横纵坐标定位（如“E5”）来表明线路具体位置。

（5）此处为图中的电路起点，“=32+0300/11.E2”代表该线路的来源，=32 代表该图集=32 直流供电部分，+0300 代表 Tp03 车，/11.E2 代表第 11 页的 E2 坐标位置。大致可翻译为“该线路来自 Tp03 车图集的 32 部分第 11 页 E2 坐标”。

（6）此处为 21-F07 受电弓控制断路器。图中“+0342.33”为位置标号，代表该断路器位于“TP03 车的车内电气柜内”。图中“(+)”代表该断路器的 1,2 触点连接电路正线，因此 3,4 触点连接电路负线。该断路器的 13,14 触点位于该部分 17 页 B4 坐标内容，21，22 触点同理。“4A”代表该断路器最大额定开断电流为 4 A。

（7）线与线交叉处的空心圆圈指端子排，图纸中指在 Tp03 车电气柜内叫作=96-X242 的端子排上面的线。

（8）此处 21-K10 为延时继电器线圈，此继电器 A1 为电源线，A2 为负线，B1 为激活电源。只有当 A1,B1 同时得电时，此继电器得电，触电瞬间动作。当 B1 失电时，该继电器的各触点延时 5 s 动作（5 s 是通过图中 9 号标注中的“5 s”得来，有时图中也会直接在线圈旁边标出）。

（9）此处为 21-K10 的一个常开触点，当 21-K10 线圈得电时，15,18 触点接通；当 21-K10 线圈失电时，15,16 触点接通。

（10）此处 21-K83 继电器线圈位于此部分第 4 页 E5 坐标位置，该继电器工作原理为“在正常情况下，升弓压力满足要求，21-K83 线圈得电，降弓时线圈失电”。

（11）此处 21-K81 继电器线圈位于此部分第 4 页 E6 坐标位置，该继电器工作原理为“在正常情况下，升弓压力满足要求，21-K83 线圈失电，降弓时线圈得电”。

此时可以推断，在正常情况下，升弓压力满足，21-K83 得电，13,14 常开触点导通；21-K81 失电，21,22 常闭触点导通，延时继电器 21-K10 的 B1 激活线导通，线圈常得电。当升弓压力不足时，21-K83 失电，13,14 触点断开；21-K81 得电，21,22 触点断开。延时继电器 21-K10 的 B1 线断电，21-K10 线圈延时 5 s 后失电，15,18 触点接通。

（12）由于上述 21-K10 的 15,18 触点接通，导致此处 21-K11 的线圈得电。21-K11 为 ADD 降弓继电器，此继电器线圈得电时会触发 ADD 阀排风，导致受电弓降下[上（10）～（12）部分为举例说明常规电路图推导思路，刚上手研究时相对较为繁琐，勤加练习后便能快速掌握]。

（13）此处为过渡插头，位置在 Tp03 车的电气柜内，名称是=97-X241.26，34 指这根线在插的 34 针上，其中 A 为该插头母针，B 为公针。

（14）此处的 24-T37 是 I/O 输入输出模块，由网络控制传输。“+0342.33”表示该模块位于 03 车电器柜内，“qy”表示牵引系统、高压系统；“companto”表示受电弓指令；“do”表示信号输出；“37”表示设备地址为 Tp03 车的 RIOM1（TCMS 变量命名都具备相应的规则）。

1.2.2 电路图读图思路

看懂一张电路图跟看懂一篇文章类似，但又有差别。

相似之处在于，文章中的每个文字就像是电路图中的每个元件；而文章中的每个段落就像是电路图中的每个功能模块；句子的语法就仿佛是电路中的连接方式。因此在看电路图之前，需认识常见的电子元件，知道它们的工作原理和元件属性。

掌握了各个元件的原理后，就可以从整体到局部，再从局部到整体识读电路图。

从整体到局部：

（1）首先纵观整张电路，了解电路的输入和输出。

（2）拆分电路——按功能划分模块。

一张复杂的、系统的电路图，可以拆分成不同的小模块，再把小模块进行拆分就能拆分出很多简单的、基础的单元电路。

再从局部到整体：

（1）拆分成不同的模块后，再逐个分析每个模块的工作原理。

（2）知道每个模块的工作原理之后，再查看模块之间的联系。

（3）最后综合考虑整张电路图的工作流程，信号的走向，关键的元器件或模块等信息。

识读电路图的基线如此，关键在于要知道如何拆解一个复杂的电路。拆解电路之前，首先须积累一定数量的单元电路，这样在分析一张复杂电路的时候，会有似曾相识之感，这样再去拆解的时候就容易很多。

第2章 CR400BF 型动车组概述

CR400BF 型动车组是借鉴 CRH380 型、CRH5 型动车组在各地区的运用经验，结合各地区的气候特征，从创新、智能、安全、人性、绿色、经济六方面进行技术提升，自主创新开发，具有完全自主知识产权的中国标准化动车组。

2.1 车辆配置

速度 350 km/h 的中国标准动车组为动力分散型电动车组，采取 8 辆编组，由两个“二动二拖”的牵引动力单元组成“四动四拖”（4M4T）的结构。列车牵引功率为 10 140 kW，设计速度为 350 km/h。长客股份与四方股份中国标准动车组可两列重联运行，CR400BF 型动车组技术参数见表 2.1。

表 2.1 CR400BF 动车组技术参数

技术参数	数值	技术参数	数值
最高运行速度/（km/h）	350	自动车钩高度/mm	1000
动车配置	4M4T	中间车钩高度/mm	935
定员/人	556	轮周最大功率/kW	10 140
一等座椅间距/mm	1 160	轴重/kN	170
二等座椅间距/mm	1 020	转向架中心距/mm	17 800
列车长度/mm	中间车 25 000 头车 27 255	车轮踏面类型	LMB_10
车体宽度/mm	3 360	车轮直径/mm	920/850
车顶距轨面高度/mm	4 050	轨距/mm	1 435
地板面距轨面高度/mm	1 260	0～200 km/h 平均加速度/（m/s^2）	≮0.4
供电制式	AC 25 kV / 50 Hz	350 km/h 剩余加速度/（m/s^2）	≮0.05
传动方式	交直交		

CR400BF 型动车组设一等/商务座车、二等/商务座车、二等座车、二等/餐车，在 01、02、03、04、06、07、08 车上设有卫生间，在 04 车上设置残疾人的相关设施，在 05 车上设厨房。总定员 576 人，其中，商务座席 10 个、一等座席 28 个、二等座席 538 个。

2.2 车体及车端连接

根据车窗及车内设施不同，车体分为 6 种车型，分别为 Tc01、M02/07、Tp03/06、Mh04、Mb05、Tc08 车，其中 M02、Mh04、Mb05、M07 是动车，Tc01、Tp03、Tp06、Tc08 是拖车。该动车组的车体承载结构采用车体全长的大型中空铝合金型材组焊而成，为筒形整体承载结构，具有很好的防振、隔音效果和抗防腐性，车体结构的主要性能参数见表 2.2。

表 2.2 CR400BF 动车组车体结构主要性能参数 单位：mm

项目	数值
头车长度	27 255
中间车长度	25 000
宽度	3 360
高度（距轨面）	4 050
铝地板面距轨面高度	1 180
头车车钩距轨面高度	1 000

车体承载结构是由底架、侧墙、车顶、端墙以及设备舱组成的一个整体。头车还设有司机室，能为司机提供一个安全的操作空间。

底架主要由底架前端结构和底架中部结构两大部分组成。底架中部结构包括地板、边梁，地板与边梁焊接，纵向贯通。底架端部为整体结构，包含固定裙板，固定裙板上集成注水口、注砂口等部件。底架端部与底架底板之间通过过渡板相连，固定裙板与边梁组焊，具有很好的强度。

侧墙主要由侧墙上部型材、侧墙下部型材、窗口下部型材、窗口上部型材等部件组成，各车侧墙的外部轮廓及型材断面组成均相同，由 5 块大型中空铝型材拼焊而成。

车顶主要有高顶结构和平顶结构（安装受电弓等车顶设备）两种。车顶由 7 块大型中空铝型材拼焊而成，7 块型材又可以分为两部分，即构成中顶的 5 块和两侧边顶的 2 块。

端墙主要由门框、端角柱、端墙板和端墙附件 4 部分组成。

头车的司机室框架结构为板梁式，所有的梁、柱、墙顶板采用开口型材和板材。司机室框架结构由 6 部分组成，即司机室前端、司机室后框、司机室左侧墙、司机室右侧墙、司机室车顶和司机室前窗挡风玻璃安装框。

车端连接装置主要由车钩缓冲装置、风挡装置、电气连接、空气管路连接等部件组成。动车组的车钩缓冲装置主要分为 3 种，即用于动车组两端的自动车钩，用于动车组车辆之间的中间车钩，以及紧急情况下用于动车组救援使用的过渡车钩。电气连接按连接种类可分为高、中和低压供电连接、控制和通信连接。压缩空气连接可分为制动管空气管路连接、总风管空气管路连接、解钩空气管路连接。车端连接装置在动车组中具有重要的作用，它不仅要实现车辆间的机械连接，还要实现车辆与车辆之间的电气和气路连接等。机械连接的作用主要是使连接各车辆彼此间保持一定的距离，并且传递与缓和动车组在运行过程中及在调车过程中产生的纵向力及其冲击。电气和气路连接为车辆间提供各种电压的电气与压缩空气的通路。另外，车端连接装置还应为车辆间的流动人员提供安全、舒适的通道等。

2.3 转向架及其辅助装置

CW350（D）型转向架为两轴无摇枕、有联系枕梁转向架，采用 H 形焊接构架，转臂式轴箱定位、双圈螺旋式钢弹簧和垂向减振器的一系悬挂，大柔度空气弹簧、横向减振器、横向止挡、抗蛇行减振器（每侧两个）和 Z 形牵引装置的二系悬挂，盘式基础制动单元，架悬式交流电机、联轴节和齿轮传动系统。非动力转向架采用与动力转向架基本相同结构形式，其主要技术参数见表 2.3。

表 2.3 CR400BF 型动车组转向架主要性能参数

主要参数	数值
最高运营速度/（km/h）	350
轨距/mm	1 435
静态轴重/mm	17
固定轴距/mm	2 500
车轮直径（新轮/全磨耗）/mm	920/850
空气弹簧横向间距/mm	1 900
轴承中心间距/mm	2 000
轴箱定位方式	转臂定位
二系减震方式	空气弹簧＋减振器
基础制动方式	动车轮对、拖车轴盘
转向架与车体连接形式	枕梁连接
动车转向架质量/kg	约 9 600
拖车转向架质量/kg	约 7 600

转向架辅助装置主要包括回流/保护接地、制动防滑传感器、轨道扫石器、撒砂装置、轮缘润滑、列车控制系统的拖轴速度传感器、ATP 控制系统传感器、感应接收器、TC-2 上的溢流电磁阀、轴温监控系统、构架横向失稳检测系统。同时，列车上配置了转向架监测系统，轴箱轴承及齿轮箱轴承温度检测。CR400BF 型动车组检测的是轮对轴承温度，用于检测轴承是否过热。运行稳定性监测装置装于转向架构架端部，即转向架构架的横向加速度不得超出特定极限范围。每个转向架上均有一个加速度传感器，通过该传感器测量加速度值。稳定性异常时会触发车辆报警，并按照设计的速度进行自动限速。

2.4 主供电及牵引系统

CR400BF 型动车组由两组牵引单元对称组成，每组牵引单元具有一套高压设备。高压系统是由受电弓、支撑绝缘子、真空断路器、高压隔离开关、高压互感器、保护接地开关、避雷器、高压电缆及电缆连接器等组成。高压设备采用集成高压设备箱方案，将除受电弓、绝缘子、网侧避雷器外的其余高压部件全部放置于集成高压设备箱内。这种高压部件集成车顶高压箱方案，具有耐候性、免清洗、检修维护方便、气动阻力和气动噪声小等特点。高压系统具备为全车供电、电气保护、监测网压及工作电流和在线绝缘监测的能力。

CR400BF 型动车组的每个牵引单元由 2 节动车和 2 节拖车构成。2 个牵引单元采用对称式设计，即 Tc01+M02+Tp03+Mh04，Mb05+Tp06+M07+Tc08。25 kV/50 Hz 单相交流电源从接触网经受电弓处受电、通过 VCB 与牵引变压器 1 次侧绕组连接。每个牵引单元包括 1 台牵引变压器及冷却单元、2 台牵引变流器及其冷却单元、8 台牵引电机和 4 台牵引电机冷却风机。动车组共设置 2 台牵引变压器，分别安装在 03/06 号车，为相邻 2 节动力车的 2 台牵引变流器分别提供单相交流电源。每节动力车包含 1 台牵引变流器，牵引变流器采用交-直-交变换，可供本车 4 台牵引电机正常运行，并可实现牵引电机的变频调速。此外，牵引变流器通过中间直流环节为辅助变流器提供电源。牵引电机采用三相鼠笼式异步电动机，在驱动模式下可将电能转换成机械能，制动时将机械能转换成电能，主供电及牵引系统布置如图 2.1 所示。

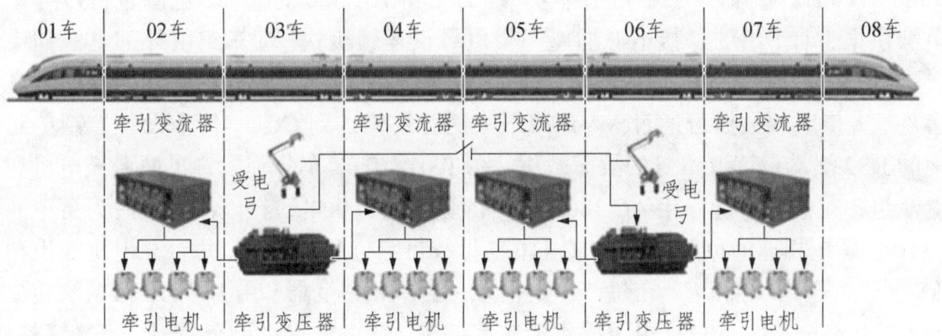

图 2.1 主供电及牵引系统布置

2.5 辅助电气系统

辅助供电低压系统电源由三相 AC 380 V/50 Hz 供电母线提供，通过充电机将三相交流电转换为 DC 110 V 电，实现母线并网供电，为蓄电池组充电，同时也为低压设备提供电源。辅助供电系统由辅助变流器、充电机和蓄电池、应急逆变器等组成。辅助供电系统采用母线并联供电方式，辅助变流器电源由牵引变流器的中间直流环节提供。辅助变流器将来自牵引变流器中间直流电转换成三相交流电为辅助系统供电，在过分相区的情况下可以通过牵引变流器中间电路将牵引电机发出的电转换成三相交流电继续供给辅助系统。动车组在无火回送速度满足 70 km/h 的情况下，也能够向辅助系统供电，当速度低于 50 km/h 时退出供电状态，辅助电气设备布置如图 2.2 所示。

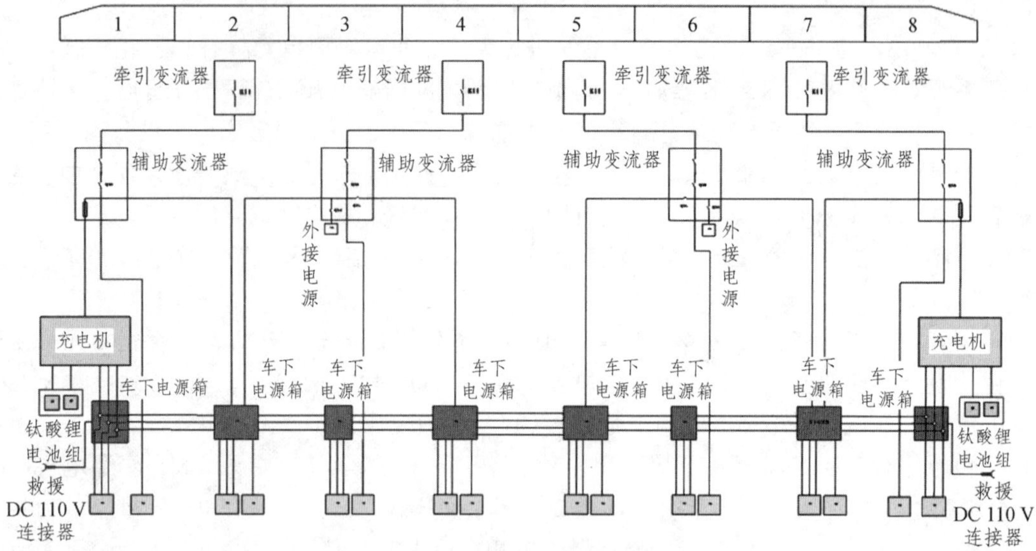

图 2.2　辅助电气设备布置

8 辆编组的动车组设有 4 台辅助变流器，分别设在 Tc01、Tc08 车（为 ACU-A 型）和 Tp03、Tp06 车（为 ACU-B 型）上，每台辅助变流器的输出功率为 200 kV·A，全列车共 800 kV·A。正常情况下，所有的辅助变流器同时向母线输出同相位三相 AC 380 V/50 Hz 电源，实现并网供电。地面三相 AC 380 V/50 Hz 电源也可以为车上辅助负载供电，动车组的外接电源插座与受电弓设连锁机构，动车组由外部电源插头供电时，受电弓不能升弓。辅助变流器、充电机和蓄电池遵守车辆和设备诊断技术规范、故障事件、上传下载数据可通过 MVB 或以太网总线传送到 CCU。每个设备控制单元通过本地的 RS232 端口读取本身的故障数据。在 Tc01、Tc08 车分别配置了两台充电机和两组蓄电池组，充电机通过三相 AC 380 V/50 Hz 母线获得供电，经整流变换后为蓄电池和与 DC 110 V 系统相连的负载供电。DC 110 V 母线贯穿整列动车组。每台充电机输出功率为 30 kW，全列车为 120 kW。在每节车上设有一台单相逆变器，由 DC 110 V 系统逆变获得电能，输出 AC 220 V50 Hz 电源提供给旅客插座，该电源仅供单车使用，不贯穿整列车。

2.6　供风及制动系统

制动系统采用直通电空制动、电制动和弹簧储能式停放制动三种制动模式。常用制动和紧急制动 EB 采用微机控制的直通电空制动系统，空电复合，电制动优先；紧急制动 UB 由紧急制动电磁阀失电控制，电制动由牵引系统提供；弹簧储能式停放制动由硬线控制。头车设置 BP 救援转换装置和列车管，用于回送和救援。转向架基础制动装置采用盘形制动，动车每轴 2 套轮盘，拖车每轴 3 套轴盘。制动系统采用标准化、系列化、模块化、信息化设计理念。系统设计基于“故障导向安全”的原则，在控制、紧急制动等方面采用冗余设计；制动系统管路连接采用卡套式管接头的无螺纹连接，提高了管路连接的可靠性和安全性。

制动系统有如下功能：① 常用制动；② 紧急制动 EB；③ 紧急制动 UB；④ 旅客紧急制动；⑤ 保持制动；⑥ 停放制动。

同时，复兴号动车组各轴都具有车轮防滑保护功能。制动控制单元检测各轴速度，如果检测到车轮滑动，制动控制单元将通过接通/断开防滑阀的电源来缓解/保持/实施制动，紧急制动时车轮滑动保护设备依然有效。

车组配备两套主供风单元，主要由空气压缩机、安全阀、干燥器（A01.03）以及精密油过滤器等组成。主供风单元与动车组总风管相连，为总风管提供压缩空气，主供风单元出口配置一个容量为 125 L 的总风缸，主供风单元提供的压缩空气最高压力为 950 kPa（工作压力 800 ~ 950 kPa）。总风管上设有安全阀，当总风管压力大于 1 050 kPa 时，安全阀自动排风，确保系统压力安全。

2.7 网络及辅助监控系统

网络及辅助监控系统主要由列车网络控制系统、数据记录及无线传输装置、电子标签设备、烟火报警系统以及安全视频监控设备组成。列车网络控制系统由中央控制单元、网关、司机室输入输出模块、客室输入输出模块、高压控制单元、显示器、以太网交换机/网关等组成。列车通信和控制的特点是使用了基于 TCN 模块的清晰结构，TCN 是一个分为两级的通信网络，由 WTB（列车总线）和 MVB（多功能车辆总线）组成。动车组由两个牵引单元组成，在每个牵引单元内由 MVB 总线通信，牵引单元间通信由网关通过 WTB 总线通信。数据记录及无线传输装置由主机、合路器及车顶天线组成，通过 20 mA 电流环接口与车辆信息控制系统中央装置通信，通过干触点的方式实时采集车辆 VCB 合/断、受电弓升/降、复位、开/关门、保护接地开关、关门安全、关门连锁等开关或按钮信息，通过以太网接口实现数据的快速下载和实时输出，通过 GPRS/WLAN 无线网络按照车地通信协议及时传输相应的数据。

第3章

车体、转向架及车端连接

随着动车组运行速度的增加，运行中的空气阻力和车内噪声都呈现指数级上升。我国自主研发的 CR400BF 型复兴号动车组车体采用大型铝合金型材，在满足车体强度、刚度、设计安装要求的前提下，尽可能减轻车体自重。相较于以往的动车组，CR400BF 型复兴号动车组采用全新低阻力流线型车头，降低了运行阻力、提高了高速下的列车安全性。中空结构设计，加上全新隔音材料填充，使得降噪隔音效果显著提升。在引进消化吸收既有动车组转向架构架的基础上，对转向架进行了全新设计。轮对轴箱装置采用整体自密封圆锥滚子或圆柱轴承，具有极高的装配精度，在高速运行中实现轮对与转向架间低摩擦，大幅度降低运行驱动阻力。一系悬挂中双卷螺旋钢弹簧与垂向减振器的双重作用最大限度抑制钢轨的冲击和高频振动，构建了动车组高速运行稳定性的第一道关卡。二系悬挂装置采用有过渡枕梁的高柔性空气弹簧承载，搭配横向、垂向、抗蛇形减振器，抑制蛇形运动，提高动车组高速度通过曲线的性能，隔离传递到车厢的振动，保证了车体运行的平稳性。CR400BF 型复兴号动车组牵引传动系统仍采用传统的 Z 形双牵引拉杆及架悬式设计。YJ268A 型牵引电机适应高速铁路多重单元的特殊要求，结构紧凑、体积小、功率大，单机牵引功率提升至 650 kW。制动系统采用电空联合直通制动，根据车辆载重、速度，对制动距离、制动时间进行精准控制。各车辆之间采用带缓冲器和压溃管的中间车钩连接，高弹性缓冲器足以使复兴号动车组达到起车客不知，停车客不觉的平稳性要求。

3.1 车 体

3.1.1 车体结构介绍

CR400BF 型复兴号动车组采用大型中空铝合金型材制成。头型及车身经过多次流体动力学仿真计算，结合高速铁路线路要求，选取全新低阻力流线型车头、平顺化车体，在增大了车体断面，增加了内部空间的情况下，运行阻力仍然比既有 CRH380 系列降低了 7.5% ~ 12.3%，350 km/h 速度级人均百千米能耗下降了 17%，有效减少了持续运行能量消耗。

根据车窗及车内设施不同，CR400BF 型复兴号动车组车体分为 6 种车型，分别为 Tc01、M02/07、Tp03/06、Mh04、Mb05、Tc08（T 代表拖车，M 代表动车，c 代表司机室，p 代表本车带有受电弓，h 代表本车带有残疾人卫生间，b 代表本车带有餐吧）。车身总体采用 6 系大型中空铝合金型材组焊而成，为筒形整体的承载结构，由底架、侧墙、车顶、端墙及设备舱组成一个整体，Tc01、Tc08 车设有司机室，车体具有很好的防振、隔音效果，如图 3.1 所示。

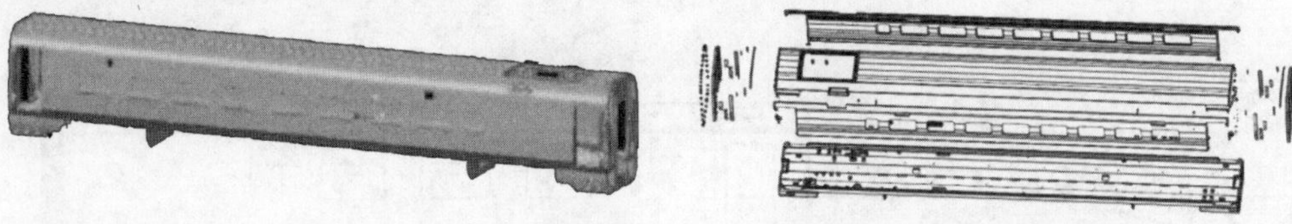

（a）中间车车体三维图和分解图

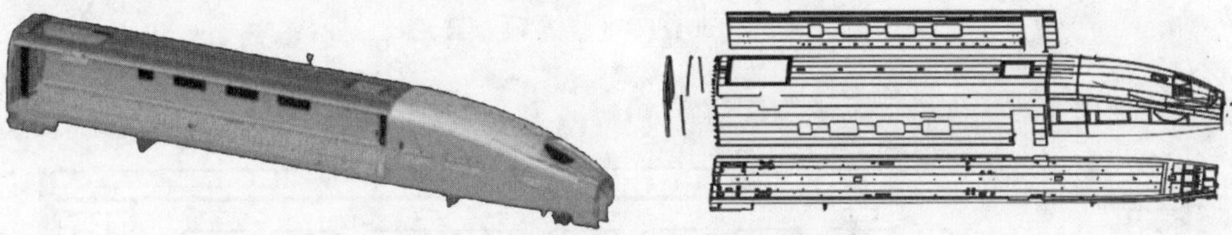

（b）头车车车体三维图和分解图

图 3.1　车体结构

底架主要由底架端部结构和底架中部结构两部分组成，如图 3.2 所示。底架中部结构包括地板、边梁两部分。地板与边梁焊接，纵向贯通。底架端部为整体结构，包含固定裙板，固定裙板上集成注水口、注砂口等部件。底架端部与底架中部之间通过过渡板相连，固定裙板与边梁组焊，具有很好的强度。

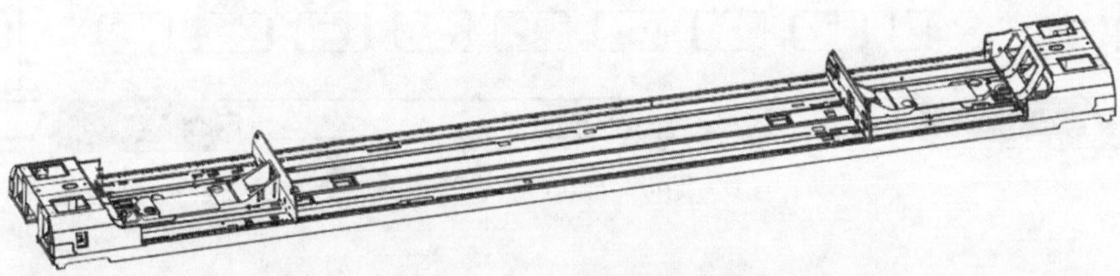

图 3.2　底架组成

侧墙主要由侧墙上部型材、侧墙下部型材、窗口下部型材、窗口上部型材等部件组成。各车侧墙的外部轮廓及型材断面均由 5 块大型中空铝型材拼焊而成。

头车的司机室框架结构为板梁式，所有的梁、柱、墙顶板均采用开口型材和板材。司机室框架结构由 6 部分组成，即司机室前端、司机室后框、司机室左侧墙、司机室右侧墙、司机室车顶和司机室前窗挡风玻璃安装框。

司机室前端下方装有排障器，排障器中央底部能承受 137 kN 的静压力，排障器由型材、铝板及连接螺栓组成，通过螺栓固定在司机室的下方。

3.1.2　车顶设备布置

CR400BF 型复兴号动车组车顶布置高压设备及空调供风设备。为保证低运行阻力，高压系统集成于高压箱内，高压箱及空调设备外表面与车体表面平齐，除受电弓部分外，车顶设备无断面形状突变，保证了高速运行的需求。高压系统除车顶高压电缆和高压跨接电缆外，受电弓、高压箱、弓网监控装置都位于 03 和 06 车车顶。空调供风设备分为客室空调机组和司机室空调机组，客室空调机组位于车顶端部（Tc01、Mh04、Mb05、Tc08 位于二位端，中间车位于一位端），司机室空调机组安装在司机室通过台顶部，车顶设备布置如图 3.3 所示。

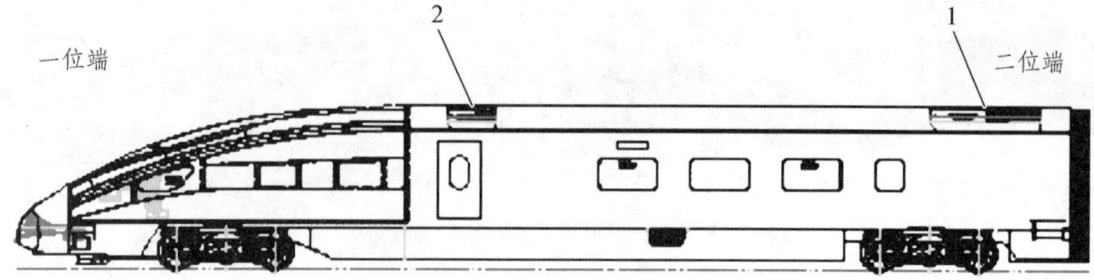

（a）Tc01/Tc08 车车顶布置

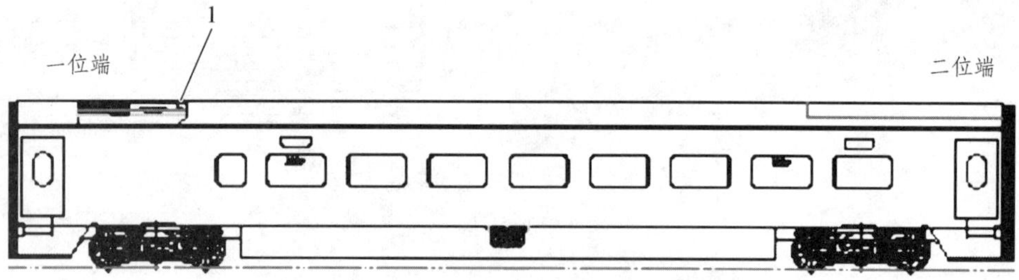

（b）M02/M07 车车顶布置

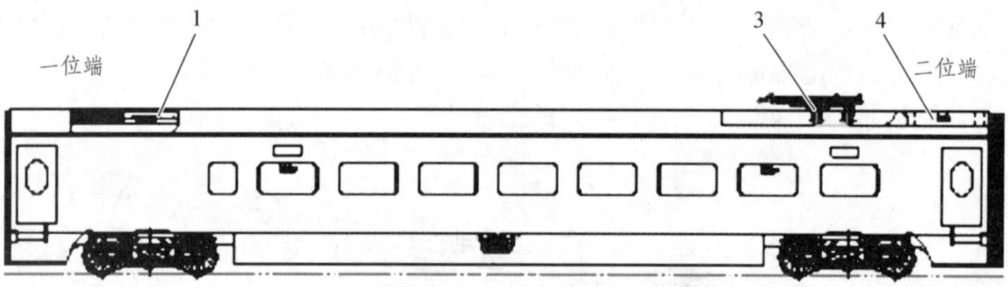

（c）Tp03/Tp06 车车顶布置

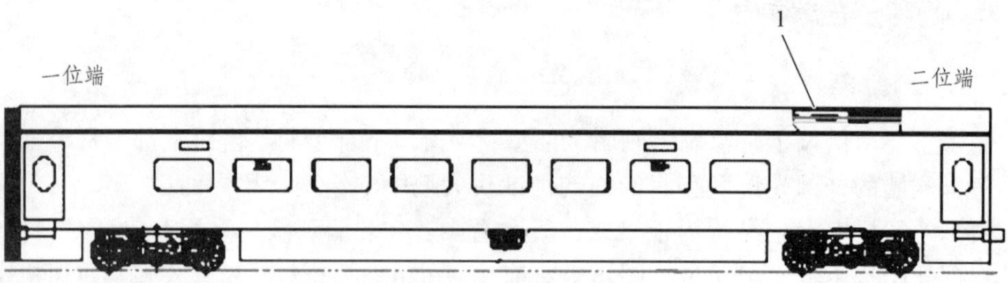

（d）Mh04 车车顶布置

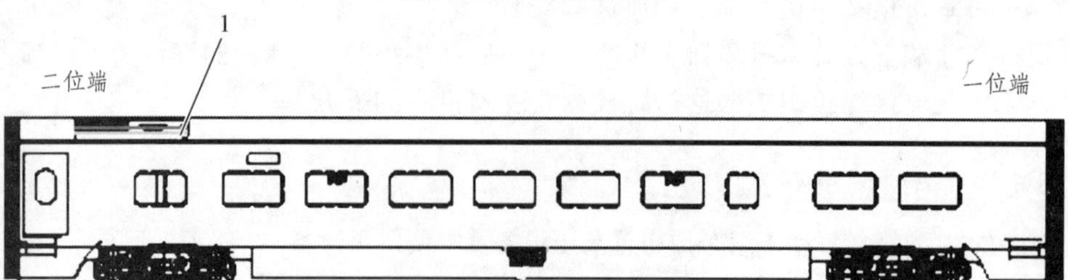

（e）Mb05 车车顶布置

1—客室空调机组；2—司机室空调机组；3—受电弓；4—高压箱。

图 3.3　车顶设备布置

3.1.3 车内设备布置

为保证旅客乘坐的舒适性、提升车内空间，CR400BF 型复兴号动车组增加了车体断面。二等座椅的间距由 0.99 m 增加至 1.02 m，一等座椅的间距由 1.06 m 增加至 1.16 m。动车组设一等/商务座车、二等/商务座车、二等座车、二等/餐车，在 01、02、03、04、06、07、08 车上设有卫生间，其中在 04 车上设置残疾人的相关设施，在 05 车上设厨房。总定员 556 人，其中，商务座席 10 个、一等座席 28 个、二等座席 518 个。2、7 号车，设置二等座椅，一位端设 1 蹲 1 座两个卫生间、电气柜、洗面间、开水炉、洁具柜等，二位端设电气柜、大件行李柜等，两端部设侧门。3、6 号车设置二等座椅，一位端设 1 蹲 1 座两个卫生间、电气柜、洗面间、开水炉、垃圾小车等，二位端设电气柜、大件行李柜等，两端部设侧门。4 号车设置二等座椅及残疾人区域，残疾人区域设轮椅存放区，一位端设电气柜等，二位端设残疾人卫生间和一个蹲式卫生间、开水炉、洗面间、大件行李柜、冲拖布池等。5 号车设置二等座椅，一位端设厨房、储藏柜、垃圾箱等，二位端设电气柜、乘务员室、机械师室、大件行李存放处等，靠近车体端部设侧门。8 号车二等座 40 人，商务座 5 人。观光区设大件行李柜、衣柜等，与二等座椅区之间设侧门、座式卫生间、开水炉、洗面间等，二位端设电气柜、工具柜、备品柜、大件行李柜等，各车车内设备布置如图 3.4 所示。

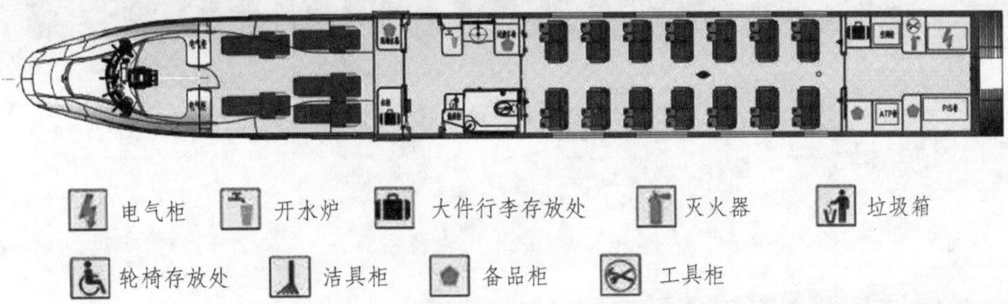

（a）Tc01/Tc08 车内设备布置

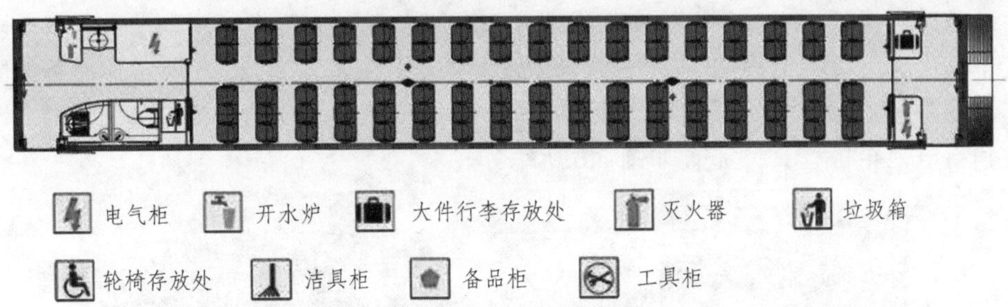

（b）M02 车内设备布置

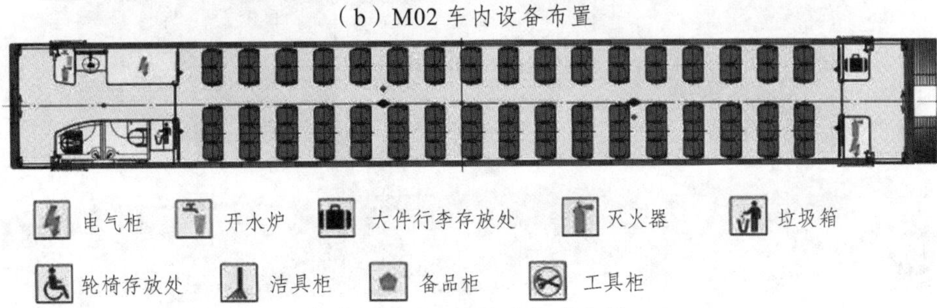

（c）Tp03/Tp06 车内设备布置

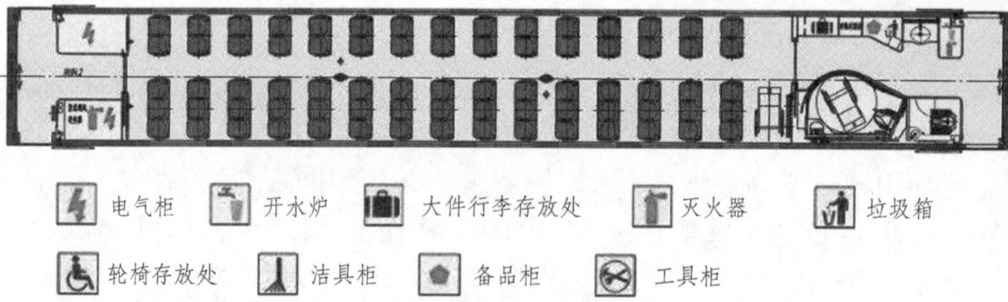

（d）Mh04 车内设备布置

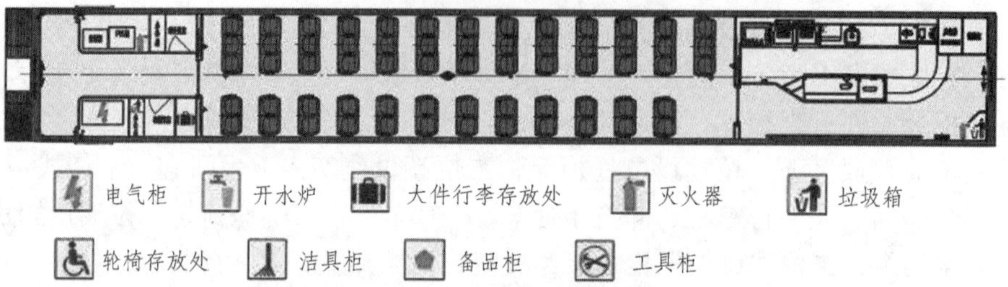

（e）Mb05 车内设备布置

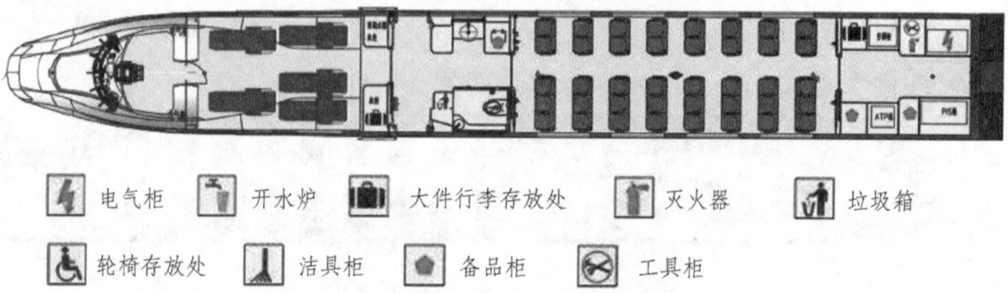

（f）Tc08 车内设备布置

图 3.4　各车车内设备布置

3.1.4　车下设备舱布置

设备舱由裙板、底板、裙板支架组成，与底架隔墙形成一个密闭型舱体。将车下设备置于其中，可以降低风阻，提升整车的空气动力学性能，如图 3.5 所示。设备舱防护的车下设备包括牵引电机通风机、废排单元、牵引变流器、辅助变流器、变压器、制动风缸和蓄电池箱等，具体布置如图 3.6 所示。

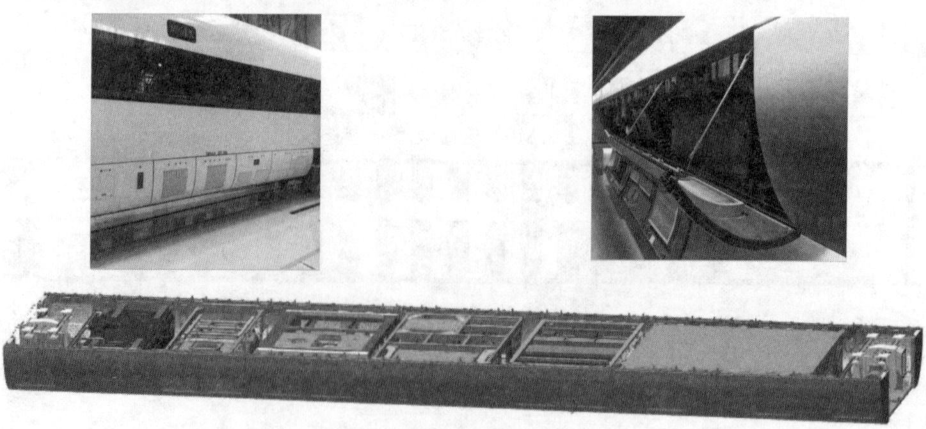

图 3.5　设备舱

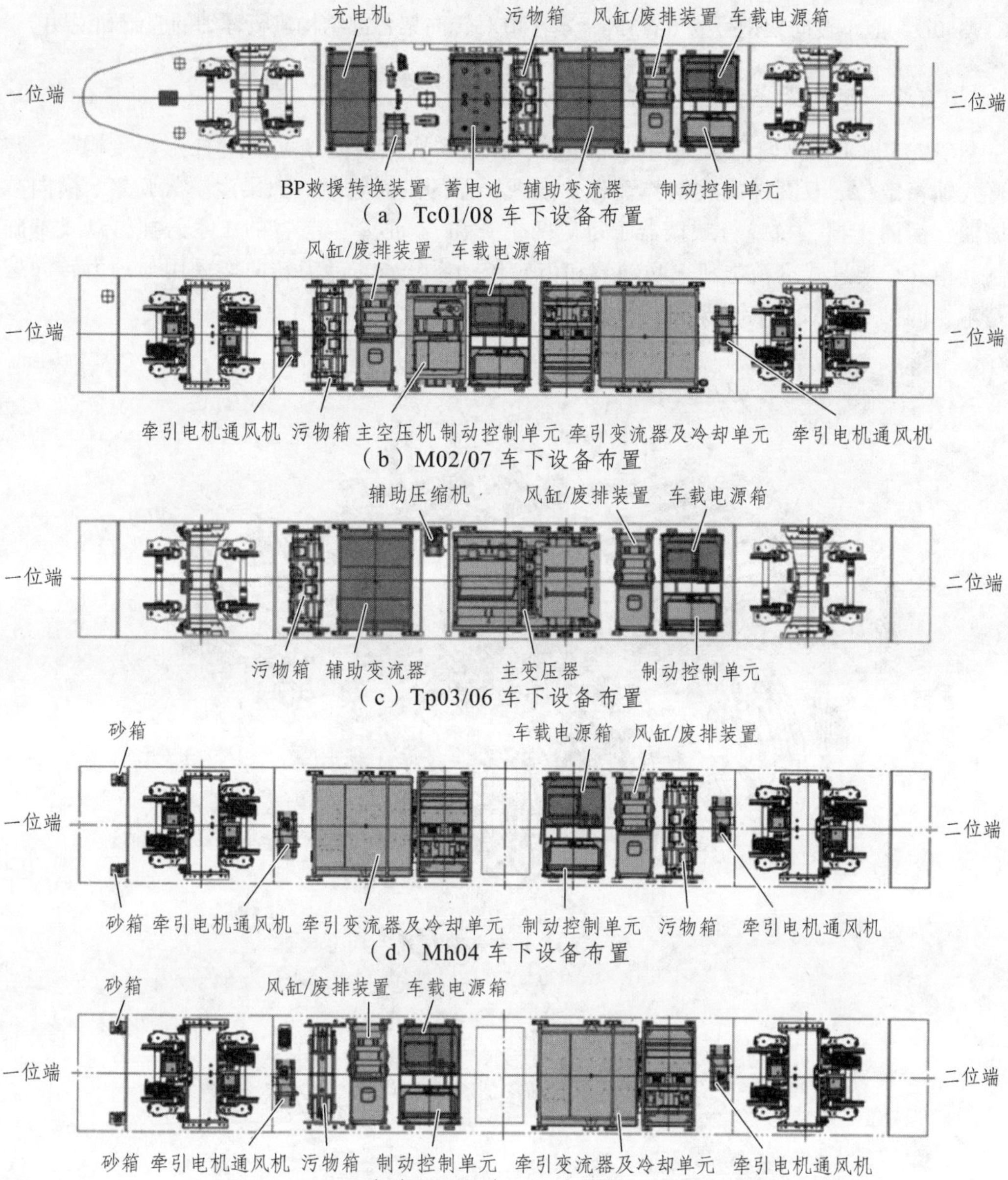

（a）Tc01/08 车下设备布置

（b）M02/07 车下设备布置

（c）Tp03/06 车下设备布置

（d）Mh04 车下设备布置

（e）Mb05 车下设备布置

图 3.6　设备舱布置

3.2　转向架

转向架是高速动车组的走行部，相当于动车组的“腿脚”。它位于车体下方，是跟轨道直接接触的部位。转向架主要由构架、轮对、悬挂装置、牵引装置和制动装置等部件组成。转向架起承载车体、导向、牵引、制动等作用，同时它还有一项重要的功能——减振，是保证动车组平稳运行的关键所在。CW350（D）型转向架是为我国速度 300 km/h 以上等级线路开发的高速转向架，该转向架设计时充分考虑了既有动车组转向架运用经验和大量试验数据，满足高速运行和中国铁路现状的要求。CR400BF 型复兴号动车组动车转向架型号为

CW350D，拖车转向架型号为 CW350，本小节对转向架各部结构进行详细的介绍和说明。

3.2.1　转向架各部位功能及结构介绍

CW350（D）型转向架为两轴无摇枕、有联系枕梁转向架，采用 H 形焊接构架，转臂式轴箱定位、双圈螺旋式钢弹簧和垂向减振器的一系悬挂，大柔度空气弹簧、横向减振器、横向止挡、抗蛇行减振器（每侧两个）和 Z 形牵引装置的二系悬挂，盘式基础制动单元，架悬式交流电机、联轴节和齿轮传动系统。非动力转向架采用与动力转向架基本相同结构形式，转向架结构形式如图 3.7 所示。

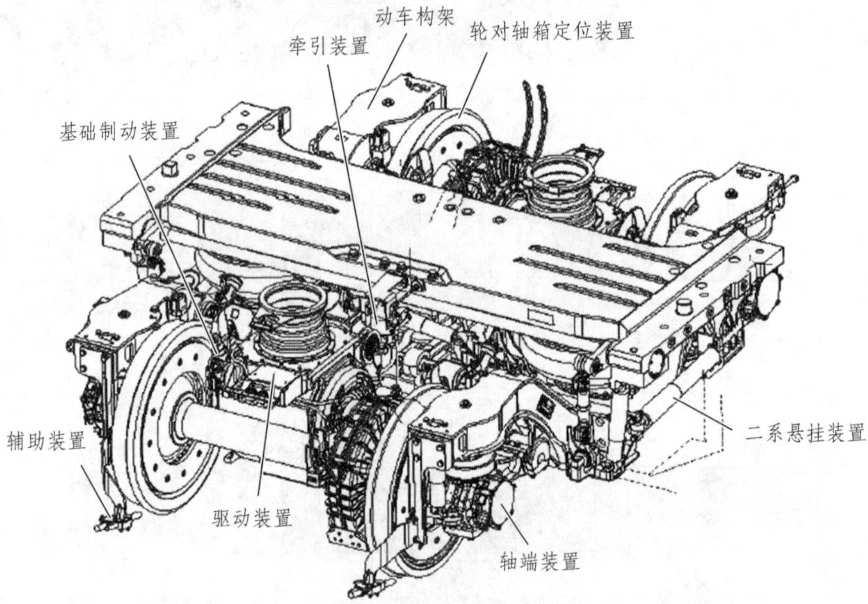

（a）动车转向架构成

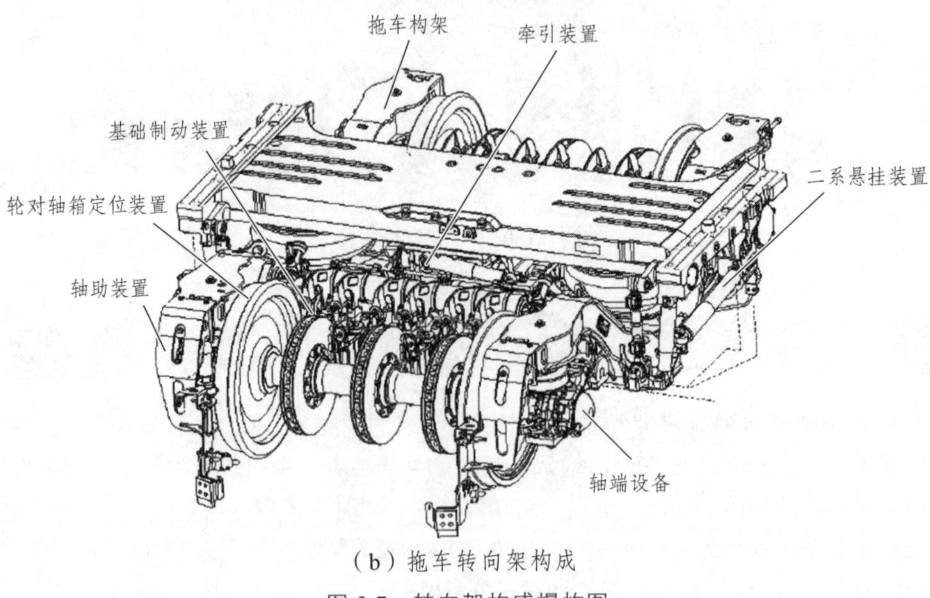

（b）拖车转向架构成

图 3.7　转向架构成爆炸图

3.2.2 转向架构架

构架是转向架关键承载部件之一，它不仅将转向架的各零部件连接成一个整体，同时还承受和传递各种作用力，其结构、形状和尺寸大小都应满足各零部件的组装要求。

动车构架和拖车构架都属于 H 形构架，其结构的主体部分完全相同。构架主要由侧梁、横梁以及各种吊座组成，侧梁采用钢板焊接箱型结构，横梁采用钢板焊接，横侧梁通过变截面连接座（锻件）组焊而成，动、拖车构架详细结构如图 3.8 和图 3.9 所示。

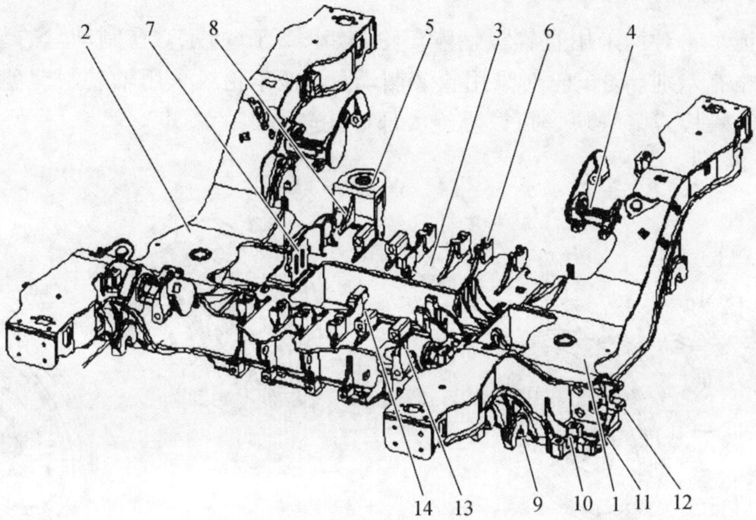

1，2—侧梁组成；3—横梁组成；4—制动缸吊座；5—齿轮箱吊座；6—电机吊座；7—横向止挡座；8—横向减振器座；9—转臂定位座；10—扭杆座；11—二系垂向减振器座；12—抗蛇形减振器座；13—牵引拉杆座；14—二系垂向止挡。

图 3.8 动车构架

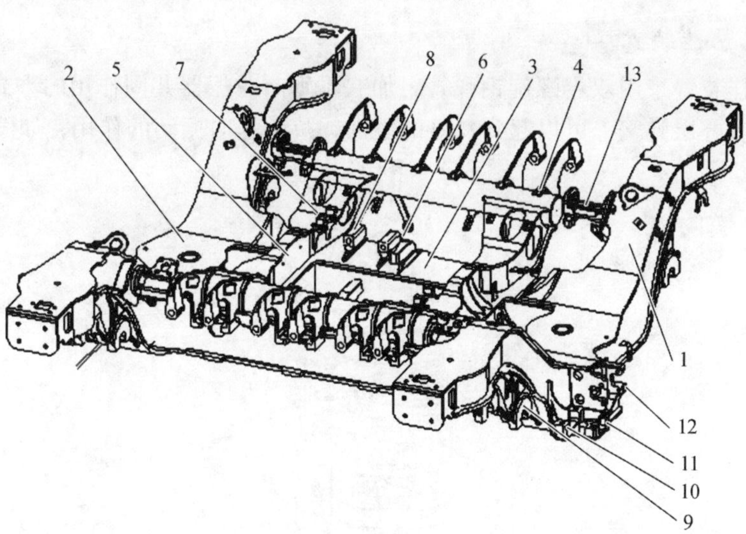

1，2—侧梁组成；3—横梁组成；4—制动缸吊座；5—横向止挡；6—二系垂向止挡；7—二系垂向减振器座；8—牵引拉杆座；9—转臂定位座；10—扭杆座；11—二系垂向减振器座；12—抗蛇行减振器座；13—组合座。

图 3.9 拖车构架

3.2.3 轮对轴箱定位装置

轮对轴箱定位装置是动车组的关节，是轨面与车体构架的中间装置。轮对轴箱定位装置将轮对的转动转换为转向架、车体的平动，同时缓和线路不平顺和轮对运动引起的振动，作为保证高速运行平稳性的第一道关卡。轮对轴箱定位装置包括轮对组成、一系悬挂装置、轴箱组成和轴箱定位装置。

1. 轮对组成

动车和拖车轮对均采用直辐板整体车轮，如图 3.10 所示。在制动盘的装配方式上，动车与拖车略有差别。动车轮对采用轮装制动盘，拖车轮对采用轴装制动盘同时拖车车轮上还装有降噪板或降噪块，可以隔绝大部分轮轨摩擦的噪声。

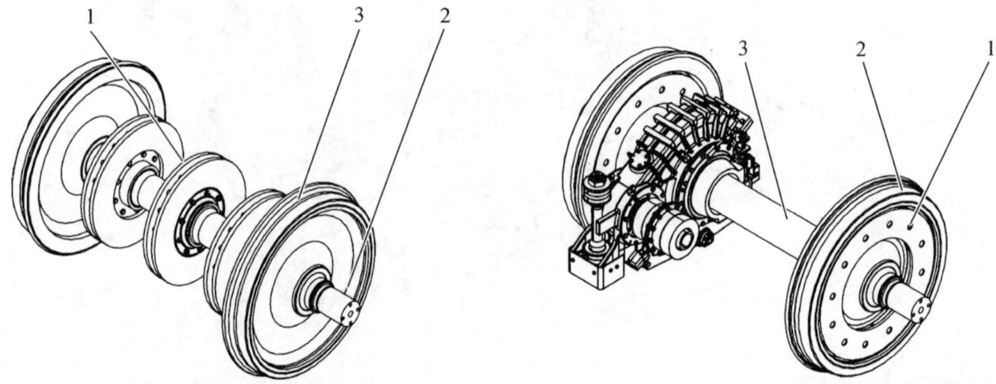

1—轴装制动盘；2—拖车车轴；3—拖车车轮。
（a）拖车轮对组成

1—轮装制动盘；2—动车车轮；3—动车车轴。
（b）动车轮对组成

图 3.10 动车、拖车轮对组成

2. 一系悬挂装置

一系悬挂装置采用双卷螺旋钢弹簧组加一系垂向减振器共同作用的方式，并且在钢弹簧下面装有叠层弹簧，可以起到良好的缓冲、减少垂向振动的作用，如图 3.11 所示。

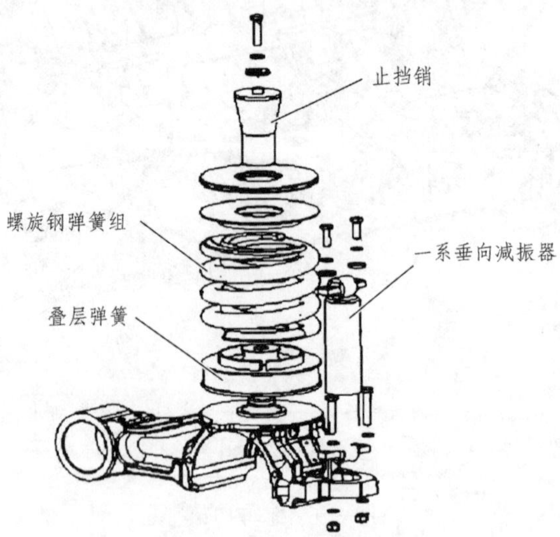

图 3.11 一系悬挂装置

同时，叠层橡胶弹簧的还可以消除结构噪声。在螺旋钢弹簧组内装有止挡销，既可以防止弹簧被压死，也可以在弹簧意外断裂时，起到支撑作用，避免更危险的事故发生。

3. 轴箱及定位装置

轴箱采用分体式结构，主要由转臂、转臂箍两部分组成，如图 3.12 所示。两部分采用螺栓连接，方便于轮对的拆卸与安装。轴箱定位采用转臂加节点的定位方式。通过连接块将轴箱节点固定在构架上的转臂定位座内，为了确保连接块与节点的正确安装，在连接块与构架上的转臂定位座之间有 0.5 ~ 2 mm 的间隙。连接螺栓有一部分螺纹外露，为了确保外露的螺栓不被腐蚀，在连接螺栓上套有 O 形密封圈。轴箱设有安全挡，在连接块连接失效时，可以起到紧急止挡的作用，防止危险事故发生。

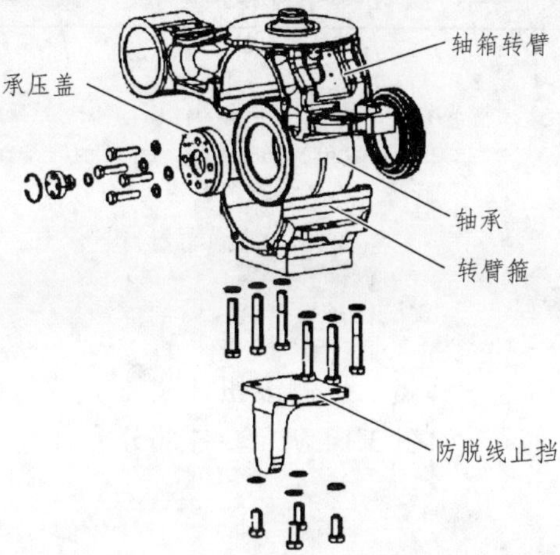

图 3.12　轴箱定位装置

4. 轴端设备

轮对轴端装置通过轴箱盖安装在轮对轴箱上。轴箱盖用来密封并保护轮对轴端装置，CR400BF 型复兴号动车组共有 64 个轴端，其中根据轴端配置的传感器等装置的不同共分成 7 种，见表 3.1，其安装布置如图 3.13 所示。

表 3.1　轴端种类

序号	轴端标号及名称
1	1 号轴端 普通轴端
2	2 号轴端 防滑传感器轴端（右 980）
3	3 号轴端 带运行控制的防滑轴端（ATP）
4	4 号轴端 接地轴端
5	5 号轴端 带运行控制的防滑轴端（右 双通道 980）
6	6 号轴端 带运行控制的防滑轴端（右 双通道 1280）
7	7 号轴端 带运行控制的防滑轴端（LG）

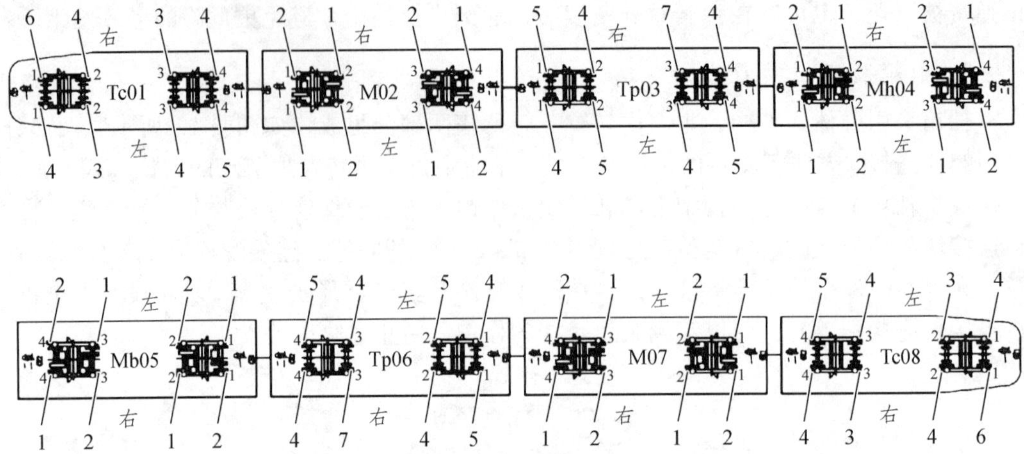

1—普通轴端；2—防滑传感器轴端（右 980）；3—带运行控制的防滑轴端（ATP）；4—接地轴端；5—带运行控制的防滑轴端（右 双通道 980）；6—带运行控制的防滑轴端（右 双通道 1280）；7—带运行控制的防滑轴端（LG）。

图 3.13 轴端布置

3.2.4 二系悬挂

二系悬挂装置主要由空气弹簧、抗侧滚扭杆装置、横向悬挂组成、垂向减振器和抗蛇行减振器 5 个部分组成，如图 3.14 所示。各部分配合共同完成转向架的二系悬挂功能。

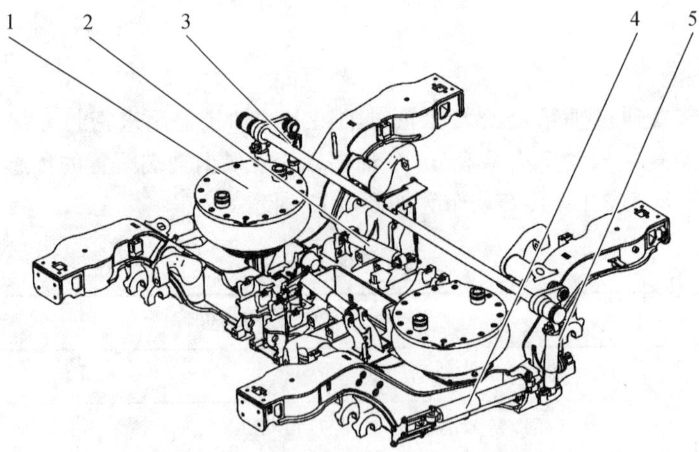

1—空气弹簧；2—二系横向减振器；3—抗侧滚扭杆；4—抗蛇形减振器；5—二系垂向减振器。

图 3.14 二系悬挂装置

1. 空气弹簧组成

CR400BF 型复兴号动车组采用有过渡枕梁的高柔度空气弹簧承载（见图 3.15），大大改善了乘坐舒适性和通过曲线的性能，缓和了车体的垂向和横向振动。其气路如图 3.16 所示。

图 3.15　空气弹簧总体

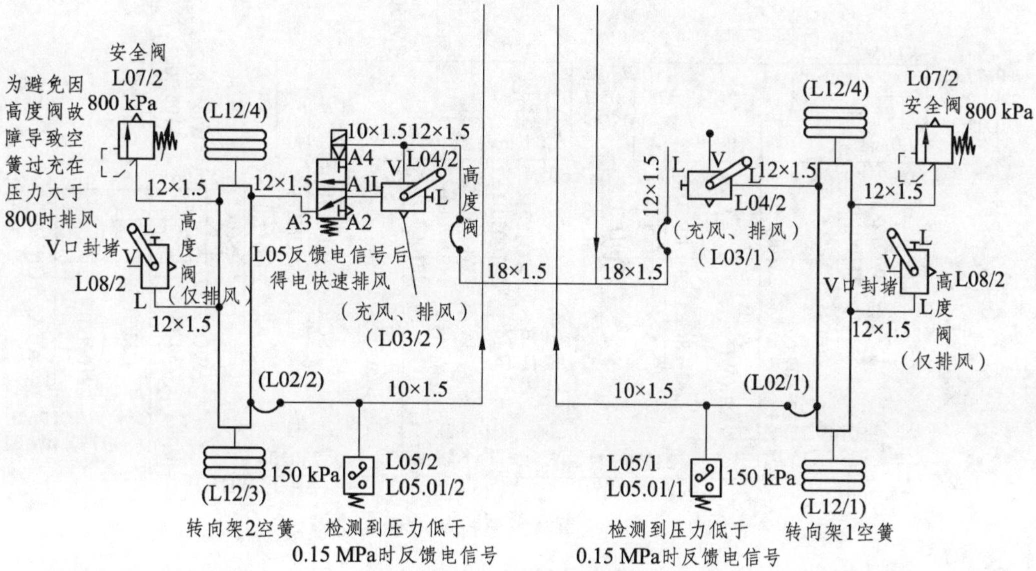

图 3.16　空气弹簧气路

转向架枕梁内部作为空气弹簧的附加空气室，空气弹簧的上部通风口与附加空气室连接，枕梁进风口与车体的管路连接。当空气弹簧内气压不足时，胶囊下部的叠层橡胶堆能起到一定的垂直减振作用，也能保证车辆安全行驶。空气弹簧的正常工作高度为 326 mm。

CR400BF 型复兴号动车组设有空气弹簧控制组件，用来检测车体与转向架之间由于乘客负载变化而引起的高度变化，并针对高度变化情况对空气弹簧进行充、放气，进而保证车辆处于平衡高度。每个转向架设有 2 个高度调整阀（L03、L08）及两个高度调整杆，高度阀安装在枕梁上，高度调整杆下端安装在构架上，上端与水平杠杆的一端相连，水平杠杆的另一端穿过高度阀的转轴。这样，车体与转向架之间的高度变化就转化为水平杠杆的角度变化，完成了高度阀的打开或关闭。高度阀调整杆的两端使用球形关节轴承，能满足车体与转向架间相对位移的要求。

为了保证车辆的运行安全，在枕梁与构架之间安装安全阀（L07）。当两空气弹簧高度达到限度值时，安全阀就会发生动作，对空气弹簧进行排气，这样就能避免某一个高度阀因故障而过充，保证车辆安全运行。

CR400BF 型复兴号动车组在头车二位端转向架设置有紧急排风电磁阀（L06，见图 3.17），当压力开关（L05/1）检测到一位端转向架空气弹簧压力低时，会使继电器 28-K14 得电，同时 28-K14 常开辅助触点 13、14 闭合，电磁阀 L06 得电，导通 L06 的 A2、A3 脚，将二位端转向架的风排向大气，防止一位端转向架空簧压力过低出现点头运动。

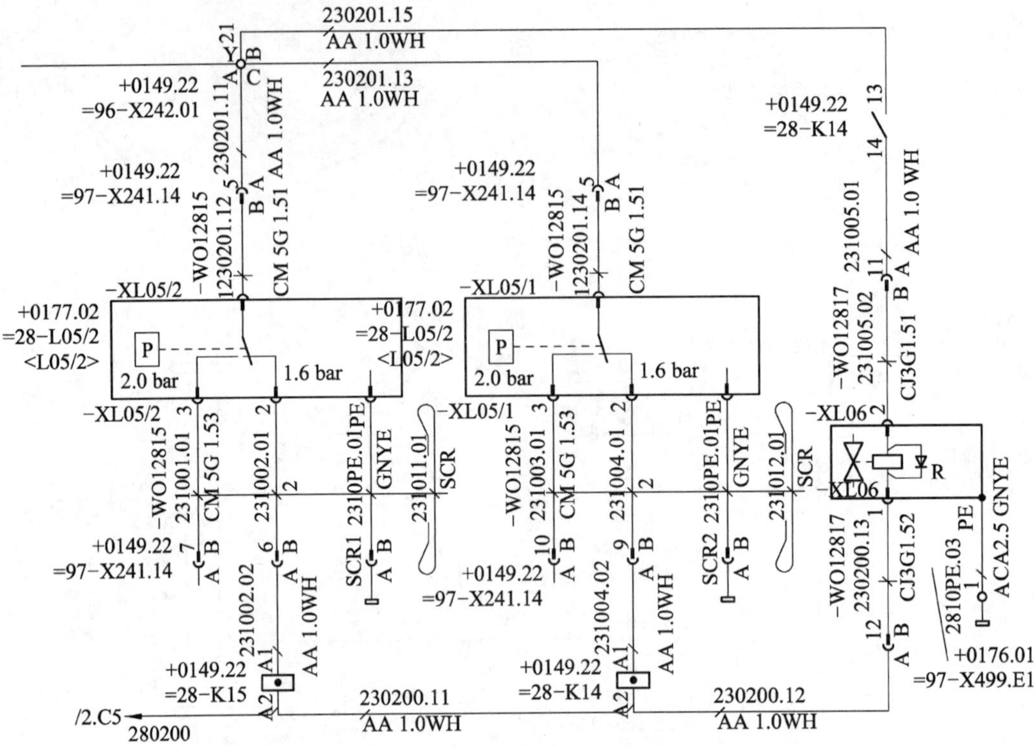

图 3.17　空气弹簧紧急排风电磁阀电路

2. 横向悬挂装置

横向悬挂装置用于提供车体和转向架之间的横向刚度，包括横向减振器、横向缓冲器、调整垫等。横向减振器安装在构架小纵梁与中心销之间，采用横向布置，用以衰减车体与转向架之间的横向振动，吸收转向架横向运动时的能量。横向缓冲器安装在转向架小纵梁中部，距离中心销侧挡 20 mm，当车体与转向架横向位移超过 20 mm 时，横向缓冲器与中心销侧挡接触，产生反向力，从而限制横向位移。同时，横向缓冲器限位止挡与中心销侧挡距离为 70 mm，限制车体与转向架横向位移不超过 70 mm。横向缓冲器座后设计有调整垫，保证安装时横向缓冲器与中心销侧挡的相对距离。横向缓冲器安装和二系横向减振器安装如图 3.18 所示。

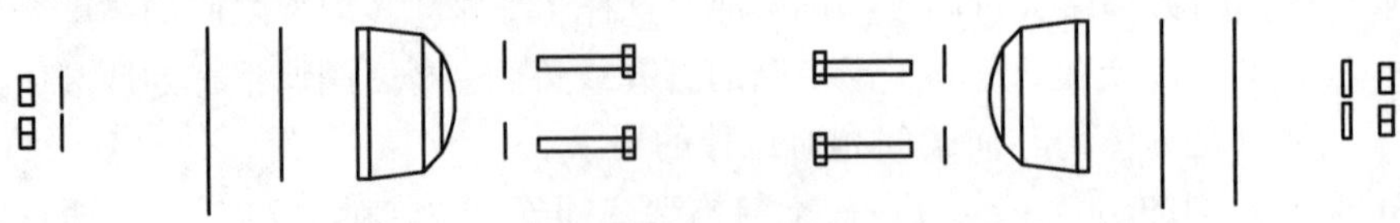

（a）横向缓冲器（横向止挡）

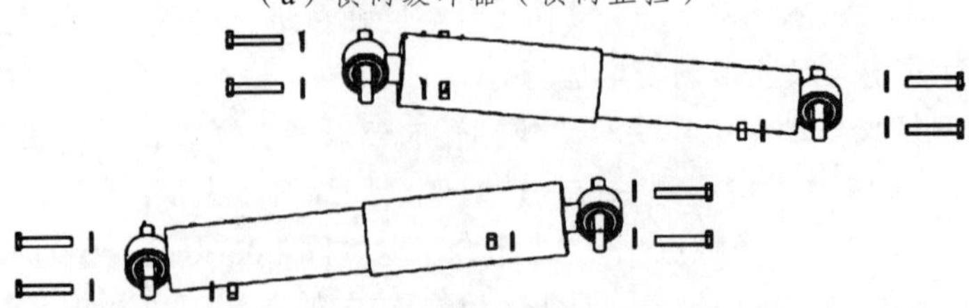

（b）二系横向减振器

图 3.18　横向悬挂装置

3. 抗侧滚扭杆组成

为了提高车辆的运行平稳性和抗侧滚能力，每个转向架安装了一套抗侧滚扭杆装置。抗侧滚扭杆装置主要由扭杆、扭臂、连杆及扭杆衬套组成，如图 3.19 所示。扭杆通过扭杆衬套固定在枕梁下部的两个安装座上，扭杆衬套与扭杆可以相对转动，并且允许一定的轴向窜动。扭臂安装在扭杆上安装座的外部，扭杆与扭臂采用过盈连接，连杆为长度可调，上下两端均通过球铰连接，上端安装在扭臂上，下端连接在构架上。

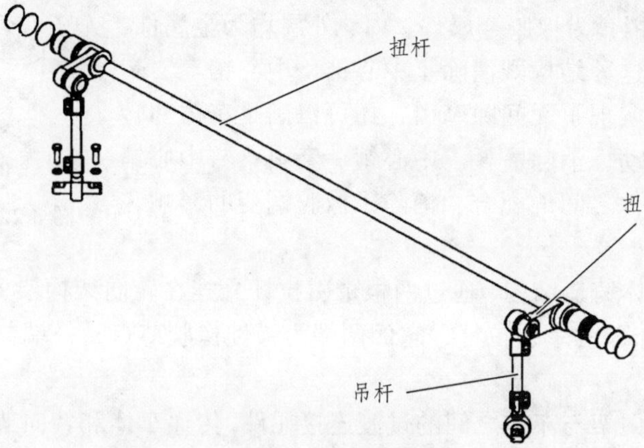

图 3.19　抗侧滚扭杆

4. 抗蛇行减振器组成

为抑制转向架相对于车身的快速旋转，避免发生高速行驶时产生蛇行运动，在车体与转向架之间设有抗蛇行减振器。抗蛇行减振器的大端通过抗蛇行减振器座与联系枕梁连接，小端与构架连接，如图 3.20 所示。

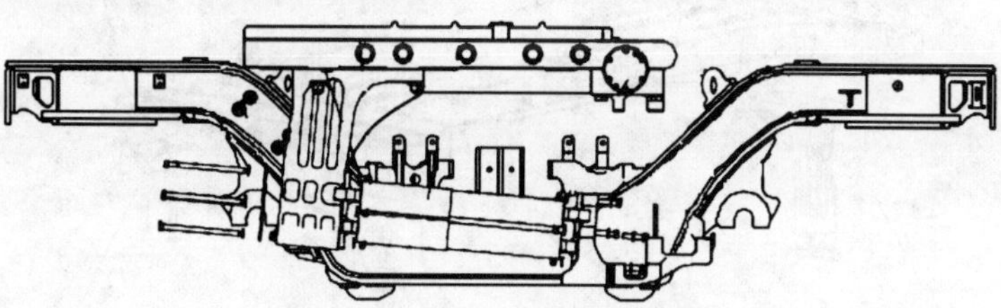
图 3.20　抗蛇行减振器组成

5. 二系垂向减振器

为抑制转向架相对于车身的垂向运动，提高动车组车体垂向稳定性，在车体与转向架之间设有二系垂向减振器。二系垂向减振器大端通过抗蛇行减振器座与联系枕梁连接，小端与构架连接，如图 3.21 所示。

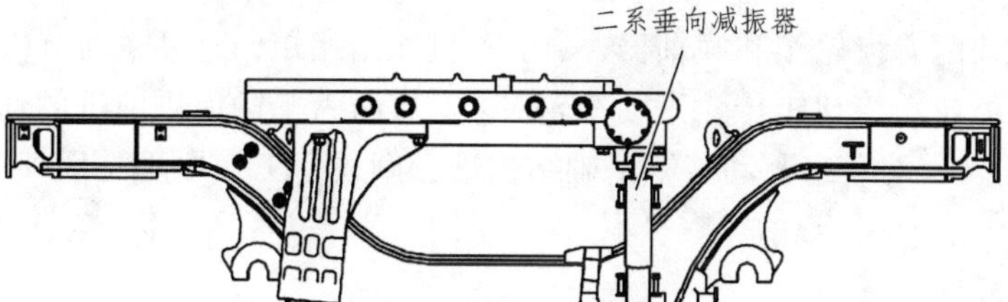

图 3.21　二系垂向减振器

3.2.5 牵引装置

CR400BF 型复兴号动车组每个转向架设置一套中央牵引装置，采用传统的 Z 形双牵引拉杆结构，由中心销、牵引梁、中心销套和两个牵引拉杆组成，如图 3.22 所示。

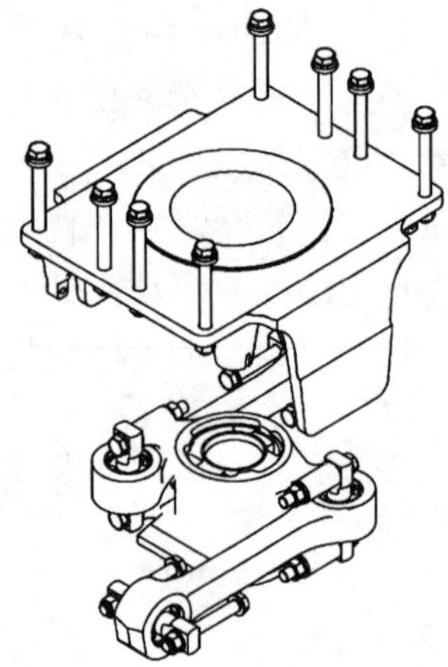

图 3.22 中间牵引组成

中心销的上端通过定位脐和 8 颗螺栓固定在车体的枕梁中心，下端插入牵引梁内，通过中心销套将中心销与牵引梁固定在一起。中心销套为橡胶金属件，内、外层均为金属件，中间层为橡胶件，这种结构既消除了中心销、中心销套、牵引梁之间的间隙，实现了无间隙牵引，还可以满足车体和转向架之间的相对转动，消除磨耗。中心销、牵引梁与中心销套的配合均为金属件之间的配合，消除了橡胶蠕变的影响，保证了性能的稳定。

牵引梁采用整体铸造结构，通过两根牵引拉杆悬挂在转向架构架上。每台转向架使用两个呈 Z 字形布置的牵引拉杆，它的两端为弹性橡胶节点，一端与构架相连，另一端与牵引梁相连。

联系枕梁是转向架与车体之间的过渡连接元件，传递车体和转向架之间的各种力和力矩，并作为空气弹簧系统的附加气室使用，主要由联系枕梁、抗蛇行减振器座、抗侧滚扭杆座、定位销、接地座等组成，如图 3.23 所示。

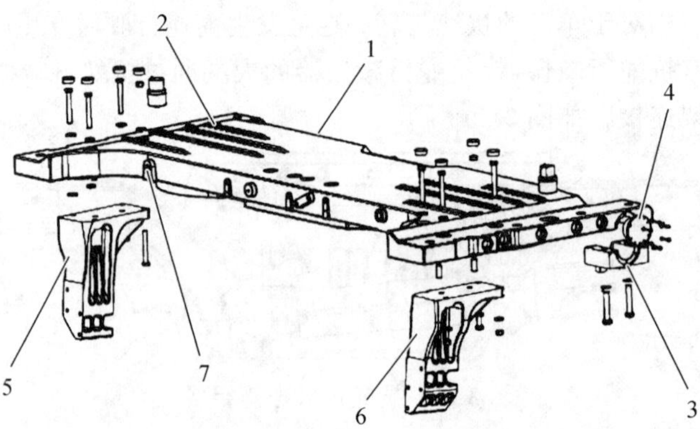

1—联系枕梁；2—扭杆座（右）；3—扭杆座（左）；4—端盖；5—抗蛇行减振器座（左）；6—抗蛇行减振器座（右）；7—接地座。

图 3.23 联系枕梁组成

3.2.6 驱动装置

动车转向架配有齿轮箱和联轴器，牵引电机输出扭矩，通过联轴节传到齿轮箱，再通过一级减速齿轮箱将扭矩传输到动车轮对上，从而为车辆提供前进的动力。本节仅对 CR400BF 型复兴号动车组驱动装置基础结构进行阐述，工作原理见后续章节。

1. 电机安装

驱动装置采用平行轴传动，牵引电机采用弹性架悬，固定在转向架构架横梁上，同时装有电机减振器，如图 3.24 所示。

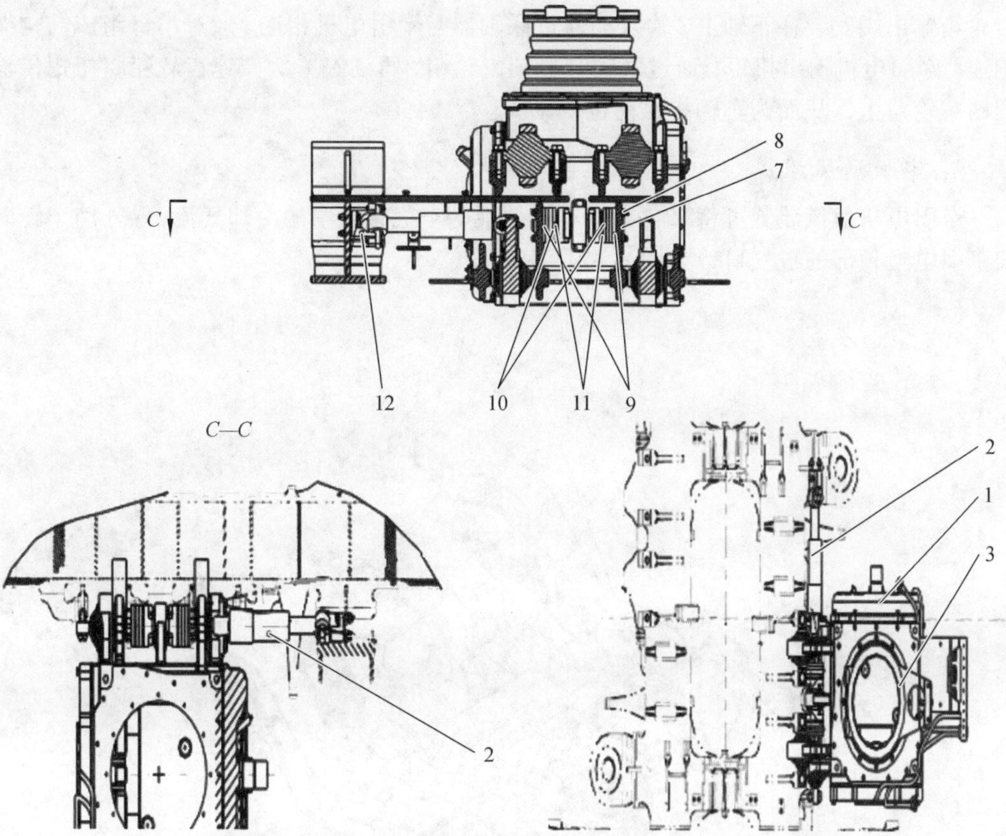

1—电机安装；2—电机减振器；3—电机通风组成；7—安全销；8—销卡；
9，10，11—调整垫；12—电机减振器座。

图 3.24　电机安装示意

2. 齿轮箱及联轴器组成

动车转向架配有齿轮箱组成（含联轴器、吊杆组成、接地装置），如图 3.25 所示。

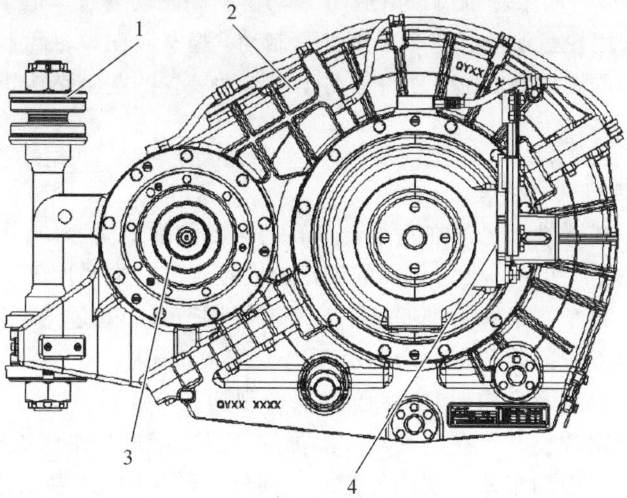

1—吊杆组成；2—齿轮箱组成；3—联轴节组成；4—接地装置。

图 3.25　齿轮箱组成

齿轮箱输出端安装在车轴上，输入端通过联轴器与牵引电机相连、通过吊杆组成与构架相连，牵引电机输出扭矩，通过联轴节传到齿轮箱，再通过一级减速齿轮箱将扭矩传输到动车轮对上，从而为车辆提供前进的动力。

3. 电机通风组成

牵引电机通风装置可将来自靠近车体地板的空气管道中的冷却气流，导入动车转向架牵引电机顶部的进气口，如图 3.26 所示。

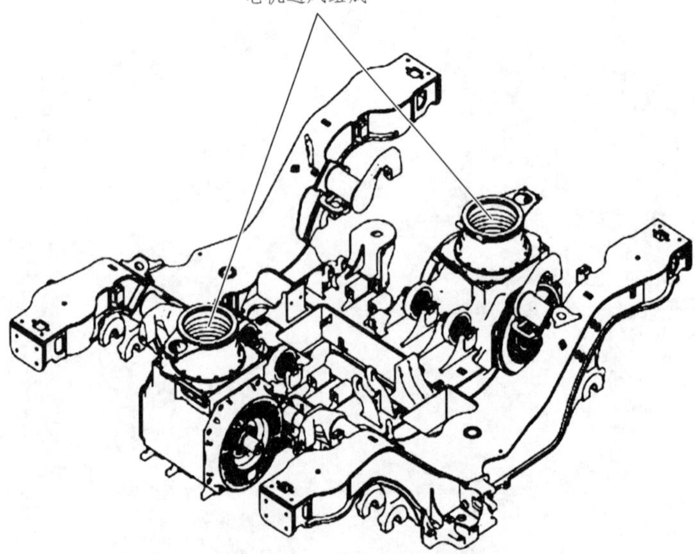

图 3.26　电机通风组成

3.2.7　基础制动装置

CW350（D）型转向架基础制动装置分为动车基础制动装置、拖车带停放基础制动装置，其中动车采用轮盘制动，拖车采用轴盘制动。拖车转向架轴盘制动装置都有停放制动功能。本节仅对 CR400BF 型复兴号动车组制动装置的基础结构进行阐述，工作原理见后续章节。

1. 动车基础制动装置

动车动夹钳组成弹性地悬吊在每个动车转向架的制动吊座上，夹钳相对于吊座可以自由运动，如图 3.27 所示。夹钳后部的制动缸安装在制动缸吊座上。为了保持调整活塞冲程为恒定值，每个制动缸上都安装了自动磨耗调节器。通过活塞杆自动地再调整，确保闸片和制动盘双侧间隙和在一定的范围内（3 ~ 6 mm）。

动车制动夹钳分别装在构架左右两侧，每个制动夹钳装置中安装有两个闸片托，闸片托用于安装制动闸片，并且在制动闸片磨损的情况下能进行快速更换。

动车制动管路属于动车基础制动装置的一部分，采用无螺纹密封连接，管路终端与制动软管连接，初始端与车体制动软管连接，实现制动空气的传输。

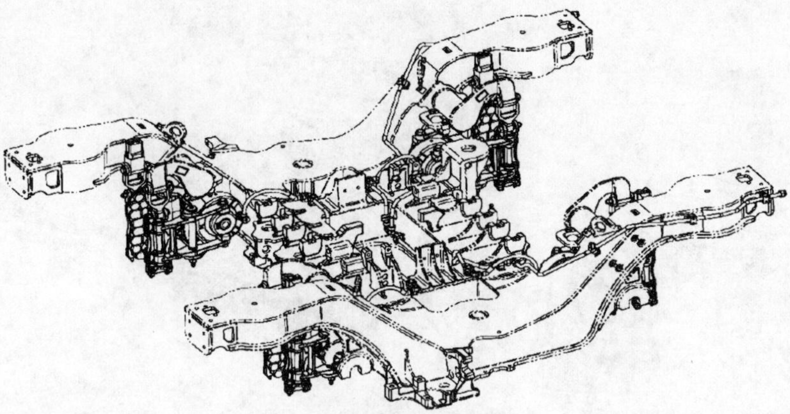

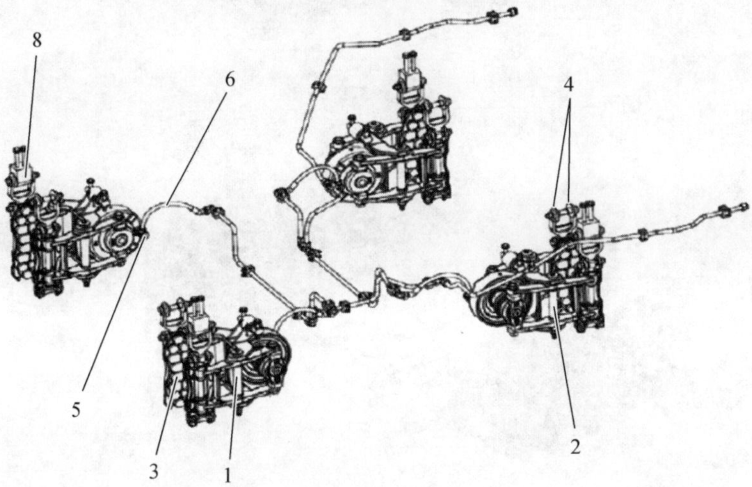

1—动车制动夹钳组成（左）；2—动车制动夹钳组成（右）；3—闸片；4—衬套；5—铰接接头；6—管路组成；8—连接块。

图 3.27　动车基础制动装置

2. 拖车带停放基础制动装置

拖车带停放基础制动装置布置在 Tc01/Tp03/Tp06/Tc08 车 1、2 位转向架，由拖车制动夹钳组成（带停放）、拖车制动夹钳组成、手动缓解装置和制动管路组成，如图 3.28 所示。上述转向架每轴安装 3 套制动夹钳，其中部安装带停放制动夹钳，两侧为无停放夹钳，手动缓解装置安装在构架外侧。

所有制动夹钳弹性地悬吊在每个拖车构架的制动吊座上，夹钳相对于吊座可以自由运动，制动缸安装在制动缸吊座上。为了保持调整活塞冲程为恒定值，每个制动缸上都安装了自动磨耗调节器，通过活塞杆自动的再调整，确保闸片和制动盘双侧间隙和在一定的范围内（3 ~ 6 mm）。

每个制动夹钳装置中安装有两个闸片托，闸片托用于安装制动闸片，并且在制动闸片磨损的情况下能进行快速更换。

制动管路采用无螺纹密封连接，管路终端与常用制动软管连接，管路终端与停放制动软管连接，初始端与车体制动软管连接，实现制动空气的传输。

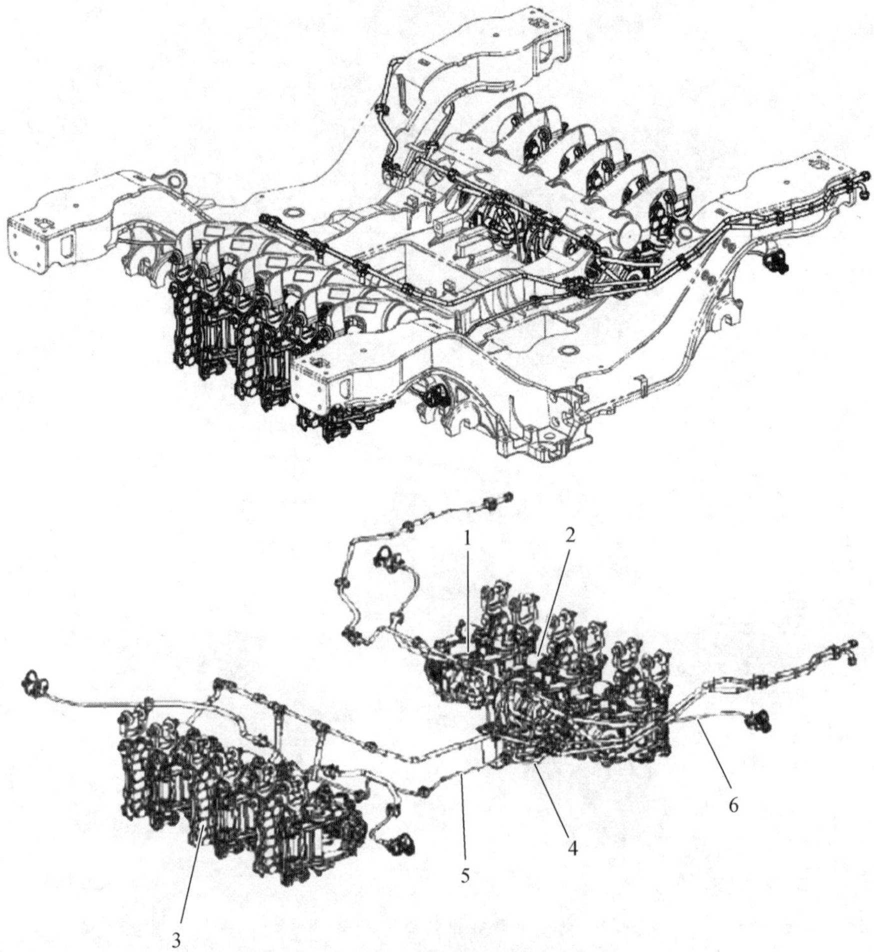

1—拖车制动夹钳组成；2—拖车制动夹钳组成（停放）；3—闸片；4—衬套；
5—管路组成；6—手动缓解装置组成。

图 3.28　拖车带停放基础制动装置

3.2.8　辅助装置

转向架的辅助装置包括撒砂装置、排障装置、感应接收器装置、轮缘润滑装置、诊断装置、横向止挡组成、接地组成、踏面清扫装置和铭牌标识等。撒砂装置的作用是当轮轨间摩擦系数降低时，可以通过在车轮和钢轨轨面撒砂增加摩擦系数，增大制动效率，从而减少车轮打滑趋势。感应接收器是列车感应防护系统的部件之一，用于接收地面发出的信号，并将其传送给列车控制系统。列车感应防护系统将监视列车的行驶速度，并在列车突然出现危险信号时触发紧急制动程序。轮缘润滑系统主要用来降低轮缘和轨道摩擦所造成的磨损和产生的噪声。诊断装置主要用来监视转向架运行的稳定性，此外还为轴箱轴承提供了温度监测。

1. 撒砂和排障装置

当轮轨摩擦系数降低时，可以通过在车轮和钢轨之间的撒砂增加摩擦系数，增大制动效率，从而减少车轮打滑趋向。

排障器在头车一位端转向架的前端，排障器可以清除钢轨上的障碍物，将车轮踏面受损的危险和出轨的风险降低到最低限度。

撒砂和排障装置共分成两种，一种为头车撒砂和排障装置，另一种为布置在中间车的撒砂装置，如图 3.29 所示。两者的区别在于头车撒砂和排障装置同时具备撒砂和排障功能，中间车撒砂由于不需要进行排障，所以取消了排障器。

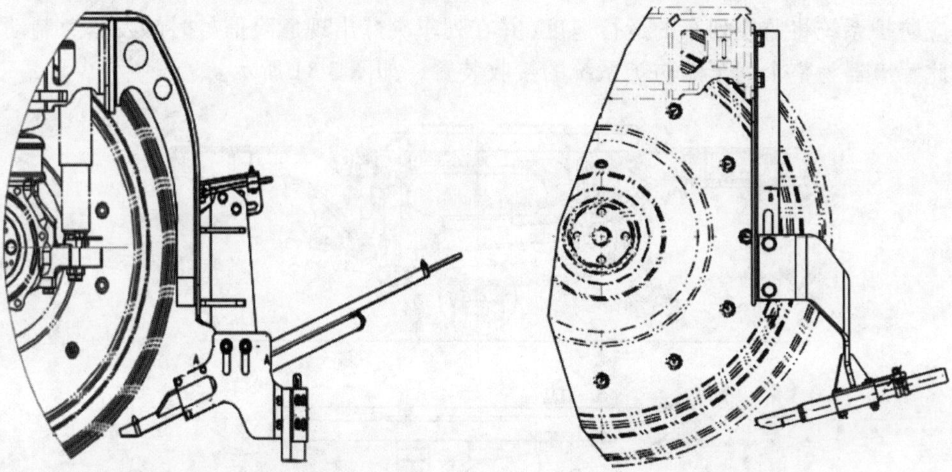

（a）头车撒砂和排障器装置　　　（b）中间车撒砂

图 3.29　撒砂和排障装置

如图 3.30 所示在司机室按下撒砂按钮后，会给 CCA、CCB 撒砂指令，CCA、CCB 控制指令开关使继电器 72-K01 得电，激活撒砂控制模块的加热及撒砂电磁阀。CR400BF 型复兴号动车组在 BCU 板卡中设有撒砂控制模块，当 CCA、CCB 给出撒砂

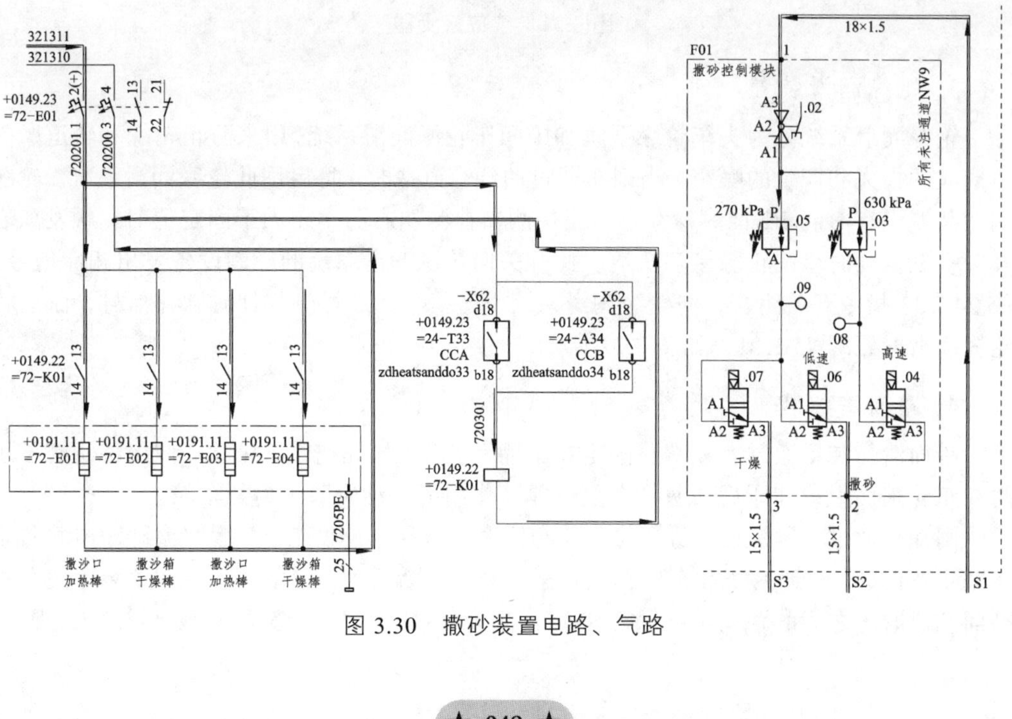

图 3.30　撒砂装置电路、气路

指令后，来自总风管的风经过溢流阀 F01.03、F01.05 作用于撒砂电磁阀 F01.04、F01.06、F01.07，干燥电磁阀在司机按下撒砂按钮后，由 72-K01 控制得电，同时撒砂控制模块根据当前车速的大小控制电磁阀 F01.06、F01.06 的通断，实现高速和低速下的撒砂。

2. 感应接收器装置

动车组上的感应接收装置安装在 1、8 号车一位端和二位端构架中间下部位置。列车感应防护系统将监控列车的运行速度，并在列车突然出现危险信号时触发紧急制动程序，此感应器为整个列车的防护系统的接收装置，如图 3.31 所示。

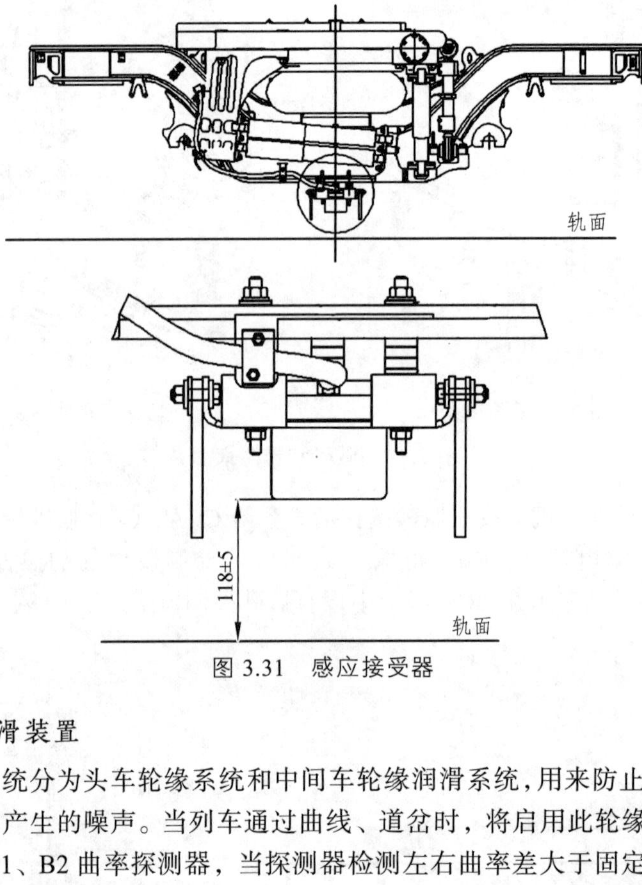

图 3.31　感应接受器

3. 轮缘润滑装置

轮缘润滑系统分为头车轮缘系统和中间车轮缘润滑系统，用来防止轮缘和轨道摩擦所造成的损失和产生的噪声。当列车通过曲线、道岔时，将启用此轮缘润滑系统。轮缘润滑装置设有 B1、B2 曲率探测器，当探测器检测左右曲率差大于固定值时，触发离心开关，默认此时检测轮缘接触轨道。此开关向轮缘润滑系统的控制设备发出相应信号，使 24-T33 指令开关闭合，向轮缘润滑系统发送指令，通过电气计时脉冲信号，激活将轮缘润滑电磁阀 73-K01，如图 3.32 所示。

4. 踏面清扫装置

踏面清扫装置通过 4 颗螺栓固定在车辆上。通入压缩空气，活塞杆伸出将研磨子压附在车轮踏面上，卸压后活塞杆在复位弹簧作用下带动研磨子离开车轮。

闸瓦托通过铰制螺栓、防振橡胶等与活塞杆连接，吸收能量、缓解振动冲击并防止研磨子的偏磨耗。研磨子和车轮踏面接触，磨耗不断增大，齿条型间隙调整装置使车轮踏面和研磨子之间的距离始终保持在 18 ~ 30 mm，踏面清扫装置的组成如图 3.33 所示。

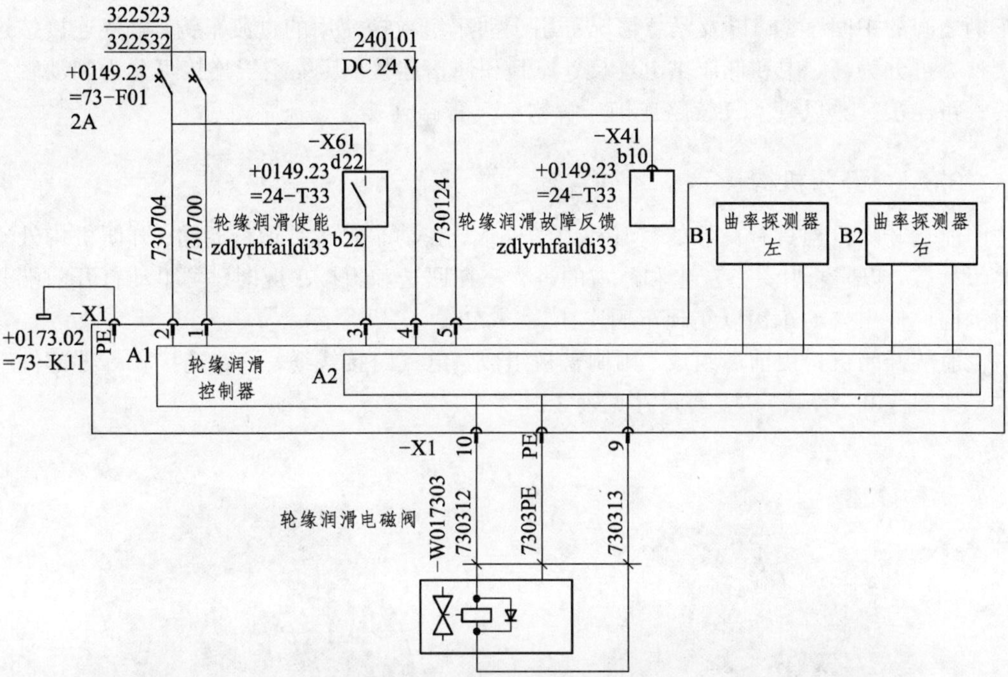

图 3.32　轮缘润滑装置电路

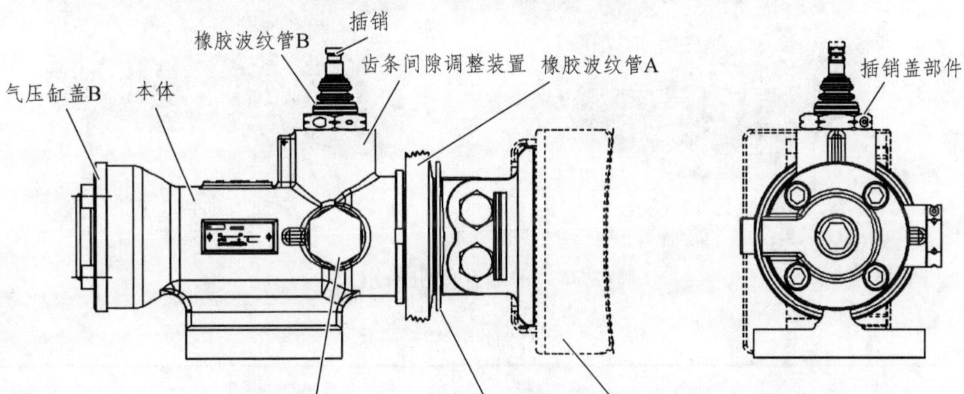

图 3.33　T13 型踏面清扫装置基本构成

3.3　车端连接

车端连接装置不仅要实现车辆间的机械连接，还要实现车辆与车辆之间的电气和气路连接等。机械连接的作用主要是使连接各车辆彼此间保持一定的距离，并且传递与缓和动车组在运行过程中及在调车过程中产生的纵向力及其冲击和振动。电气和气路连接为车辆间提供各种电压的电气与压缩空气的通路。另外，车端连接装置还应为车辆间的流动人员提供安全、舒适的通道。

车端连接装置主要由车钩缓冲装置、风挡装置、电气连接、空气管路连接等部件组成。动车组的车钩缓冲装置主要分为 3 种，即用于动车组两端的自动车钩，用于动车组车辆之间的中间车钩，以及紧急情况下用于动车组救援使用的过渡车钩。电气连接按连接种类可分为高、中和低压供电连接、控制和通信连接。压缩空气连接可分为制动管空气管路连接、总风管空气管路连接、解钩空气管路连接。

3.3.1 开闭机构

前端开闭机构具有良好的空气动力学外形，在动车组正常运行期间，开闭机构处于关闭状态，以防止叶片、灰尘和冰雪的进入。在回送和救援工况时，可手动打开前端开闭机构，伸出自动车钩以实现车辆连挂。

前端开闭机构由前鼻组成、雨刷盖板组成、电气跨接线缆、气路连接管等零部件组成，如图 3.34 所示，其主要尺寸见表 3.2。

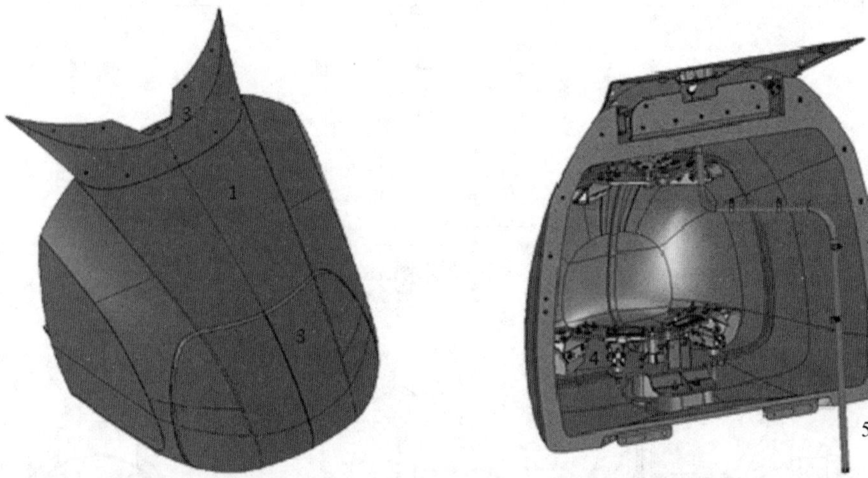

（a）前端开闭机构　　（b）前端开闭机构（内部）

1—锥形鼻；2—雨刷盖板；3—左右导流罩舱门；4—运动机构；5—排水管组成。

图 3.34　前端开闭机构组成

表 3.2　前开闭机构主要尺寸

长度（关闭舱门）/mm	1 689 ± 15
宽度/mm	2 031 ± 5
高度/mm	1 952 ± 10
总质量/kg	425

锥形鼻是复合夹层部件，内部粘有金属零件，用于安装运动机构，前端包括两个导流罩舱门，它们可绕旋转中心横向转动。左右导流罩舱门预留机械安装接口，用于安装运动机构，雨刷盖板主要改变面向雨刷的空气流动。

运动机构为完全预先组装的装置，上下转臂通过上下转轴链接到安装座上，所有轴承都装有免维护衬套，通过气缸推动上下转轴的旋转，进而实现左右导流罩舱门的打开和关闭，如图 3.35 所示。

左右下转臂旋转过程中，与安装在下转臂底座上的限位止挡发生接触，停止转动，左右导流罩舱门打开或关闭到位。

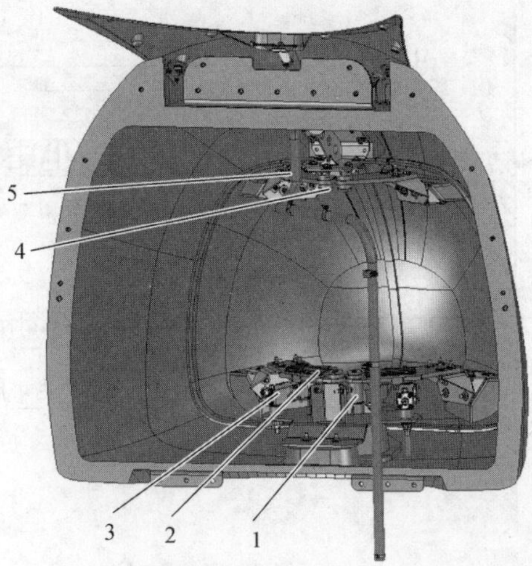

1—下转轴；2—左右下转臂；3—锁定装置；4—上转轴；5—左右上转臂。

图 3.35　运动机构

上下转臂通过长圆孔与左右导流罩舱门连接，可借此装置调整左右导流罩舱门的位置。

左右导流罩舱门在气缸推送下运动到打开或关闭位置后，左右锁紧装置利用弹簧力过“死点”自锁，实现运动机构的锁定，如图 3.36 所示。

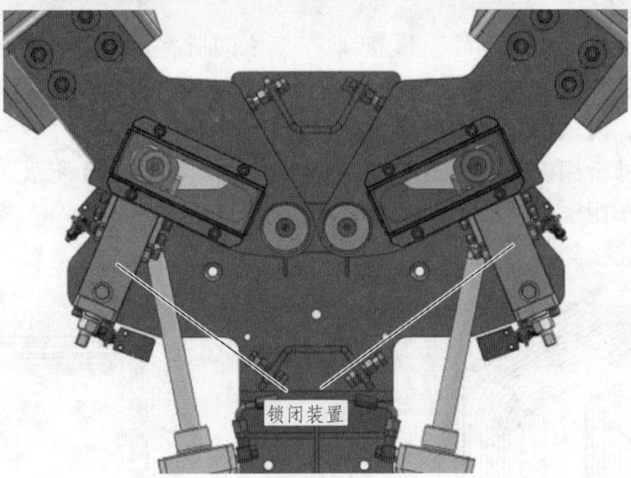

图 3.36　锁定装置“死点”

将司机室控制面板上的头罩开闭机构控制开关转至打开或关闭位置时，开闭机构能够实现自动打开、关闭、解锁及锁定。配管单元箱将控制塞门、头罩开闭电磁阀、锁头电磁阀、流量调节阀等部件集成在一起，通过电磁阀得失电控制罩开闭和锁闭气缸动作，如图 3.37 所示。

司机室的头罩开闭机构控制开关转至打开位时，头罩开闭电磁阀开端得电，压缩空气通入 T1 口作用于头罩开闭气缸，此时头罩打开。由于头罩开闭电磁阀为双稳态电磁阀，不论电磁阀线圈开端得失电，该状态自保持，直至电磁阀线圈关端得电。

司机室的头罩开闭机构控制开关转至关闭位时，头罩开闭电磁阀关端得电，压缩空气通入 T2 口作用于头罩开闭气缸，此时头罩关闭。不论电磁阀线圈关端得失电，该状态自保持，直至电磁阀线圈开端得电。

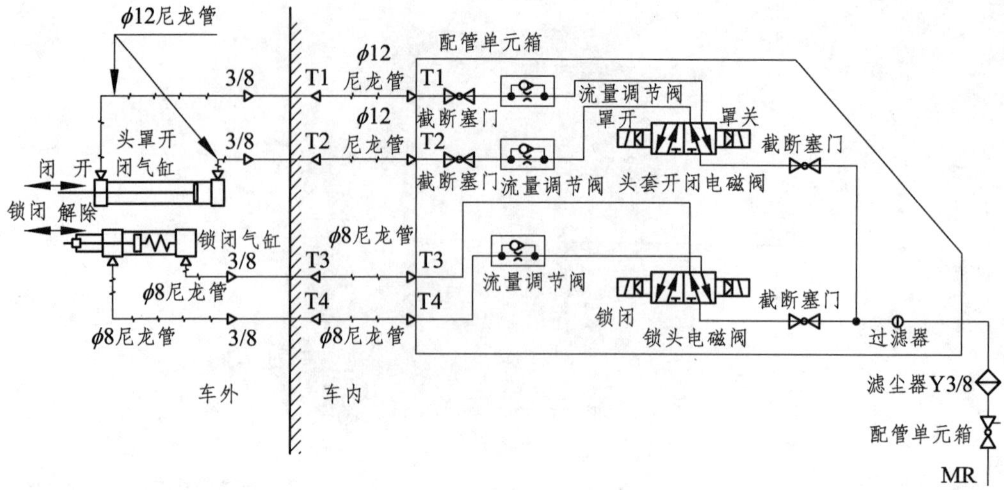

图 3.37　前开闭机构气路原理

锁闭电磁阀为单电控式电磁阀，锁闭端得电时，压缩空气通入 T4 口作用于锁闭气缸，头罩锁闭解除；锁闭端失电后，压缩空气通入 T3 口作用于锁闭气缸，头罩锁闭。

3.3.2　风　挡

风挡是列车之间的柔性部件，可以吸收车辆之间所有相对运动并使旅客能安全容易地通过。风挡包括内风挡和外风挡。为了保证客室环境的舒适度，并满足列车的空气动力学及声学要求，内风挡具有良好的隔热、隔声性能。

内风挡由内外折棚以及两个铰接框组成如图 3.38 和图 3.39 所示。内折棚内部下方边缘处两侧的裙布用于覆盖折棚和渡板之间的间隙。铰接框与内外折棚刚性连接，为保证内风挡能准确连接到过渡板组成上，在铰接框上设置了定位座，锁闭系统位于铰接框

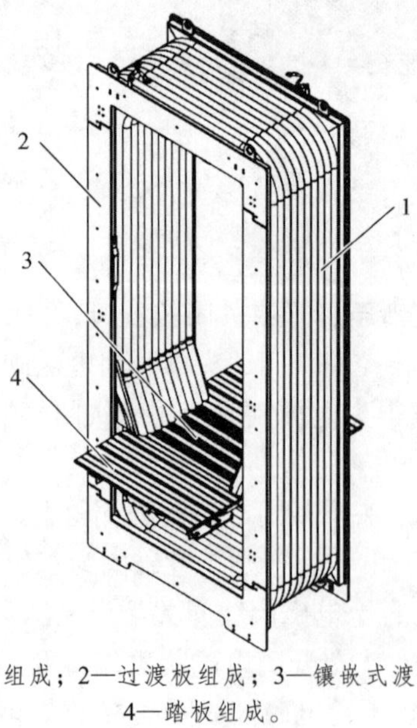

1—折棚组成；2—过渡板组成；3—镶嵌式渡板组成；4—踏板组成。

图 3.38　内风挡

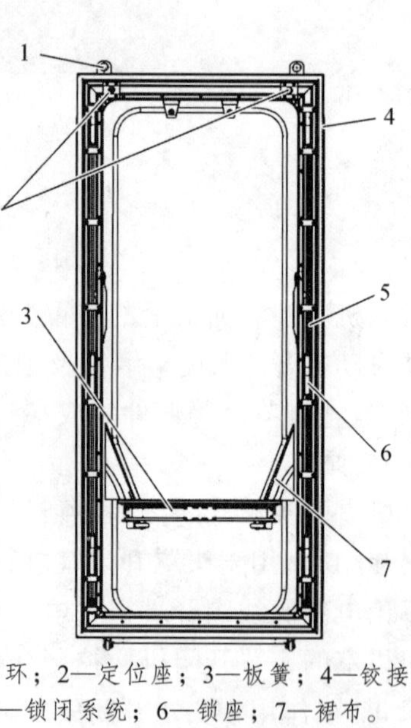

1—起吊环；2—定位座；3—板簧；4—铰接框；5—锁闭系统；6—锁座；7—裙布。

图 3.39　内风挡前视图（过渡板未显示）

上，用收紧杆将铰接框铰接到过渡板组成上，在此过程中过渡板组成上的锁钩插入锁座上，从而实现与铰接框的连接，实现刚性连接。

全包外风挡是抵御外部影响（环境影响）和维持内风挡气密性的重要组件，如图 3.40 所示。由于其形状与车身外形一致，可提高车体空气动力学性能。全包外风挡是由橡胶胶囊和铝合金框架组成，相邻两车之间的胶囊彼此接触。外风挡与车体之间用 M12 的螺栓连接，胶囊内侧开有工艺孔，方便螺栓安装。

图 3.40　外风挡

3.3.3　自动车钩

自动车钩可实现车辆间的自动连挂，可以满足连挂列车的竖曲线和平曲线运动及旋转运动。自动车钩主要由电气车钩、连挂系统、缓冲压溃系统、安装吊挂系统、连接卡环和接地线等零部件组成，如图 3.41 所示。

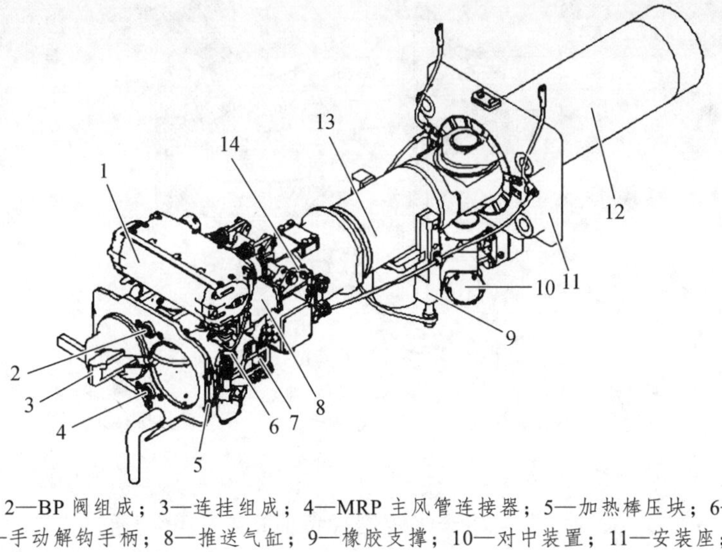

1—电气车钩；2—BP 阀组成；3—连挂组成；4—MRP 主风管连接器；5—加热棒压块；6—解钩系统；7—手动解钩手柄；8—推送气缸；9—橡胶支撑；10—对中装置；11—安装座；12—后压溃管；13—缓冲系统；14—气动控制系统。

图 3.41　自动车钩

1. 电气车钩

电气车钩有一个截面呈矩形的外壳，指向钩头的外侧装有导向元件，前部有附加的对中装置。触头块位于前部开口中，由密封框包围，触头块有装接线柱的孔，触头拧在接线柱的前部，外壳后部通过封盖封严。其系装置还有电气连接器、推送风缸、六角头、传动杆组成，如图 3.42 所示。

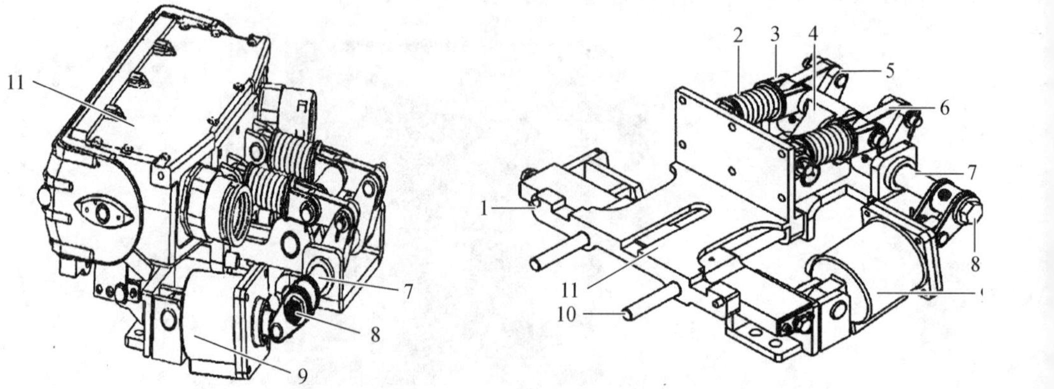

1—定位销；2—推送弹簧；3—推送杆套筒安装座；4—固定臂；5—转臂；6—连接臂；7—传动杆；8—六角头；9—推送气缸组成；10—导向杆；11—电气连接器。

图 3.42　电气车钩

2. 连挂系统

机械连挂系统保证两车的机械连接，其表面配有一个凸锥和一个凹锥，使车钩可以自动对正和对准中心，并使水平和垂直两个方向都有足够的活动范围，采用导向喇叭和延长线来扩展连挂范围，如图 3.43 所示。

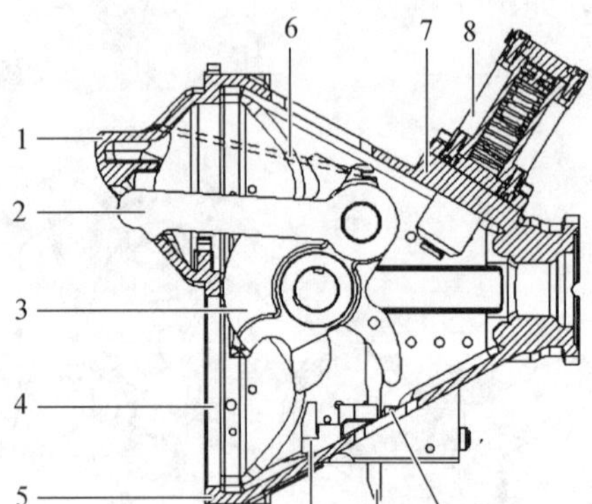

1—凸锥；2—连挂杆；3—钩舌；4—凹锥；5—连挂面；6—拉簧；7—钩体；8—解钩风缸；9—顶筒组成；10—定位杆；11—触发器。

图 3.43　机械连挂系统

机械钩头表面边缘较宽平，用于吸收缓冲负荷，牵引负荷通过连挂组成（连挂杆、定位杆、钩舌等）传递。

车钩有三种工作状态：待挂位置、连挂位置和解钩位置。

在待挂位置，连挂杆末端靠近凸锥边缘，定位杆被钩锁块锁住，拉簧处于拉伸状态，拉住钩舌，如图 3.44 所示。

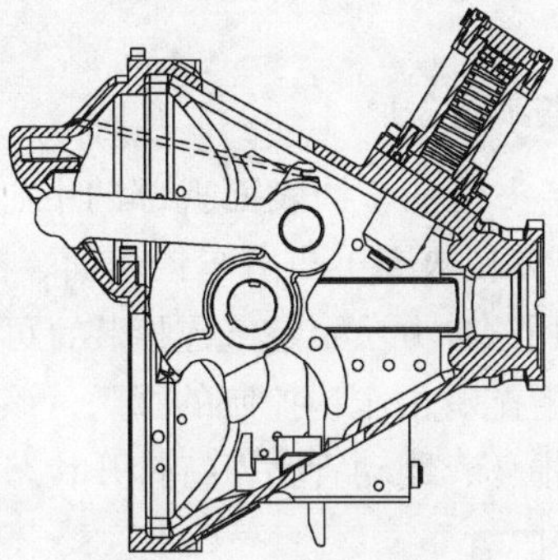

图 3.44　待挂位置

在连接过程中，车钩的凸锥导入相对车钩的凹锥，触发器将定位杆推出钩锁块，在拉簧作用下，连挂杆与钩舌的凹口联锁。连挂后，两边连挂组成联锁，形成一个平行四边形（见图 3.45），保持作用力平衡，可避免意外解锁。连挂组成仅承受拉力，该拉力在两个钩舌上平均分布。

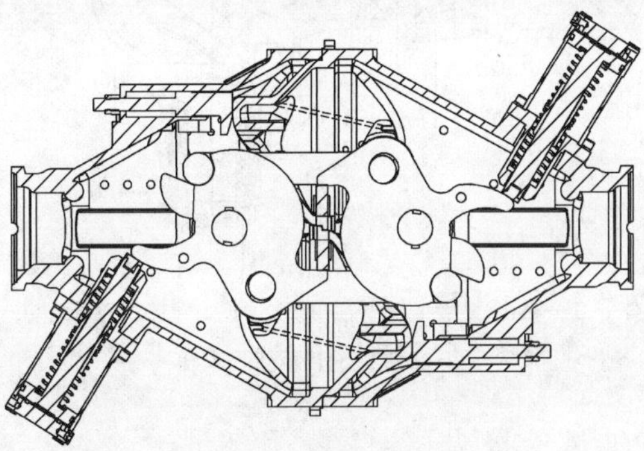

图 3.45　已连挂位置

解钩装置使连挂杆与钩舌分离，定位杆与触发器啮合，并使钩锁固定，达到解钩位置，如图 3.46 所示。车辆移动分离时，弹簧负荷的定位杆和触发器向前移动，定位杆与钩锁块啮合，拉簧作用下连挂杆重新回到凸锥边缘，车钩锁即再次回到待挂位置。

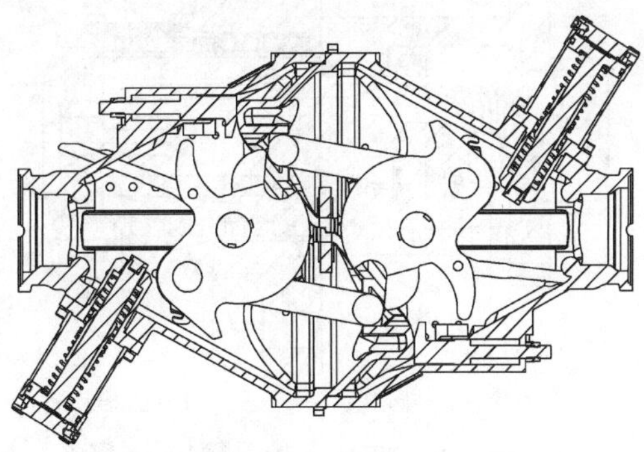

图 3.46　解钩位置

3. 手动解钩装置

手动解钩装置是车钩头的一部分，解钩杆与中心枢轴紧固连接，解钩装置将车钩锁从连挂位置转到解钩位置。

4. 制动管路（BP）风管接头

制动管路（BP）的风管接头位于车钩表面上部的中心处，装在套中，如图 3.47 所示。连接装置的管头（包括接头和垫圈）凸出车钩表面，在连接过程中将其按下，使其接触对面车钩的风管接头。采用这种方法，空气连接装置可良好密封。止动弹簧可以防止管头从孔中脱落。风管连接装置配有由车钩控制的阀门，该阀门保证制动管道在连挂和解钩过程中自动开关。如果车钩损坏，制动管路保持打开状态，同时列车自动停车启动。

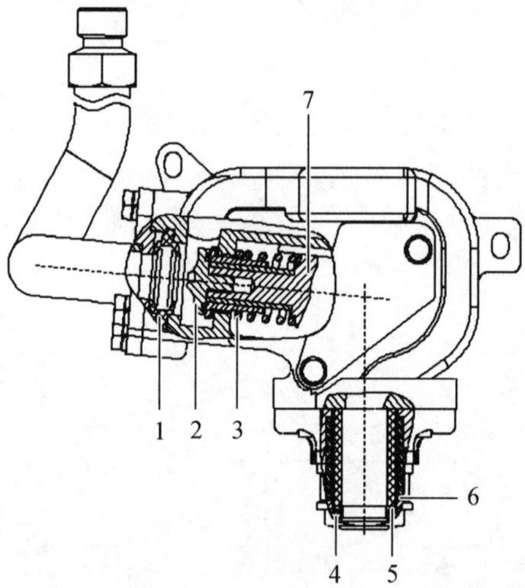

1—风管密封垫；2—止回阀体；3—顶杆弹簧；4—前端密封；5—橡胶套座；6—止挡弹簧；7—凸轮顶杆。

图 3.47 BP 风管接头

5. 主管路（MRP）风管接头

风管接头位于车钩表面下部分的中心处，包括接头和垫圈，凸出车钩表面，如图 3.48 所示，在连挂过程中将其按下，使其接触相邻车钩的管接头。采用这种方法，空气

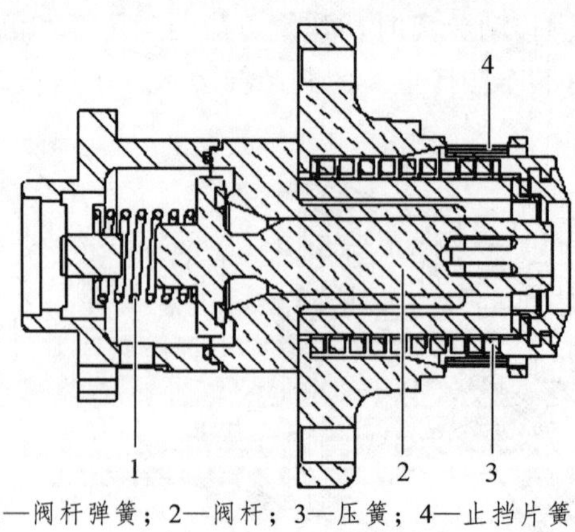

1—阀杆弹簧；2—阀杆；3—压簧；4—止挡片簧。

图 3.48 主管路的风管接头

连接装置可良好密封。止动弹簧可以防止管接头从孔中脱落，风管连接装置配有压力阀，保证在车钩断开时关闭主管道。在连挂过程中，相邻车钩的弹簧负荷的阀门挺杆保证主管道打开。

6. 钩身部分

钩身部分包括缓冲压溃系统和安装吊挂系统，钩身前端配有轴环，使之可以通过易于拆卸的卡环与连挂系统连接，钩身的后端有安装吊挂系统与车体相连，如图 3.49 所示。

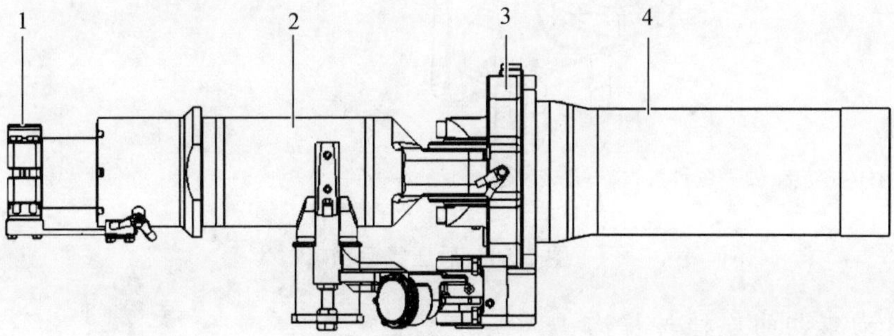

1—连接环组成；2—缓冲压溃系统；3—安装吊挂系统；4—后压溃管。

图 3.49　钩身

钩身承受一定的负荷，不可旋转，车钩的缓冲装置用来保护车钩和车体，防止因过载（超出正常运行载荷）造成损坏。

压溃管用于吸收以破坏性方式将超出车钩额定压缩力的能量转换为摩擦和变形能量。一个有预设压力的冲头装在其上，运行时，预设压力保证在受到拉力或缓冲力时力能统一传递。超负荷能量将冲头压入变宽的压溃管，撞击能量转化为摩擦和变形能量，整个行程内保持不间断吸收能量。撞击后，压溃管与钩身产生间隙，产品无法再使用，需要安装新的压溃管才能再次操作产品。

缓冲器壳体尾部拉环内的橡胶轴承可以保证车钩垂直和水平方向及绕车钩纵向中心方向的旋转。

7. 后压溃系统

压溃装置在安装座的后部，分别由后压溃连接座、加压锥、后压溃管等零部件组成（见图 3.50），当列车正常运行时，车钩力小于压溃装置的触发力，压溃装置不发生动作，车钩的缓冲器正常工作。当列车在剧烈的冲击等突发工况时，缓冲器行程用完，压溃管将吸收大量冲击能量以保护车体。当列车在极端工况下，车钩超过了压溃装置 1 500 kN 的触发力时，后压溃连接座将推动加压锥向后压溃管内部运动，后压溃管发生膨胀现象，其内外径将增大，缓冲器等车钩前端部件将逐步进入膨胀管内，在此过程中压溃装置将吸收大量的冲击能量。由于车钩的水平支承装置和对中装置都安装在安装座上，并不影响压溃装置走行程，且自身不会受到损坏，当前部车钩整体脱离压溃装置后，可以自由向后运动。

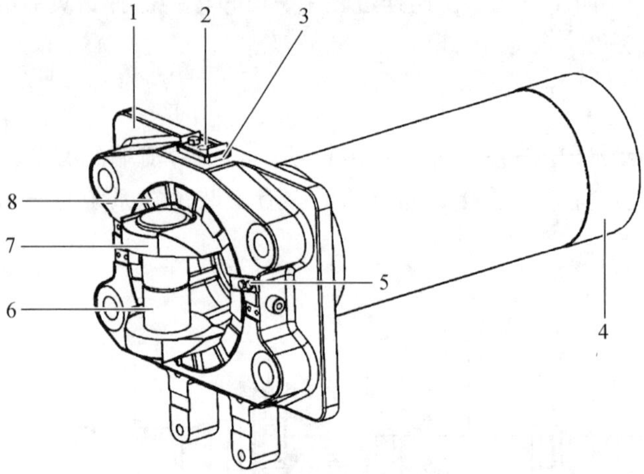

1—安装座；2—防松板；3—压溃式防转柱；4—后压溃管；5—挡块；6—钩尾销；
7—后压溃连接座；8—锁紧环。

图 3.50　后压馈系统

8. 自动车钩的连挂与解钩

在给出车钩连挂指令后，指令开关控制继电器 74-K09 得电，74-K08 失电，74-K09 辅助触点 13、14 闭合，双稳态电磁阀 B19 连挂端得电，导通双稳态电磁阀 B19 的连挂端，压缩空气经 B19 到气缸的活塞侧，活塞杆延伸，电气车钩向前移动，打开封盖。同时，74-K09 辅助触点 21、22 断开，形成双稳态电磁阀 B19 连挂端与解构端互锁，此时，即使电气车钩操作装置被停用，车钩仍可以进行机械和气动连挂，电气车钩保持收缩状态。机械车钩处于待连挂状态，两相邻两钩的凸锥导入对方的凹锥后，触发器将定位杆推出连挂组成块，在拉簧作用下，连挂杆与钩舌的凹口联锁，完成机械车钩的连挂，之后两个电气车钩外壳接触、对准并相互挤压，完成自动车钩的连挂。

如图 3.51 所示在给出车钩解钩指令后，指令开关控制继电器 74-K08 得电，74-K09 失电，74-K08 辅助触点 13、14 闭合，双稳态电磁阀 B19 解钩端得电，给电气车钩推送气缸前端充风，压缩空气到活塞杆侧，活塞缩回由此电气车钩也缩回，封盖自动关闭。如果气动系统发生故障，即使在机械连挂位置也可以手动分离电气车钩，同时指令开关控制继电器 74-K10 得电，74-K10 辅助触点 13、14 闭合，电磁阀 B20 得电，激活位于机械车钩侧面的解钩气缸，气缸活塞推动钩舌转动。为了实现自动解钩，必须打开一个司机室中的气动解钩阀门，空气将被送入两个车钩的解钩气缸中，这将同时转动连挂机构和解钩机构，完成机械车钩的解钩。

自动车钩的车钩可由人工进行现场解钩，手动解钩需要通过使用机械车钩侧面上的手动解钩装置完成，当拉动解钩手柄时，钩舌转动，两个车钩上的解钩装置都必须被拉动，以使连挂机构转动至解钩位置。

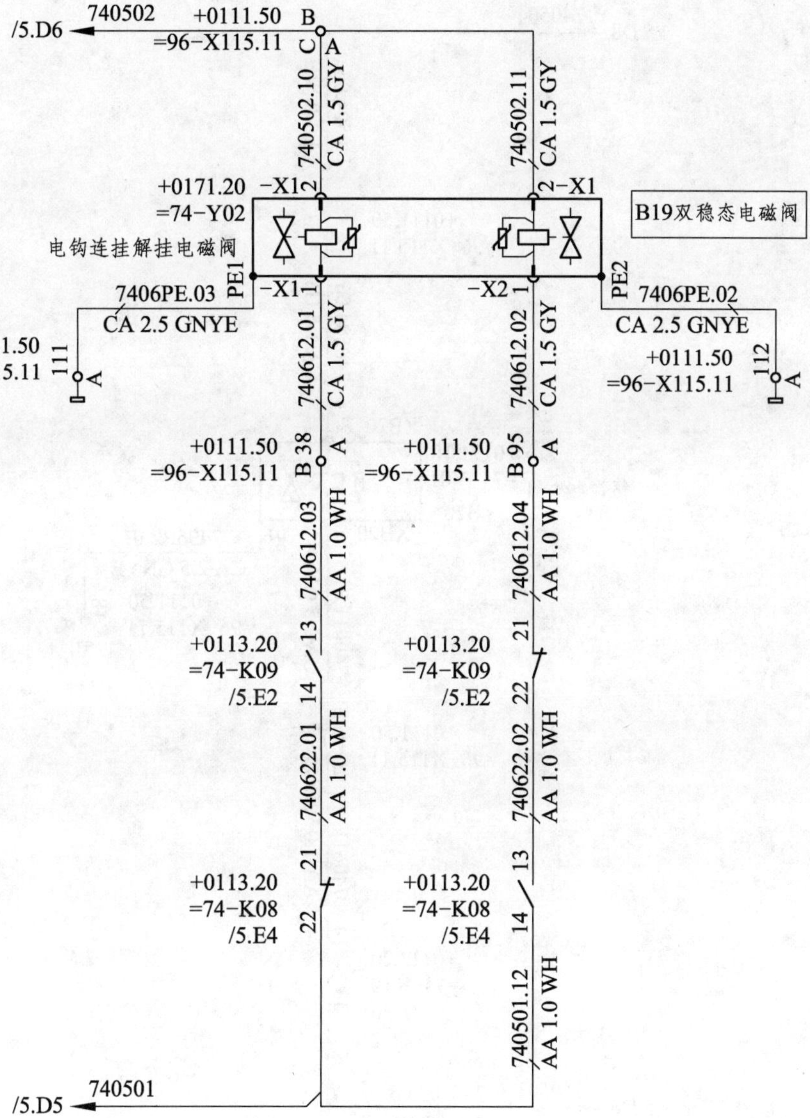

740502
/5.D6
+0111.50
=96-X115.11
B
C
A
740502.10
CA 1.5 GY
740502.11
CA 1.5 GY
+0171.20
=74-Y02
-X1
2
2-X1
B19双稳态电磁阀
电钩连挂解挂电磁阀
PE1
-X1
1
-X2
1
PE2
7406PE.03
CA 2.5 GNYE
7406PE.02
CA 2.5 GNYE
+0111.50
=96-X115.11
111
A
+0111.50
=96-X115.11
112
A
740612.01
CA 1.5 GY
740612.02
CA 1.5 GY
+0111.50
=96-X115.11
B 38
A
+0111.50
=96-X115.11
B 95
A
740612.03
AA 1.0 WH
740612.04
AA 1.0 WH
13
+0113.20
=74-K09
/5.E2
14
21
+0113.20
=74-K09
/5.E2
22
740622.01
AA 1.0 WH
740622.02
AA 1.0 WH
21
+0113.20
=74-K08
/5.E4
22
13
+0113.20
=74-K08
/5.E4
14
740501.12
AA 1.0 WH
740501
/5.D5

（a）

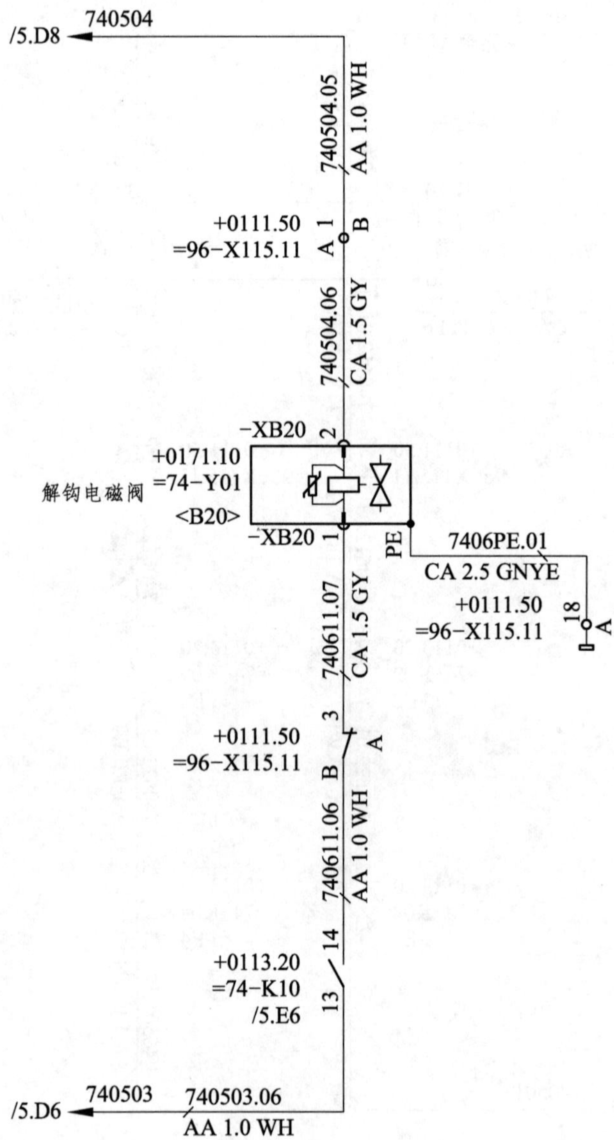

740504
/5.D8
740504.05
AA 1.0 WH
+0111.50
=96-X115.11
A 1 B
740504.06
CA 1.5 GY
-XB20
2
+0171.10
=74-Y01
解钩电磁阀
<B20>
-XB20
1
PE
7406PE.01
CA 2.5 GNYE
+0111.50
=96-X115.11
18
A
740611.07
CA 1.5 GY
3
+0111.50
=96-X115.11
B A
740611.06
AA 1.0 WH
14
+0113.20
=74-K10
/5.E6
13
740503
740503.06
AA 1.0 WH
/5.D6

（b）

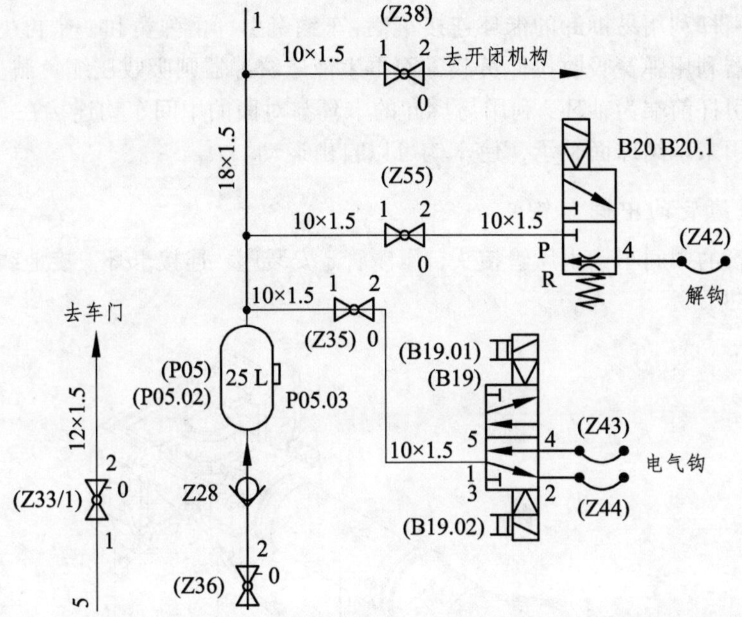

（c）

图 3.51　自动车钩连挂解钩电路、气路

3.3.4　中间车钩

每辆头车的二位端和每辆中间车的车端都配有半永久性中间车钩。中间车钩包括两个不同的部分，分为带缓冲器的中间车钩和带压溃管的中间车钩，两部分用易于分离的卡环连接，确保连接可靠安全，中间车钩可以满足连挂的列车通过垂直和水平曲线以及旋转运动。

1. 带缓冲器中间车钩

带缓冲器的中间车钩由风管接头、牵引杆、缓冲器、安装座、连接卡环、接地线等零部件组成，如图 3.52 所示。

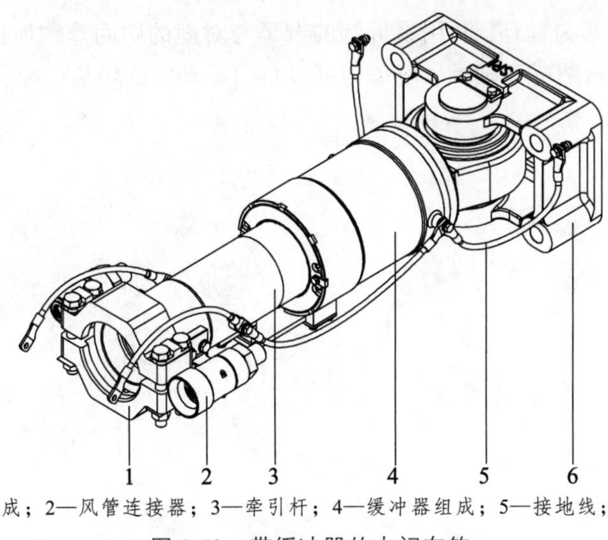

1—连接环组成；2—风管连接器；3—牵引杆；4—缓冲器组成；5—接地线；6—安装座。

图 3.52　带缓冲器的中间车钩

车钩牵引杆利用易拆卸的卡环连接车辆，车钩牵引杆由弹簧和一个再生气液缓冲器组成，缓冲器利用弹簧吸收拉伸负载，而再生液压缓冲器则吸收压缩负载。

车钩牵引杆前端为轴环，利用易拆卸的卡环与对面的中间车钩连接在一起，后柄端做成环状，用来承纳球面轴承，使车钩可以自由运动。

2. 带压溃管的中间车钩

带压溃管的中间车钩由风管接头、压溃管、安装座、连接卡环、接地线等零部件组成，如图 3.53 所示。

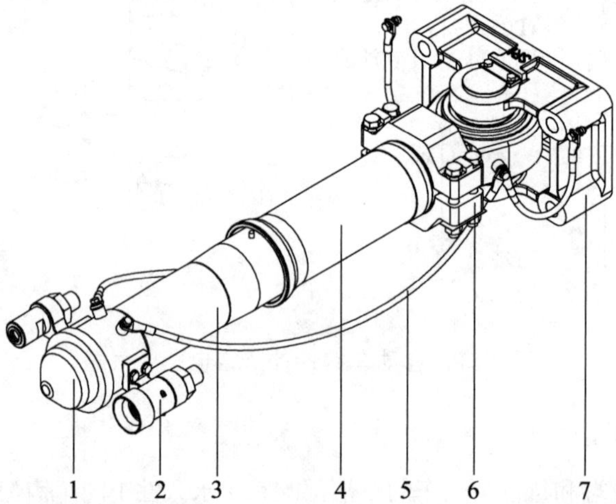

1—导向锥；2—风管连接器；3—加压管；4—压溃管；5—接地线；6—连接环组成；7—安装座。

图 3.53 带压溃管的中间车钩

车钩压溃管用于两辆车之间的连接，利用易于拆卸的卡环连接车辆，车钩压溃管由加压管、加压锥、中心轴、膨胀管、连接卡环、后端拉环等组成。当车辆碰撞过程中发生的冲击压缩载荷大于压溃管设定值时，压溃管就发生作用产生塑性变形，最大限度吸收冲击能量，以达到保证车辆人身安全和保护车辆设备目的。

车钩压溃管前端为轴环，利用易拆卸的卡环与对面的中间车钩连接在一起，后端拉环做成环状，用来承纳球面轴承，使车钩可以自由运动，拉环与压溃管中心轴利用易拆卸的卡环链接。

第4章

车内设施

复兴号动车组不仅仅是一个现代化的产品，还是一个高速运行的载运工具。它具有某种“移动旅馆”的功能，因此，车内结构的装饰与装修，设备的配置与功能，既要满足结构布局的整体要求，又要满足旅客乘坐的舒适性、便利性以及视觉效果上的和谐性，使得旅客在物质环境和精神方面同时得到享受，充分体现现代设计的人性化。这些设计主要包括车内环境控制系统、给排水卫生系统、厨房系统、门系统等。随着科技的进步以及人们对动车组的要求越来越高，复兴号上述各系统除实现基本的功能外，还体现了集中控制与智能化的特点。要使动车组的车内环境达到规定的要求，就必须有一整套的设备及相应的控制系统加以保障。CR400BF 型车内环境控制系统包括空气环境控制系统和光环境控制系统，基本作用就是维持车厢中的空气温度、湿度和压力在规定的值内，并满足车内的照明要求。

4.1 车内空气环境控制系统

CR400BF 型动车组车内空气环境控制系统即空调系统，它实现了车厢的制冷、加热、压力保护、通风/紧急通风等功能。通过对车厢内的温度、湿度、空气洁净度等参数的控制，满足车内环境舒适性的要求。CR400BF 型动车组空调系统的工作电源来自辅助供电系统，控制电源由蓄电池及充电机提供，发生中压供电故障时，可由蓄电池提供一定时长的应急通风用电。空调系统的风源则来自主供风单元，用来控制压力波保护系统的风门开闭。

4.1.1 系统组成及原理

CR400BF 型动车组空调系统包括客室空调系统和司机室空调系统。每个系统均由相应的空调机组、风道、控制器及各类传感器等部件组成。

1. 客室空调系统工作原理

如图 4.1 所示，对于客室空调系统，新鲜空气通过车顶空调机组两侧的新风口进入，回风主要通过位于通过台平顶板处的回风口进入，回风和新风在空调机组两侧混合箱中混合。混合风从两边进入空调机组，经过蒸发器制冷或经过电阻式加热器加热后，通过供风道及各出风口进入车厢。废排空气由车内废排风道统一输送至车下废排单元，由废排单元统一排出。通过台设有风扇加热器。系统调节由位于走廊电气柜中的电子控制器完成，该控制器读取分布于新风、回风、送风和地板上的温度传感器测得的客室温度，来决定不同组件的运行。此外，系统设置安装在车端两侧墙上的压力波传感器，每列车一共 4 个，通过这些传感器的激活信号来关闭/开启废排单元和新风格栅的风门，保护乘客不受压力波影响。

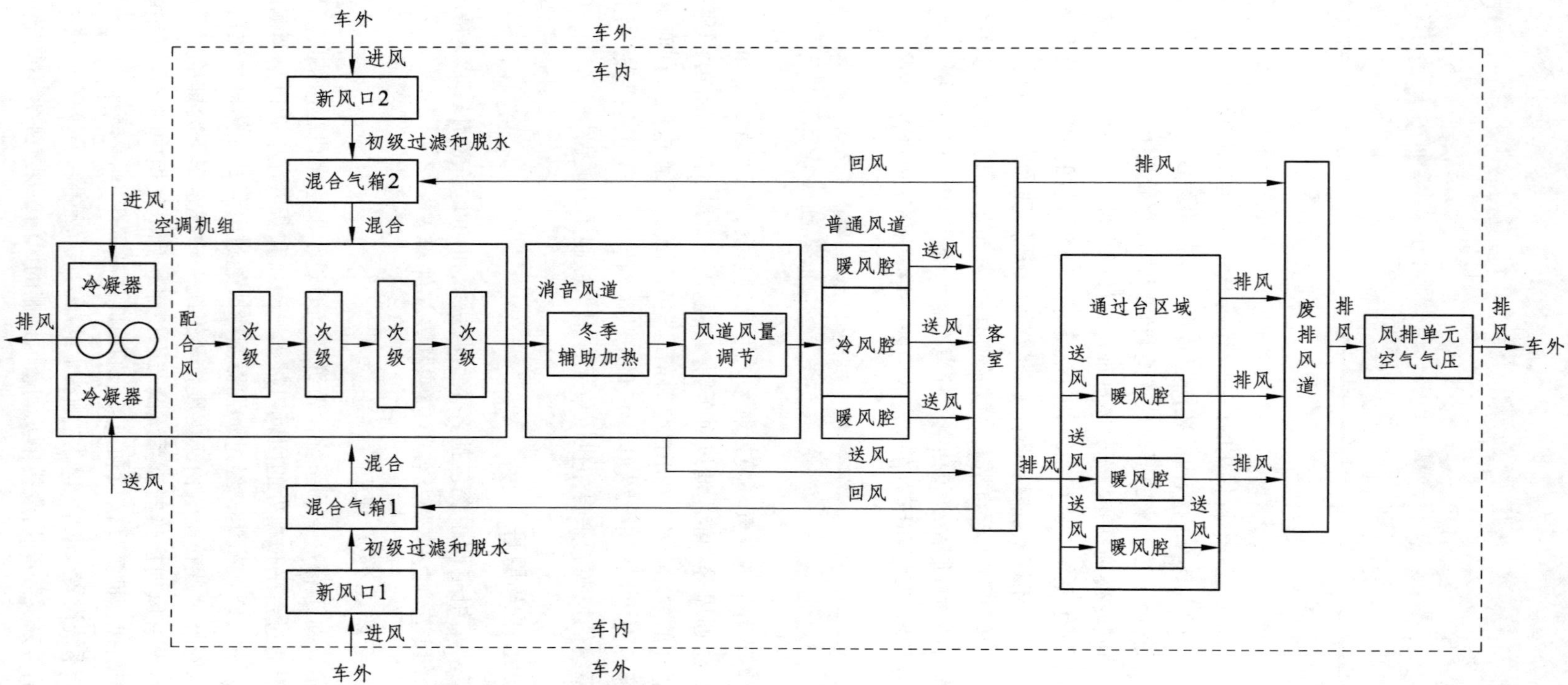

图 4.1　客室空调工作原理

2. 司机室空调系统工作原理

对于司机室空调系统，新风通过位于司机室车顶的新风格栅进入，如图 4.2 所示。回风主要从司机室门上方车内顶板上的回风格栅进入，回风和新风在机组内混合。混合空气在蒸发单元内，经过蒸发器或电加热器处理，实现制冷或制热。经过处理的空气通过送风道系统向司机室内送风。制冷时，大部分冷风通过墙顶板送风口、挡风玻璃和侧窗周围的缝隙输送到司机室，少部分冷风经暖风道后通过司机室两侧电气控制柜下部的风口及司机腿部送风口送入司机室。制热时，少部分暖风通过墙顶板送风口、挡风玻璃和侧窗周围的缝隙输送到司机室，大部分暖风经暖风道后通过司机室两侧电气控制柜下部的风口及司机腿部送风口送入司机室。系统调节由位于走廊中客室空调控制柜的电子控制器完成。该控制器读取分布在新风、回风、送风道的温度传感器数值，以评估司机室内的温度，决定不同部件的运行状态。司机室空调机组采用主动式压力保护，内设高压风机，防止司机受压力波的影响。在司机室回风道和客室送风道之间设有旁通风门，在司机室空调系统制冷或制热故障时，可以打开旁通风门，将客室空调机组处理过的空气送入司机室。

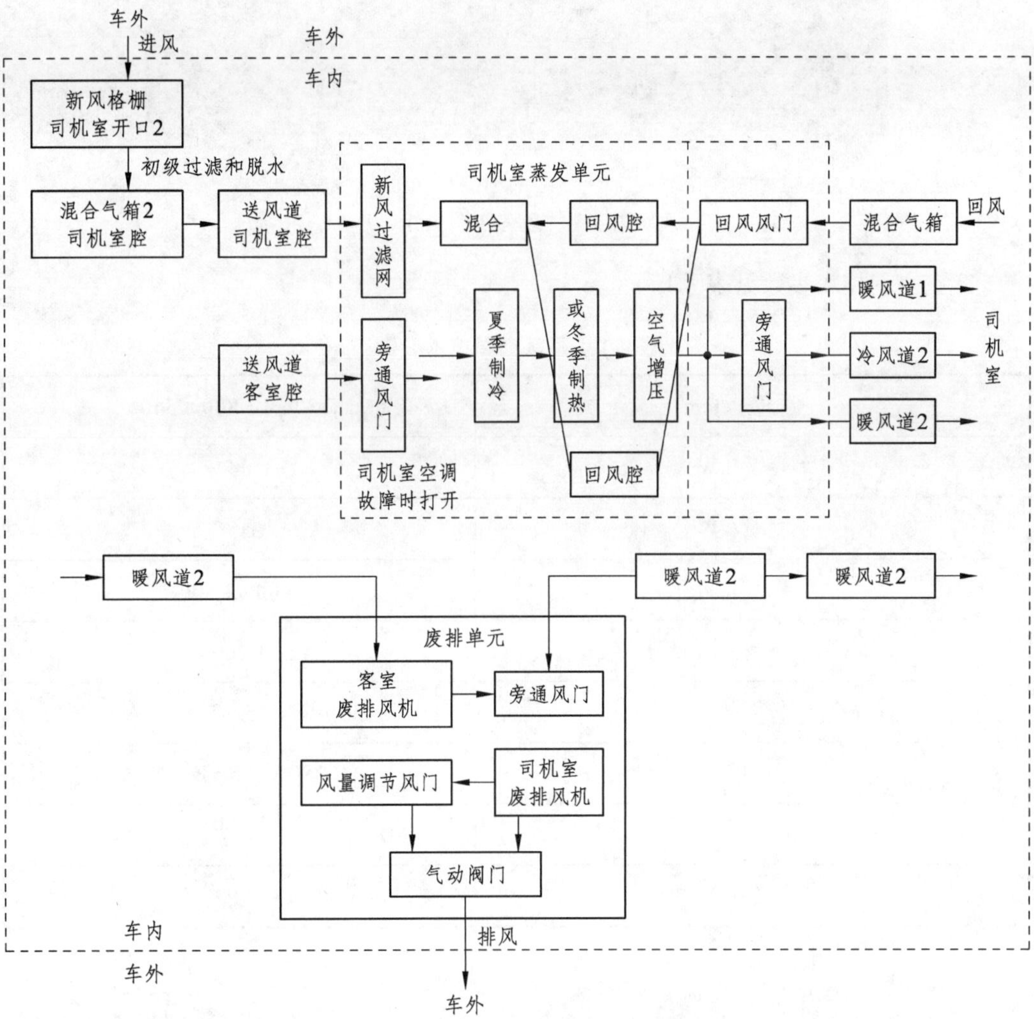

图 4.2　司机室空调工作原理

4.1.2 主要设备结构与功能

1. 客室空调机组

客室空调机组安装在车顶端部，其中 Tc01、Mh04、Tc08 车位于二位端，其他中间车位于一位端，司机室空调机组安装在司机室通过台顶部。

客室空调机组采用车顶单元嵌入式安装结构，安装后与车体轮廓保持一致（见图 4.3），在机组的四周贴有密封条，与空调安装框压缩密封，保证车体气密性。机组内设压缩机、冷凝器、蒸发器、冷凝风机、蒸发风机、加热器、旁通阀、膨胀阀、压力开关、压力传感器、风压开关等，每个客室空调机组均有 2 套独立的制冷系统。

图 4.3 客室空调机组

客室空调技术参数见表 4.1。

表 4.1 客室空调技术参数

外形尺寸/mm	2 800×1 800×540
制冷量/kW	44
制热量/kW	35
总风量/（m^3/h）	4 800/3 500
新风量（最大）/（m^3/h）	1 700
制冷剂	R-407C，5.5/5.9×2 kg
交流电源	AC 380 V，50 Hz，3 相
直流电源	DC 110 V（DC 77 ～ 135 V）
质量/kg	785

空调机组制冷时的工作流程如图 4.4 所示。

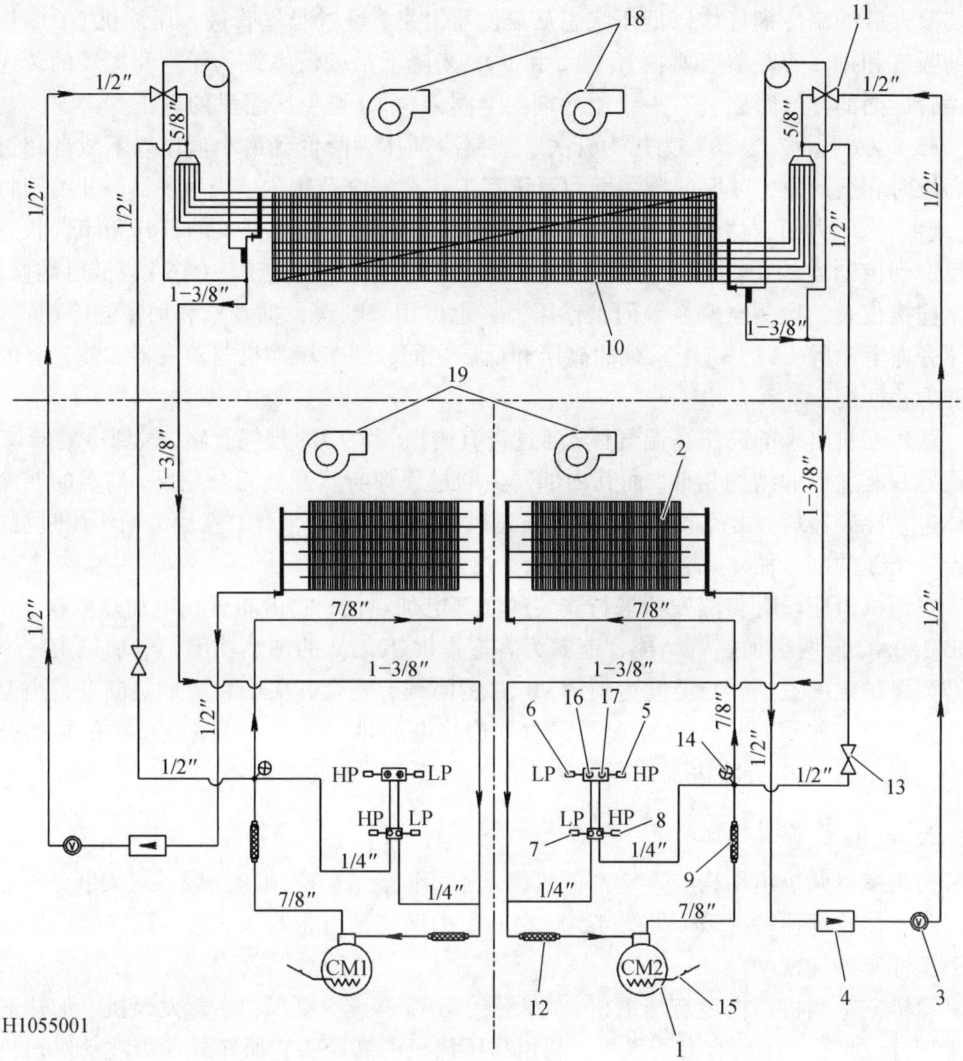

1—压缩机；2—冷凝器；3—视液镜；4—干燥过滤器；5，6，7，8—压力开关；9，12—避振管；10—蒸发器；11—膨胀阀；13—旁通电磁阀；14—安全阀；15—压缩机绕组；16—低压维修阀；17—高压维修阀；18—蒸发风机；19—冷凝风机。

图 4.4　空调机组制冷循环示意

制冷剂液体从冷凝器（2）流向干燥过滤器（4）和带有湿气显示的视液镜（3）。带有湿气显示的视液镜能确认系统里循环流动的制冷剂的水分含量，此外还可以探测到制冷剂不足或者液体管路中有可能的阻塞（这种情况可以通过视液镜观察制冷剂是否有气泡出现来推断）。

制冷剂经过视液镜后，通过热力膨胀阀（11）进入到蒸发器（10）。膨胀阀有两个功能：降低制冷剂的压力到要求值，以便完成在蒸发器中的相变（蒸发）；调节制冷剂到合适的流量。

通过膨胀阀后的制冷剂通过蒸发器（10）上的分液器细管来分配，确保制冷剂能够均匀地分配到蒸发器。蒸发器是一个铜管铝翅片的热交换器，制冷剂通过蒸发来冷却铜管和铝翅片并通过它们来冷却其周围的空气，两台蒸发风机（18）将冷却空气吹入到客室。

蒸发后的制冷剂气体以低压状态从蒸发器出来，经过吸气管进入压缩机（1）。压缩机的吸气和排气管路装有避振管（12 和 9），来降低沿硬管系统的噪声和振动的传递，避振管后面的排气管路装有一个制冷剂安全阀（14），避免回路里的过压。

（5）、（6）、（7）、（8）为压力开关，当制冷剂压力降低到最小低压以下或者超过最大高压时它会动作，以保证压缩机和系统都工作在安全范围内。当触发后，开关即打开（断流），当压力回到适当范围内，开关就闭合（接通），各个开关的打开和闭合状态都会反馈到控制器，用来控制不同程序的启动。（17）为高压维修阀，（16）为低压维修阀，用来连接仪表，检测空调系统的工作压力，也可用来吹洗，抽真空和加注制冷剂。

旁通电磁阀（13）位于系统的高压和低压之间，调节压缩机与蒸发器，使二者的工作能力相匹配。

从压缩机出来的高压高温气体，通过带有避振管（9）的排气管路，送到冷凝器（2）。冷凝器和蒸发器的结构相似，而其内部发生的过程却与蒸发器完全相反，高温的制冷剂气体进入冷凝器后，由冷凝风机（19）强迫风冷降温，变为液体，然后流向干燥过滤器，开始一个新的制冷循环。

空调机组还设有与蒸发器平行安装的空气电加热器，它由布置在电加热框架里的 2 ×15/380AC 的两组加热管组成，能够为客室提供 30 kW 的加热功率。电加热由一个安全开关保护温度过热，当温度达到约 90 °C 的时候，安全开关会将电加热断开，当温度回落到安全工作限制（70 °C）时，又重新连接电加热。一个二级安全保护的热熔丝在温度达到 139 °C 时会将电加热断开，此保护需要手动复位。

2. 司机室空调机组

司机室空调机组结构与客室空调机组基本相同，采用车顶单元嵌入式安装结构，安装后与车体轮廓保持一致（见图 4.5），在机组的四周贴有密封条，与空调安装框压缩密封，保证车体气密性。

司机室空调机组内设有压缩机、冷凝器、蒸发器、冷凝风机、蒸发风机、加热器等常规部件，此外，还设有高压风机，利用高压风机的高压头克服车外压力波动对司机室内压力的影响，从而保证司机的舒适性。司机室空调机组的制冷及制热参照客室空调机组，其参数见表 4.2。

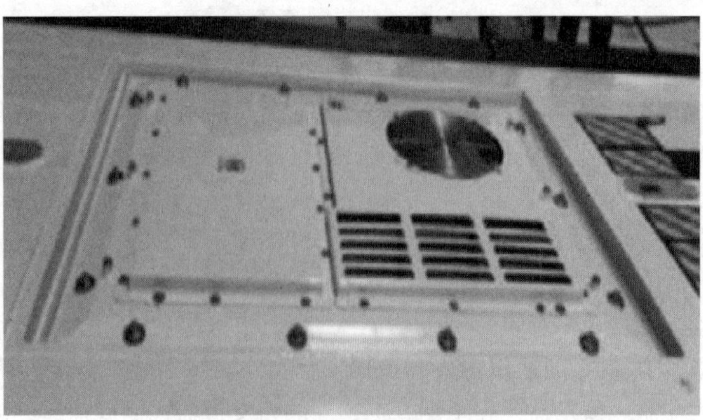

图 4.5　司机室空调机组

表 4.2 司机室空调技术参数

外形尺寸/mm	1 250×970×500
制冷量/kW	5
制热量/kW	5
总风量/（m^3/h）	900/650
新风量（最大）/（m^3/h）	60
制冷剂	R-407C
交流电源	AC 380 V，50 Hz，3 相
直流电源	DC 110 V（DC 77 ~ 135 V）
质量/kg	240

3. 空调机组主要部件

1）新风格栅及混合箱

新风格栅采用耐候铝型材结构，内部设有可迅速开关的空气阀门以关闭和开启新风格栅。在空调机组下部的两侧安装有铝合金材料设计并有保温结构的混合箱，混合箱的下部设有排水口，并设有安装在循环空气通风口上的蝶形阀，用来控制回风和新风的混合比例。

2）客室压力波保护系统

与司机室空调系统的主动保护不同，客室空调系统采用一个被动式压力保护系统。在车辆送、排风口设置压力保护阀门，车外压力正常时，压力保护阀门处于打开状态，保证车辆的正常新风供给。列车在高速通过隧道时，车外压力发生较大波动，压力波传感器将压力波动信号传递给压力保护系统，压力保护启动，此时空调控制器控制压力保护阀门瞬时关闭，空调系统处于全回风状态下运行，如图 4.6 所示。当车外压力波动恢复正常范围，控制阀门打开，进排气口恢复功能，使车内外进行正常通风。

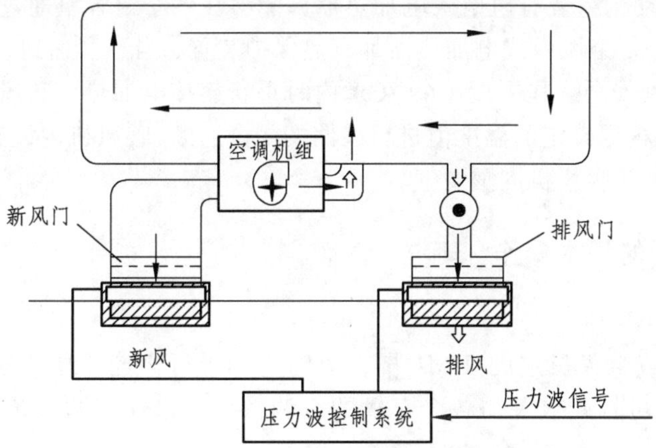

图 4.6 压力波保护系统工作示意

3）送风道

空调系统送风道设在中顶板上方，为铝板材质和轻质复合材料，为了降低噪声，主风道设有消音风道，内部设有消音包，消音风道横向平均分布 2 个 3.5 kW 的电加热，用于实现出风的再热功能。消音风道的出风口设有温度传感器，用于检测最终送风温度。

风道分为冷风腔、暖风腔，设置电动风口控制冬夏季气流走向，如图 4.7 所示。

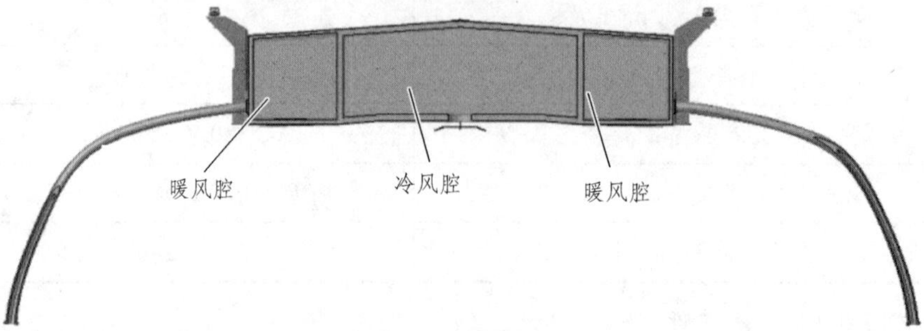

图 4.7　送风道断面

在制冷模式下，大约有 70%以上的风量通过冷风腔输送，外侧的暖风腔输送约 30%。在采暖模式下，暖风被输送到地板区域或窗口下方，少量暖风通过中间风道，由中顶板与侧顶板间的缝隙送出，采暖或制冷模式下空气流量的转换是通过安装在风道内的电动风门来实现的。

4）废排风道和废排单元

废排风道采用铝板外包保温材的结构，布置在车内下部的两侧，而电器柜及卫生间等部位的排风则通过软管和风道进行连接。废排风道穿过车体底架与车下废排单元相连，将空气排到大气中。

废排单元包括一个排风机和一个位于出风口的压力保护阀，每辆车都有一套位于地板下的废排单元。

5）风扇式电加热器

CR400BF 型动车组装有风扇式电加热器，能够在冬季给客室通过台进行加热，以满足舒适性要求。每个风扇式电加热器都有热保护装置，当温度达到约 90 °C 时断开电加热，当温度降到安全工作限度（69 °C）内时重新连接电加热。暖风机出风口设有温控开关，温控开关根据设定的温度值进行线路的闭合通断，暖风机内设有一台循环风机，用于空气流动，加热暖风机周围空气。

4.1.3　空调的基本操作

1. 集控模式

通过司机室或乘务员室的 HMI 屏，可对空调进行集控操作，通过“空调设置”（见图 4.8）界面可打开或关闭各个车辆的空调系统，选择空调系统的运转模式并改变温度。

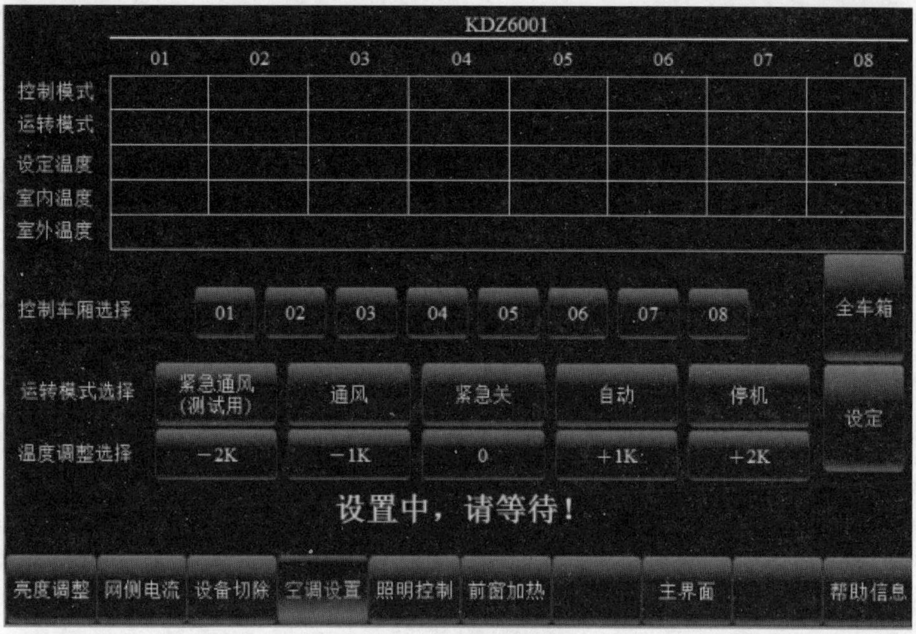

图 4.8　空调设置界面

2. 本控模式

通过操作空调控制柜内的本控屏可以使该车空调转为本车控制，在本控屏界面可以进行空调控制及系统组件、压力、温度故障等信息查询。空调上电时默认为集控模式，当在本控屏上进行操作后自动转为本控模式，在本控模式下，司机室 HMI 如果进行操作，则自动切换回集控模式。

3. 手动模式

客室空调手动开关位于车辆控制面板柜内。当手动模式选择开关置于除自动位以外的其他挡位时，控制模式转为手动，手动模式是硬线控制，优先级高于集控模式和本控模式。

4.2　车内光环境控制系统

车内光环境（内部照明）系统的目的就是照亮整个车厢，为旅客和工作人员提供旅途生活和工作所必需的照明。内部照明按区域分为客室照明（行李架灯带），还包括其他区域（通过台、卫生间、走廊、司机室、乘客服务区）的顶部射灯。按功能可分为主照明、应急照明。内部照明系统的电源由蓄电池及充电机提供，下面以客室及通过台为例进行介绍。

4.2.1　客室照明

客室区域的主照明主要是行李架灯带，行李架灯带安装在行李架的后方，根据行李架长度确定行李架上部灯带及行李架下部灯带长度，如图 4.9 所示。

图 4.9　行李架灯带

1. 组成部分

行李架上部灯带由光源板、驱动器、灯体、灯罩、卡扣等元件构成。灯体整体采用铝合金，大大减轻质量；表面采用氧化，LED（发光二极管）光源紧贴在铝合金上，从而给 LED 提供更好的散热环境;线路板采用高性能的恒流驱动来保证 LED 的可靠工作。行李架上部灯具采用安装支架固定，下部灯具采用具采用卡簧座固定，拆装维修方便，在车内可进行调试、维修。

2. 技术参数

恒压输出：输出电压稳定。

内置 EMI 电路：产品不会对电网造成干扰，同时具备抗干扰能力。

过温保护：温度达到 120 °C 以上时会自动停止工作，保护电路不受损。

欠压保护：输入电压在 DC 70 V 以下自动停止工作。

工作电压：DV 110 V（DC 77 ~ 137.5 V）。

LED 色温：2 700 ~ 6 500 K 可调。

额定功率：≤24 W。

储存温度：－40 ~ 100 °C。

绝缘耐压：AC 1 500 V（1 min）。

4.2.2　通过台照明（筒灯）

通过台照明由直径为 80 mm 的筒灯组成，每个筒灯功率为 8 W，如图 4.10 所示。

图 4.10　通过台照明

1. 组成部分

筒灯由灯体、控制板、LED 光源、LED 透镜装饰圈、透光板等元件组成。灯体整体采用压铸铝，表面采用喷砂氧化；LED 光源紧贴在铝合金上，从而给 LED 提供更好的散热环境；线路板采用高性能的恒流驱动来保证 LED 的可靠工作。灯具采用卡簧安装，维修方便，在车内可进行调试、维修。

2. 技术参数

工作电压：DC 110 V（DC 77 ~ 137.5 V）。

额定功率：≤8 W。

LED 色温：筒灯（2 700 ~ 6 500 K 可调）。

客室筒灯（4 500 ± 200）K 冷色。

吧区筒灯（3 200 ± 200）K 暖色。

4.2.3 照明控制

内部照明采用 DC 110 V 供电，还有部分顶部射灯自带直流变压器，将 DC 110 V 变换成 DC 12 V 供电。

内部照明控制元件如下：

（1）每节头车一端控制板上的“列车灯开/关”照明按钮。

（2）每节头车上司机控制台上的司机人机界面（MMI）。

（3）Mb05 车上乘客服务室里的人机界面（MMI）。

应急照明与主照明由控制台进行控制，司机控制台上的司机人机界面和乘客服务室里的人机界面操作如下：

（1）照明 0——应急照明和主照明关。

（2）照明 1/3——应急照明开。

（3）照明 1——应急照明和主照明开。

照明模式包括：

（1）自动模式（客室灯具亮度平均为 200 lx，色温在速度大于 5 km/h 时为 4 500 K，在小于 5 km/h 时为 6 000 K）。

（2）夜间模式（客室灯具亮度为 100%，色温为 3 000 K）。

（3）睡眠模式（客室灯具亮度为 33%，色温为 3 000 K）。

（4）备用模式 1（客室灯具亮度为 100%，色温为 4 000 K）。

在 1、8 号车的观光区内，有 12 个可调亮度的筒灯（外形同通过台筒灯）及墙裙旋钮，乘客可通过调节旋钮对观光区筒灯亮度进行调节。

4.3 给排水卫生系统

复兴号的供排水卫生系统的主要功能就是实现供水以及排水、排污的功能。其中，供水主要包括饮用水、洗漱用水、冲刷用水及餐车用水，排水主要指收集洗漱、清洁等产生的灰水，排污主要实现便器内污物及冲刷污水的收集。给排水卫生系统的控制电源由蓄电池及充电机提供，风源由主供风单元提供。

4.3.1 系统组成

给水卫生系统主要包括净水箱、净水管路、卫生间模块、洗面间模块、集便系统、排污管路、污物箱、电开水炉、排水管路等，如图 4.11 所示。

全列设置 6 个容量为 400 L 净水箱、2 个 300 L 净水箱。设置 5 个蹲式卫生间模、7 个座式卫生间模块、7 个洗面间模块、1 个拖布池、5 个容量为 600 L 的污物箱、2 个容量为 450 L 的污物箱、1 个 450 L 污水箱。卫生间采用真空集便系统，排污管路缠加热线并包裹防寒材，全列共设置了 7 个电开水炉。

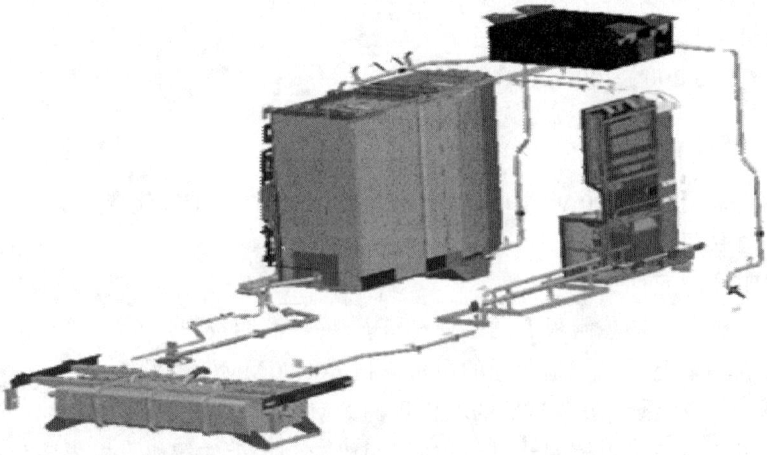

图 4.11 给排水系统设备布置示意

以 05 车为例，给排水卫生系统原理如图 4.12 所示，水系统部件见表 4.3。

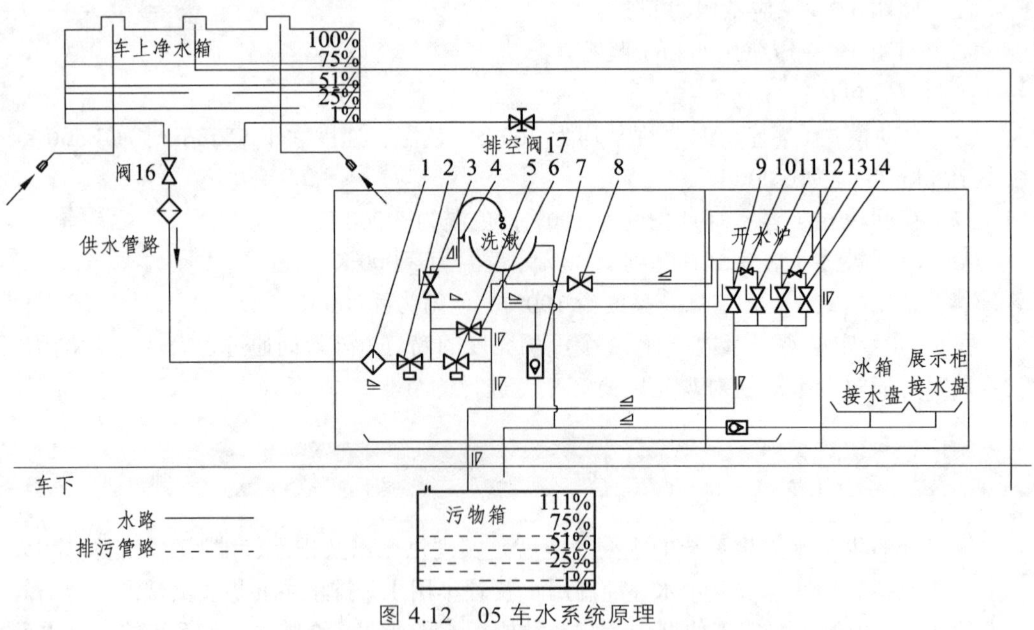

图 4.12 05 车水系统原理

表 4.3　05 车水系统部件

序号	描　述	输入电压	作　用
1	过滤器	—	杂质过滤
2	电磁阀	DC 24 V（常开）	漏水保护
3	手控阀	—	设备拆卸
4	手控阀	—	开关水龙头
5	电磁阀	DC 24 V（常闭）	冷冻排水
6	手控阀	—	冷冻排水
7	防负压装置	—	防负压干扰
8	手控阀	—	设备拆卸
9	手控阀	—	冷冻排水
10	手控阀	—	设备拆卸
11	电磁阀	DC 24 V（常闭）	冷冻排水
12	手控阀	—	冷冻排水
13	手控阀	—	设备拆卸
14	电磁阀	DC 24 V（常闭）	冷冻排水
15	单向阀	—	防止回流
16	手控阀	—	设备拆卸
17	电磁阀（手动一体）	DC 24 V（常闭）	冷冻排水

4.3.2　主要设备结构与功能

1. 净水箱

CR400BF 型动车组 300 L 和 400 L 水箱具有相同的结构形式。水箱体采用 2.5 mm 厚不锈钢板焊接而成。箱体两端设注水接口，一端设带电磁阀的防冻排空管，另一端布设接线箱，箱体底部设供水接口和水位传感器，箱体内部设防波板。箱体底部铺设电热毯，同时整个箱体外部黏结防寒材料，如图 4.13 所示。

图 4.13　净水箱结构

2. 卫生间模块

标准卫生间分为蹲式卫生间和座式卫生间，蹲式卫生间作为卫生系统的主模块（卫生系统的主控制板安装在此间里），座式卫生间作为辅件。卫生间采用模块化设计，地板、墙板、洗手系统、便器等集成为一个模块，减少卫生间与车上的接口，而且接口形式简单，便于安装与调整。

以座式卫生间为例，卫生间由地板、墙板、顶板、门、洗手系统、坐便器以及内部的设备件组成，如图 4.14 所示。

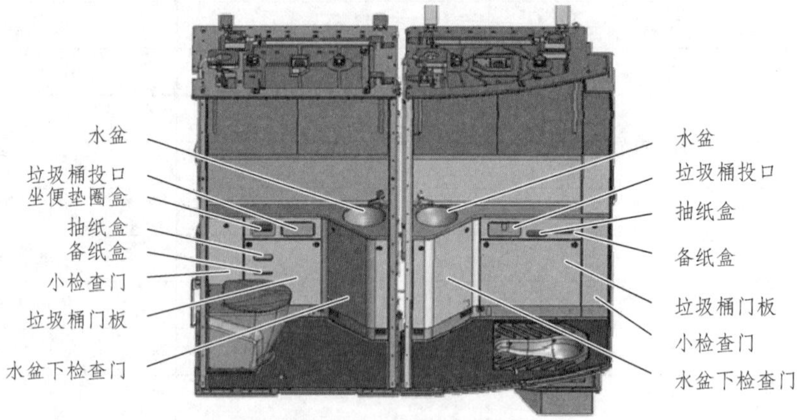

图 4.14　卫生间模块组成示意

除标准卫生间外，CR400BF 型动车组还设有通用卫生间，其最大的特点是间内空间大，采用按钮控制的电动门，内部设置满足残疾人的使用要求，整个模块的设计更具人性化，如图 4.15 所示。

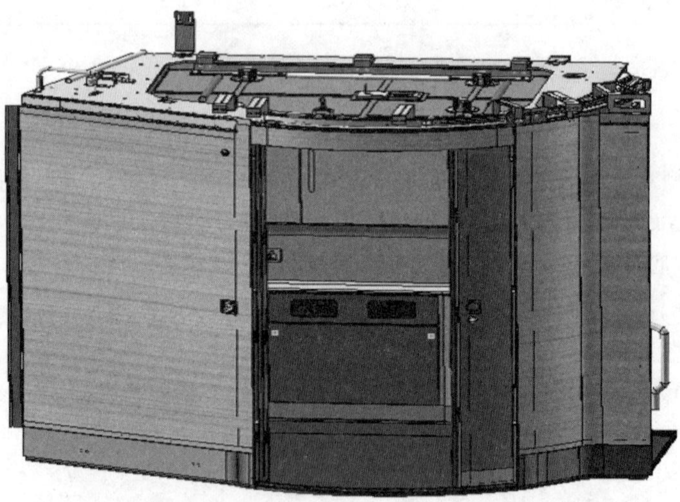

图 4.15　通用卫生间模块（残卫）

当厕所有人使用时，门上有无人显示为红色，同时信息屏上显示厕所有人使用。通用卫生间的门控器控制门的 3 个开度：10%、90%、100%。当门关闭到开度 10%时，如果检测到门口有物体门会再次打开；当门开启到开度 90%时，门停止片刻再开到 100%的开度，从而减轻门体与门限位的冲击。

3. 真空集便装置

1）系统组成

集便装置主要包括便器（蹲或座式）、冲水组件、真空组件、气动装置、控制板等。头车采用陶瓷便器，其余车便盆是由不锈钢制造。当按下冲洗按钮后，便盆内的污物在污物箱负压作用下被抽吸至污物箱内。两套便器工作相对独立，共用一个污物箱，车上及车下排污管路均有伴热装置。集便装置结构如图 4.16 所示。

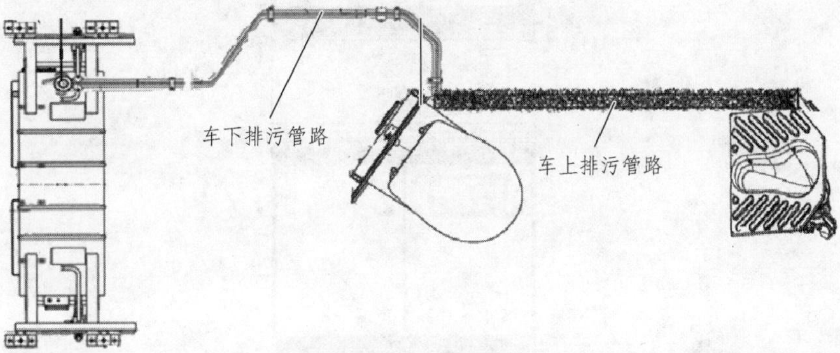

图 4.16　集便装置

集便装置主要技术参数如下：

耗水量：约 0.5 L/次（不锈钢便器）、约 1.2 L/次（陶瓷便器）。

压缩空气供应：620 kPa。

控制电源制式：DC 24 V。

便器形式：座式、蹲式。

2）工作原理及流程

CR400BF 型复兴号动车组采用中转式真空集便系统，当按下冲洗按钮后，压缩空气流过真空发生器在中转箱内产生真空，冲洗喷嘴冲洗，便盆底部的阀打开，便盆内的污物排入中转箱，阀关闭。便器冲洗累计次数达到设定值或中转箱液位仪被激活时，中转箱入口阀关闭，中转箱内产品正压，中转箱出口阀打开，污物被压入污物箱内，进口阀打开，出口阀关闭。即中转式真空集便系统工作时，便盆内的污物不直接排送到污物箱，而是先被抽吸到中转箱，从中转箱再被排放到污物箱。

中转式真空集便系统工作流程如下：按下冲洗按钮，喷射器工作在污物中转箱内产生真空，当真空开关检测到中转箱内的真空度达到预设值时，水增压器内的带有压力的水从冲洗喷嘴喷出冲洗便盆。然后，便盆内部的蝶阀打开，污物被抽吸到中转箱内，蝶阀打开时间达到设定时间后关闭，水增压器再次冲洗在便盆内形成“水封”。随后，水增压器被注满水，便器冲洗系统进入待命状态，污物排放。当便器累计使用次数达到设定次数或中转箱内的液位被触发，压缩空气进入中转箱产生正压，把污物排放到污物箱内。至此，便器系统在车内的冲洗及排污过程结束。

4. 洗面间

洗面间主要材质为玻璃钢壳体，并集成镜子、洗手台面及水阀、垃圾箱、纸巾盒、皂液器等设备件，如图 4.17 所示。

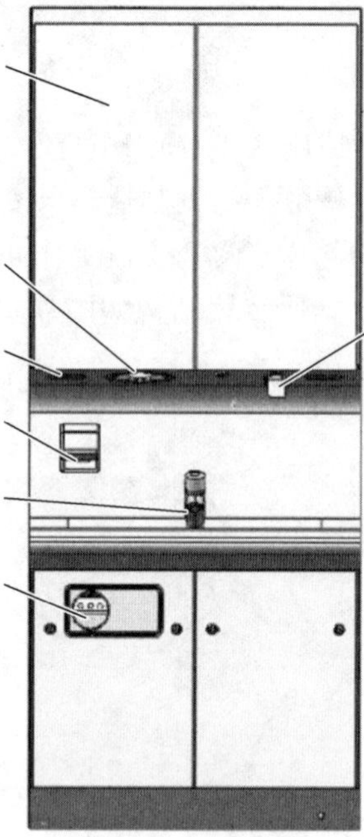

图 4.17　洗面间

5. 电开水炉

电热开水器采用沸腾翻水式原理、电磁加热方式的柜式整体结构，主要由柜式框架、电控箱、加热元件、加热箱、储水箱、进水电磁阀、过滤器、排水电磁阀、磁控管等组成，其主要技术参数见表 4.4。

表 4.4　电开水炉主要技术参数

项　目	参　数
主电路额定电压/V	三相 AC 380 V，50 Hz
控制回路电压/V	DC 110（77 ~ 137.5）
额定功率/kW	4.5
进水水压/kPa	≤120
储水腔容积/L	≥18
降温速率/（°C/h）	≤4
出水温度/°C	≥95

电热开水器具有缺水保护、防干烧保护。

电磁式电热开水器柜式框架结构和内部储水容器均采用不锈钢板制作，在供水符合城市供水水质标准时，电热开水器提供的水满足 GB 5749—2006 生活饮用水卫生标准中第 4 条“生活饮用水水质卫生要求”中的相关要求。电热开水器排气管、排水管分开设置，排水口、排气口单独设置。

电热开水器外接 3 盏指示灯，电源指示灯为绿色，加热指示灯为黄色，缺水指示灯为红色。

电热开水器设置漏电和过载保护措施。电热开水器应用前先确保净水箱内有水，再进行通电加热，该机制具有缺水保护功能，开水器在列车运行过程中，所有控制自动进行。面板上信号指示灯反映开水炉的各种工作状态，见表 4.5。

表 4.5　电开水炉指示灯工作状态

序号	指示灯状态	工作状态
1	绿灯亮	控制回路得电
2	红灯亮	缺水状态
3	黄灯亮	加热状态
4	红灯、黄灯同时闪烁	底部积水盘存在积水
5	黄灯一次闪烁	过流保护
6	黄灯两次闪烁	液位计故障
7	黄灯三次闪烁	电气箱过热保护，冷却后自动恢复
8	绿灯闪烁	按钮排空状态或集控排空状态
9	红灯闪烁	长时间不进水状态

6. 污物箱

污物箱采用不锈钢板焊接而成（见图 4.18），在污物箱的两侧设有排空接头，排空接头（位于两侧）用于排空污物箱中的污物，通过专用真空吸污设备进行排空。污物箱设有冲洗接头用于污物冲洗时连接压力水管路，设置排气阀用于吸污时污物箱的通风。污物箱液位显示器为常亮显示，这些指示器同时也可用于显示净水箱的液位。

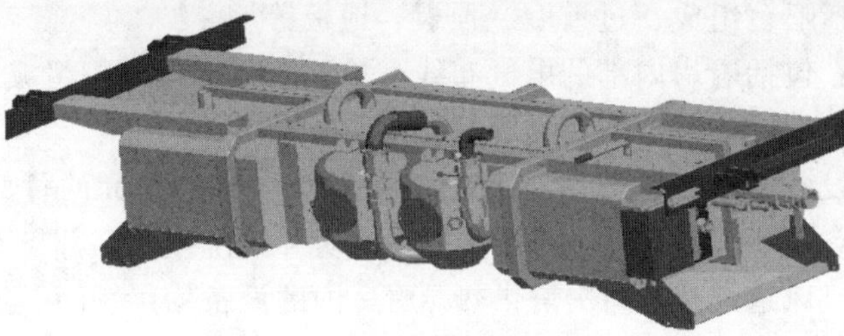

图 4.18　污物箱

箱体安装一个加热棒用于对箱体加热，同时也安装一些伴热线用于管路加热。自动温控器控制加热棒和加热线的工作状态，温度低于 3 °C 时，加热装置开始工作，温度高于 7.5 °C 时，加热装置停止工作。箱体接线盒侧面有冬夏季转换开关，用于伴热线的通断电，夏季时需将转换开关关闭。只有在列车通电时，加热装置才可工作。如果列车停止供电，箱体必须排空，避免污物冻结损害箱体。

7. 防冻排空

列车无电且外温低于 0 °C 时，必须进行排空作业。

整列防冻排空时，可操作机械师室集控排空开关，给水卫生系统执行排空动作。

单车防冻排空时，在列车有电的情况下，开启卫生间模块内的控制系统（见图 4.19）可以对净水箱、卫生间、洗面间、集便装置和开水炉进行排水，在列车无电的情况下，可以通过手动打开各设备的手动排水阀进行排水。

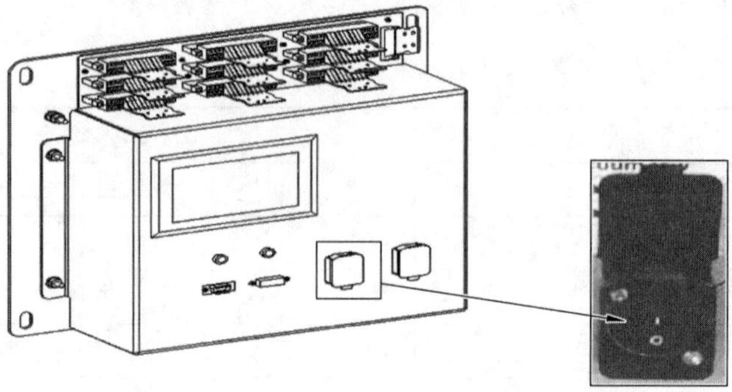

图 4.19　单车排空按钮

4.4 厨房系统

CR400BF 型动车组厨房系统布置在 05 车，主要功能是保证列车在运行过程中的食品准备、储存和加热，保证能够向乘客提供盒饭、开水、咖啡等饮食。厨房系统的工作电源由辅助供电系统提供，控制电源由蓄电池及充电机提供。

4.4.1 系统组成

厨房系统主要包括 4 部分：厨房设备、厨房内装、厨房电气系统及厨房水系统。

厨房设备：包括厨房内部的加热、储藏、保温、冷藏冷冻及洗涤等设备。

厨房内装：包括吧台组成、过道墙、顶板、地板等。

厨房电气系统：包括厨房内部的电气布线、接地安装、电气柜组成等。

厨房水系统：包括厨房向车下污物箱的排水装置。

为了加快厨房设备的空气循环和加热设备的散热，在加热单元的背部和顶部分别设有废排风道，与客室废排风道相连。同时在加热模块和清洗模块底部设有热排风口，直接与列车的客室供风风道连接，向厨房供热。厨房内的设备均可锁闭，防止车辆运行中抽屉、门等意外打开。其中，电气设备柜门门锁采用同一种型号的专用钥匙，储藏柜门门锁采用同一种型号的专用钥匙，所有的检查门设置通用的四角锁。

4.4.2 主要设备结构与功能

1. 厨房电控柜

电控柜设置厨房给水、排水系统、厨房设备、厨房照明和制冷设备所必需的电气控制系统，如图 4.20 所示。电控柜设有厨房工作人员操作面板，所有的指示器均安装在柜门上。操作面板有以下功能：将厨房排水系统打开或关闭、将防冻排水系统打开或关闭、排风机打开或关闭、烟雾报警、清洗模块漏水指示灯、水泵运行指示灯、手动注水按钮、故障显示灯。

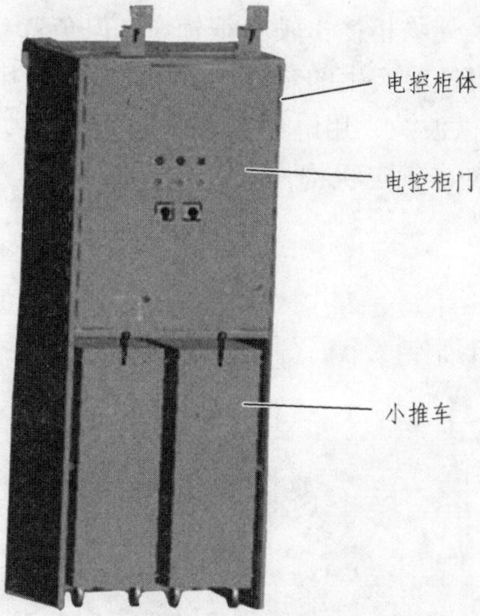

图 4.20　厨房电控柜

电控柜上的一个旋转开关，控制厨房设备的启动与停止。0 挡时厨房失电，1 挡时照明得电，2 挡时厨房完全运转。

厨房电控柜上设置厨房给水设备的故障指示功能，控制单元可根据故障类型自动关闭相关设备，也可以提示厨房工作人员进行相关的操作，如为车上水箱注水、排空厨房给水系统等。厨房电气系统由厨房电控柜集中控制，由车载电源系统供电。正常情况下可为厨房提供 AC 220 V/50 Hz，还可提供正常情况下 3AC 380 V/50 Hz，特殊情况下为 3AC 440 V/50 Hz 电源，控制系统所用电源为 DC 110 V（变化范围 77 ~ 137.5V）。

厨房电控柜底部设置 2 台送餐小推车（宽 300 mm，深 630 mm，高 970 mm）。

2. 加热模块

加热单元包括加热模块柜体、4 台微波炉、储物柜、废排风道、吊柜、微波炉电源插座，如图 4.21 所示。

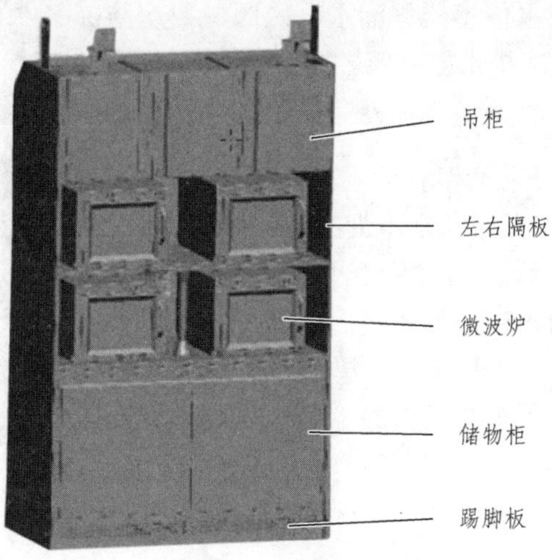

图 4.21　加热模块

在列车运行中，吊柜及储物柜撞击锁必须锁定，以免意外打开造成人身伤害。加热模块设置一个强排风机，将模块产生的热量排出厨房，通过风道管路与车体废排系统相连。加热模块设置的 4 台微波炉，用电参数 220 V/50 Hz，功率 2.78 kW。加热模块下方为储藏柜，储物柜门有撞击锁定机构。

3. 洗池柜模块

清洗单元包括四门吊柜 1 组、工作区照明灯 1 盏、洗池橱柜、热风道 2 条、开水炉 1 台、消毒柜 1 台、咖啡机插座 1 个、备用插座 1 个，如图 4.22 所示。

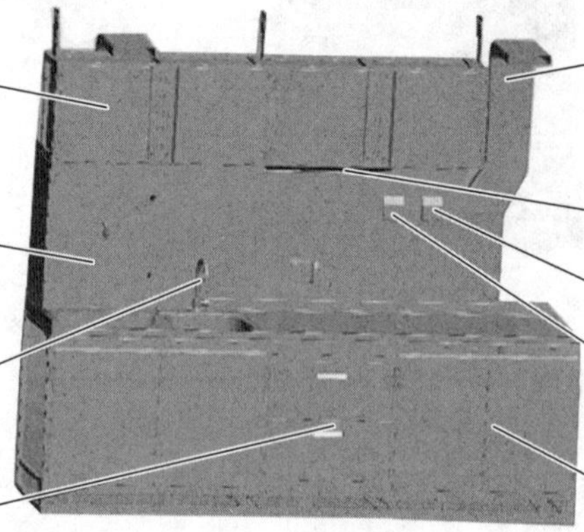

图 4.22　洗池柜模块

部件上都装有撞击锁紧机构，关闭吊柜的门时，其锁定机构必须卡住锁定，以避免意外打开造成人身伤害。洗池柜模块吊柜下方设置一个消毒柜插座，消毒柜有效容积 100 L，供电制式为 AC 220 V/50 Hz。洗池柜模块设置一个工作灯，开关设置在厨房配电柜内。洗池柜模块设置 1 个全自动开水炉，工作电源为 3AC 380 V/50 Hz，额定功率约 4.5 kW，储水腔容积≥12 L，产开水量≥40 L/h，出水水温≥95 °C，降温速率≤5 °C/h，进水水压≤120 kPa，冷态整机绝缘电阻≥5 MΩ，热态整机绝缘≥2 MΩ。洗池柜设置洗手盆和水龙头，水龙头的流量为 3 L/min，洗池柜模块底部设置水系统管路，有漏水传感器、漏水电磁阀、厨房防冻排水电磁阀、开水炉防冻排水电磁阀。

4. 保温箱

保温箱（见图 4.23）将食品保温在 60 ~ 90 °C，一般保温温度设定为 75 °C。保温箱功率不大于 1 800 W，供电制式为 AC 380 V/50 Hz。保温箱容积不小于 450 L，能放置 550 mm × 400 mm × 450 mm 的储物箱。内部有 3 个搁架支座，加热系统位于下部，可以打开保温柜的柜门进行维护。保温柜的温控器设置在保温柜的温控器面板上，保温箱工作噪声小于 65 dB（A）。

图 4.23　保温箱

5. 冷藏冷冻箱

冷藏冷冻箱（见图 4.24）为整体式独立制冷系统，采用 R404a 制冷剂，设置添加制冷剂的接头。制冷机组位于下部，可以从厨房一侧进行维护。冷藏冷冻箱设电子式温度控制器，左侧温度范围为 2 ~ 8 °C，其中下部为乘务员专用空间，右侧空间温度范围为 – 18 ~ 8 °C。柜底设冷凝水管，冷凝水经吧台底部引至洗池底部的排水口排到车外，工作噪声小于 65 dB（A）。

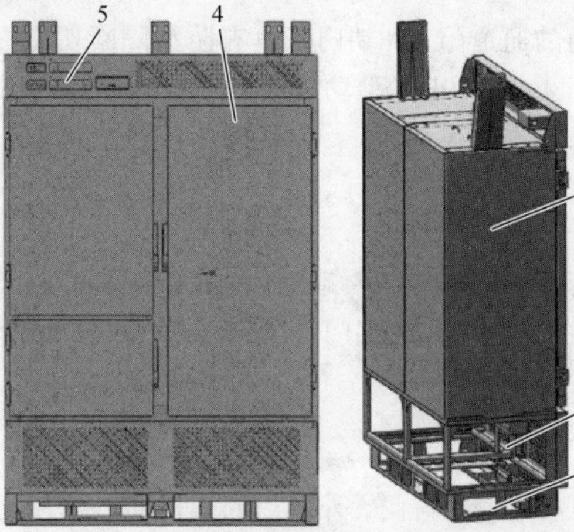

1—底座；2—制冷机组；3—柜体；4—柜门；5—控制面板。

图 4.24　冷藏冷冻箱

6. 冷藏展示柜

冷藏展示柜为整体式独立制冷系统（见图 4.25），采用 R134a 制冷剂，设置添加制冷剂的接头。制冷机组位于下部，可以从厨房一侧进行维护。冷藏展示柜设电子式温度控制器，展示温度 2 ~ 8 °C 可调，内部设置 LED 照明。

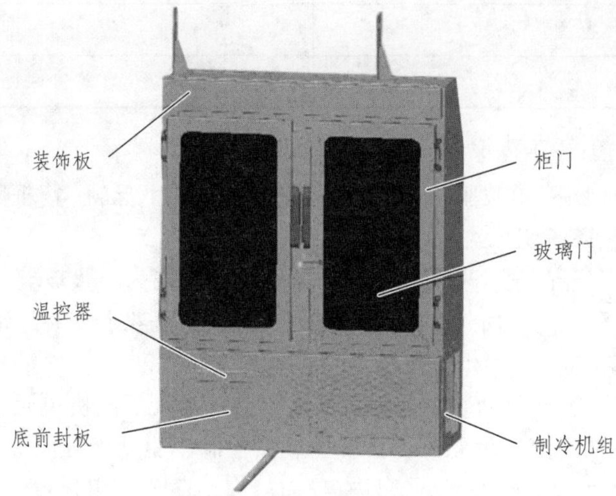

图 4.25　冷藏展示柜

冷藏展示柜内部设置多层框栏，内部隔架的设置适用于冷藏饮料、酒类等；柜底设冷凝水管，冷凝水经底部的排水口排到车外；电源制式：AC 220 V/50 Hz；冷藏展示柜外形尺寸：宽 948 mm × 深 480 mm × 高 1 200 mm。冷藏展示柜总有效容积约 150 L。冷藏展示柜额定功率 400 W，冷藏展示柜工作噪声小于 65 dB（A）。

4.5 门系统

列车车门系统包括外端门、客室端门和塞拉门。外端门及内端门是连接车厢与车厢之间或车厢内各区域之间的通道门。外端门还具有防火隔断功能。塞拉门为司乘人员及乘客进入车辆内部的车门。CR400BF 型动车组门系统的控制电源由蓄电池及充电机提供，塞拉门所需的风源来自主供风单元。

4.5.1 外端门

车辆的端部设置一套外端门系统，外端门的位置分别位于 M02/07、Tp03/06、Mh04、Mb05 两端，Tc01/ Tc08 的二位端。外端门是防火门，当火灾发生时，外端门与端墙一起形成防火隔断，阻挡火灾蔓延。

1. 技术参数

外端门为电控、电动双扇滑动拉门，外端门的电机通过减速器驱动皮带轮旋转，带动齿形带运动，齿形带拖动上导轨上的滑车运行，滑车带动门扇移动，通过 DCU、开关按钮实现门的控制，其基本技术参数见表 4.6。

表 4.6 外端门基本技术参数

开门时间/s	2.5 ~ 4
关门时间/s	3.5 ~ 5
耐久性能/次	10^6
障碍物检测次数/次	3
障碍物检测力/N	有效值≤150

2. 主要部件结构与功能

外端门主要由门扇、承载驱动装置、状态转换开关、下导轨、门框防火密封装置（防火框）、门口装饰胶条等组成。

门扇：门扇为双开门扇，采用玻璃加框架结构，玻璃为防火玻璃。门扇下部设置滑槽，与下导轨相匹配。门扇内外侧均设有扣手，左门扇框架上安装门锁，门锁采用向上锁闭形式。

承载驱动装置：承载驱动装置包括上导轨、门控单元、电机单元、传动单元、同步单元、止挡单元、携门滚轮单元等，具有承载、控制、驱动、导向等功能。

下导轨：下导轨为 T 形铝型材，具有导向门扇、防止门扇运行摆动功能。

防火框：防火框由承载支架和防火胶条组成。火灾发生时，防火胶条受热膨胀填充门扇四周缝隙，使门扇与端墙形成整体，阻断火灾蔓延。

装饰胶条：门口装饰胶条为黑色橡胶型材件，能够封闭、装饰端墙门口铝型材断面。

外端门系统基本功能：外端门系统具有本地按钮自动开门，相邻车门联动开门、延时自动关门、状态切换、障碍物检测、故障诊断、开门位和关门位手动机械锁闭隔离、防火、手电动切换等功能。

3. 外端门基本操作

触摸外端门门扇上的开门按钮打开车门。操作承载驱动装置上的四角锁能将门锁闭在开门位置，并切断车门控制；操作门扇上的四角锁将门锁闭在关门位置，并切断车门控制。

4.5.2 客室端门

车辆的客室与端部设置一套客室端门系统，客室端门的位置分别位于 M02/07、Tp03/06、Mh04、Mb05 两端的客室与端部间、Tc01/Tc08 两端的客室与端部间及观光区与通过台间。

1. 技术参数

客室端门为电控、电动单扇滑动拉门，端门的电机通过减速器驱动皮带轮旋转，带动齿形带运动，齿形带拖动上导轨上的滑车运行，滑车带动门扇移动，通过 DCU、开关按钮或红外传感器实现门的控制，其基本技术参数见表 4.7。

表 4.7　客室端门基本技术参数

开门时间/s	2.5 ~ 4
关门时间/s	3.5 ~ 5
耐久性能/次	10^6
障碍物检测次数/次	3
障碍物检测力/N	有效值≤150

2. 主要部件结构与功能

客室端门由门扇、承载驱动机构、下导轨、门框胶条组件、红外传感器等部件组成。

门扇：门扇为单开门扇，采用玻璃加框架结构。门扇四周为铝型材框架，上部为钢化玻璃，下部为通风格栅。门扇下部设置滑槽，与下导轨相匹配。门扇内、外侧均设扣手。门扇框架上安装门锁，门锁采用向上锁闭形式。

承载驱动装置：承载驱动装置包括上导轨、门控单元、电机单元、传动单元、止挡单元，携门滚轮单元等。承载驱动装置具有承载、控制、驱动、导向等功能。

下导轨：下导轨为 T 形铝型材，具有导向门扇，防止门扇运行摆动功能。

门框胶条组成：门框胶条组件由铝型材承载架和门挡胶条组成，具有密封客室端门的功能。

红外传感器：红外传感器为近红外线反射方式的光电开关。具有控制开门的功能。

客室端门系统基本功能：客室端门具有本地红外感应自动开门、延时自动关门、故障自诊断、障碍物检测、开门位和关门位手动机械锁闭隔离、手电动切换等功能。

3. 客室端门基本操作

进入客室端门红外传感器感应区域或触摸门扇上的开门按钮，车门自动打开；操作门扇上的四角锁将门机械锁闭在开门位置或关门位置，并切断车门控制。

4.5.3 塞拉门

1. 技术参数

每辆车的入口处都设置一套塞拉门系统。塞拉门的位置分别位于 M02/07、Tp03/06、Mh04 两端处，Mb05 二位端处及靠近 Tc01/Tc08 一位端的车体 1/3 处。

塞拉门为电控、电动外塞拉式单扇滑动门，采用气动压紧密封。每扇塞拉门配一个门控器，每节车厢设一个主门控器。门控器间采用 CAN 线连接，与列车控制单元采用 MVB 连接。主门控器从列车控制单元接收信号和指令，同时将本车厢所有车门各种状态和诊断信号的信息传送给列车控制单元。

车门的锁闭系统由主锁及两个辅助锁组成，主锁为二级锁闭结构，以保证安全，两个辅助锁可以保证整车车门处的气密性能。车门同时设置隔离锁，此锁为机械锁闭装置，在门系统失电后可以手动锁闭门系统，并进行隔离。

塞拉门在开门及关门动作的末端有缓冲功能，防止车门开关时对列车的冲击，减少因动作过快可能产生的危险。车门关闭后能有效地起到隔热、隔音作用，并能消除车门系统自身的振动，其基本参数见表 4.8。

表 4.8　塞拉门主要技术参数

净开宽度/mm	800（残疾人车门 900）
净开高度/mm	1 900
供电电压/V	DC 110
压缩气体供压/bar	最低 4.5，正常 6
开关门时间/s	5±1
关门夹紧力/N	≤150，第一次关门过程 ≤200，随后的关门过程 ≤300，峰值
障碍物测试大小/mm	测试棒：30×60，边楞圆角 5

注：1 bar = 100 kPa。

2. 主要部件及功能

塞拉门系统主要由门扇及门框、侧立集成组件、承载驱动机构、内部操作以及外部操作装置等组成，如图 4.26 所示。

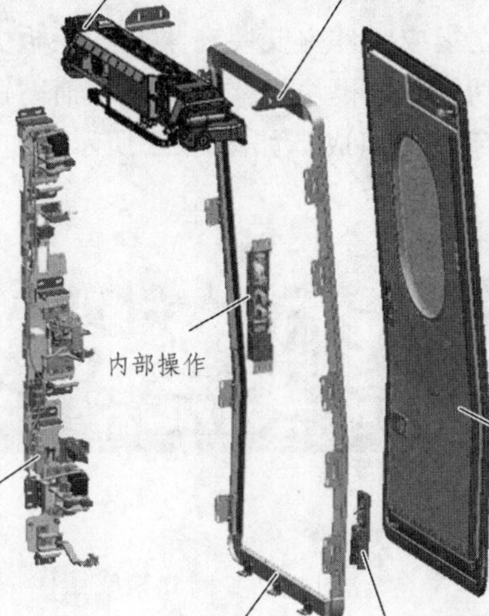

图 4.26　塞拉门组成

门扇及门框：门扇采用轻型骨架结构，厚度为 43 mm，门扇夹层内使用具有良好隔音、隔热和阻燃性能的材料。门扇内外侧各设置 1 个扣手，门扇上设置 1 个机械隔离锁。门扇前部设有内外两根敏感胶条，上下和后部设置防尘胶条，并且门扇四周均设有密封胶条。门扇外部设开门按钮，按钮上集成绿色指示灯。门扇能够承受 ± 6 000 Pa 空气动力负载，中央可承受 800 N 的集中载荷，以满足两辆列车以 350 km/h 驶过时空气对门扇产生的应力。门扇结构可以达到在 200 000 个工作循环里承受 ± 2 500 Pa 负载的强度，并且每 20 个工作循环中有一次强度可以达到 ± 6 000 Pa。门框采用铝合金型材焊接，在门框的前部型材上安装有 5 个斜楔，在门关到位后，斜楔承担门扇前部因为受载而产生的力，保证门扇前部密封胶条与门框紧密贴合。

承载驱动机构：承载驱动机构主要由驱动部件、携门架、长导柱、短导柱及直线轴承、门控系统等组成，如图 4.27 所示。承载驱动机构安装在车体开口正上方，门扇安

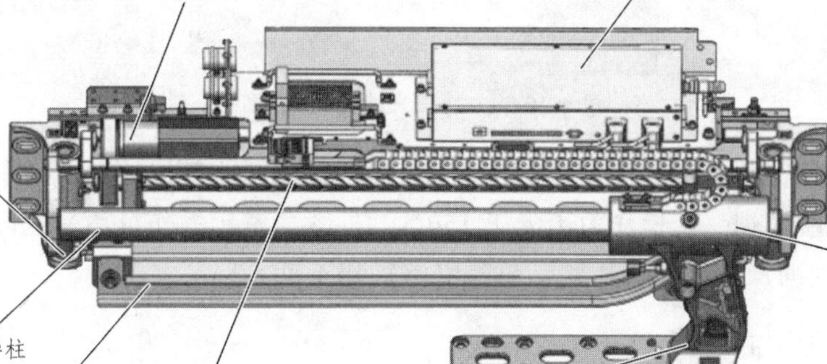

图 4.27　承载驱动机构

装在携门架上。携门架沿直线导轨进行 X 向运动，直线导轨沿短导柱进行 Y 向运动，从而使门板既有沿车长方向的直线运动，又有沿车宽方向的摆塞运动。

侧立集成组件：侧立集成组件由安装在集成安装板上的部件组成，形成一个集成模块，具有锁闭、压紧等功能。该模块主要由主锁、辅助锁、隔离开关组件、门关到位开关、下摆臂组件、气路系统等组成，如图 4.28 所示。

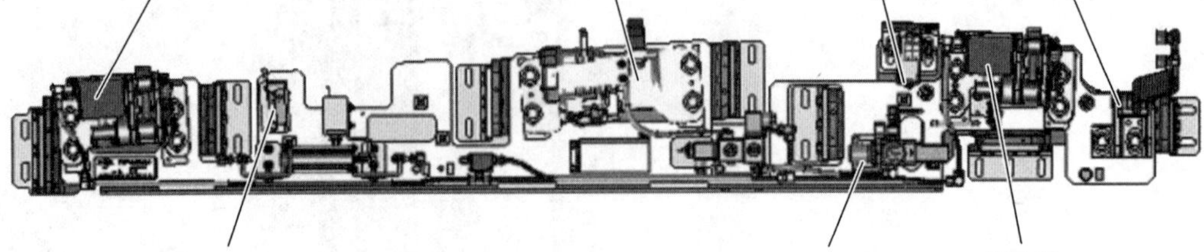

图 4.28　侧立集成组件

内外部操作装置：内部紧急解锁装置集成开门按钮、关门按钮、紧急解锁手柄、紧急解锁请求按钮、紧急解锁请求钥匙开关、蜂鸣器等，如图 4.29 所示。内部紧急解锁装置在车辆速度小于 10 km/h 时有效，其操作力不大于 150 N，启动紧急解锁装置后能在司机室 HMI 上显示。

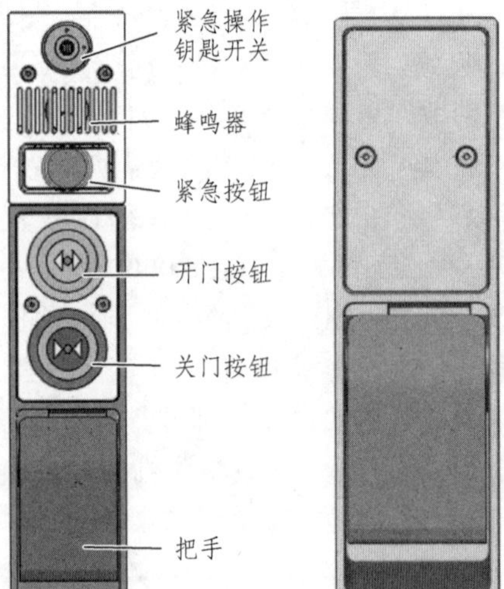

图 4.29　内外部紧急解锁装置

外部紧急解锁装置不受速度限制，操作外部紧急解锁装置能够在切断车门驱动控制的同时实现机械解锁，其操作力不大于 150 N。外紧急解锁操作虽不受速度限制，但因 v>10 km/h 时辅助锁始终充气压紧，故能够解锁但不能开门。

3. 塞拉门基本操作

1）开　门

同时满足下列条件，才允许执行开门操作：没有操作机械隔离装置，隔离锁开关信号不为低电平，紧急解锁开关信号不为高电平，紧急解锁请求开关信号不为高电平，内部安全继电器得电，车速小于 5 km/h 列车线为高电平，车速大于 10 km/h 列车线为低电平，门释放信号为有效。

开门时，既可以通过集控释放开门指令，也可以通过内外侧开门按钮释放指令。

在接收到有效的开门指令后，并且满足允许开门的条件后，车门将按照如下顺序执行开门操作：蜂鸣器激活，进行鸣响；控制指令使得“辅助锁闭锁电磁阀”断电；“主锁解锁电磁阀”通电，进而使辅助锁和主锁解除锁闭状态；电机驱动车门沿轨道打开车门；当门到达开到位位置时，电机释放停。

当车门处于完全打开状态时，若手动拉门，电机会施加一个逆向的开门阻止门移动；若手拉门的力加大的话，内部操作装置上的蜂鸣器会鸣响，发出像操作了紧急解锁的声音；若放开手，力将取消，蜂鸣器会停止鸣响。

开门时具有障碍检测功能，可被激活 3 次。开门时若有障碍会使开门循环停止 3 s，在 3 次开门动作之后门将会停在此位置，并且 EDCU 会认为此位置是最大可达开门位置，通过本地关门按钮可将门关闭。

2）关　门

在接收到有效的关门指令后，车门将按照如下顺序执行关门操作：蜂鸣器激活，进行鸣响；电机驱动车门沿轨道关闭车门，并带动主锁锁钩进入二级锁闭状态；当锁到位开关动作后，电机停止运动；当锁到位开关、关到位开关指示门已关锁到位后，控制指令使得辅助锁锁闭电磁阀通电，使辅助锁进入锁闭状态。

关门时，除通过集控和内外侧关门按钮释放关门指令外，当列车速度信号之一（“车速小于 5 km/h 列车线”“车速大于 10 km/h 列车线”）指示列车不再处于静止状态时，未关到位的门将立即执行关门操作，并且关闭的车门无法被乘客再次打开。在开门过程中，若车速信号之一指示列车不再处于静止状态，则车门将立即执行关门操作。

关门时，具有障碍物检测功能，此功能通过电机电流监控、路程/时间监测以及敏感胶条反馈共同实现。当 EDCU 检测到车门受到障碍物的阻挡时，立即启动门重新开启，大约延时 1 s 后，门将自动关闭，这样的循环被重复执行 3 次后，门停止在开到位位置，直到障碍物被清除，此时允许使用本地关门按钮将门再次关闭。如果“车速大于 10 km/h 列车线”信号为有效时，门将会关闭而不进行障碍物探测。为克服机械阻力或风压影响，第 3 次设定的关门力较大，以保证车门能可靠关闭，在关门障碍物检测过程中，若接收到有效的开门指令，且满足允许开门的条件，则立即执行开门动作至开到位位置。

3）紧急解锁

为了在紧急状态下手动开门，每个车门设有内外紧急解锁装置。操作紧急装置使锁闭装置解锁，并使锁闭装置处的限位开关动作，蜂鸣器将长鸣。

当列车速度低于 10 km/h，才能进行门的紧急解锁。如果速度超过 10 km/h，不论是否转动“紧急操作请求开关”或按压“紧急操作请求按钮”，紧急解锁电磁铁均将被通电激活，此时车内紧急解锁装置将无法进行紧急解锁操作。

内部紧急解锁操作包括紧急解锁请求、扳动拉手通过钢丝绳进行机械解锁。

紧急解锁请求：乘务员使用四角钥匙或乘客砸碎玻璃后，转动“紧急操作请求开关”

或按压“紧急操作请求按钮”使紧急解锁电磁铁断电（车速必须小于 10 km/h）。

扳动拉手通过钢丝绳进行机械解锁：在紧急手柄释放后，它将返回至起始位置。当没有操作隔离装置，且隔离锁开关信号不为低电平，且“车速大于 10 km/h 列车线”信号为低电平时，可操作车外紧急解锁装置进行解锁操作。

如果操作了紧急解锁装置，必须在列车重新启动之前将该装置复位。若之前操作的是车外紧急解锁装置，则需通过按压“本地关门按钮”来退出紧急解锁状态；若之前操作的是车内紧急解锁装置，则需通过复位“紧急操作请求开关”或“紧急操作请求按钮”来退出紧急解锁状态。

退出紧急解锁状态后，蜂鸣器停止鸣响，若此时“车速 v 小于 5 km/h 列车线”信号为高电平，车门将根据接收到的关门指令进行关门。若此时“车速 v 小于 5 km/h 列车线”信号为低电平，则车门将立即进行关门操作。

当硬线速度信号“车速 v 大于 10 km/h 列车线”指示车速大于 10 km/h 时，不论是否转动“紧急操作请求开关”或按压“紧急操作请求按钮”，紧急解锁电磁铁均将被通电激活，此时车内紧急解锁装置将无法进行紧急解锁操作。

此外，为了防止在车辆运行过程中，由于紧急解锁电磁铁损坏（不吸合），导致可以通过操作内外部紧急解锁来解锁开门的情况发生，当硬线速度信号“车速 v 大于 10 km/h 列车线”指示车速大于 10 km/h 时，辅助锁闭锁将被一直保持激活，以阻止车门被手动打开。

4）车门隔离

每个塞拉门均设有车门隔离锁装置，当车门出现故障时可以将此门隔离而不影响其他设备的正常工作。当隔离锁锁闭时，它将门设为一种非使用状态，在紧急情况下也无法打开车门。

由于隔离开关可能会出现故障或被误触发，因此发现车门处于隔离状态时，必须到车门处进行观察，确保车门处于关锁到位状态。

4.6 其他服务设施

为提高旅客乘坐的舒适性，CR400B 型动车组还提供了精致的内装以及舒适的座椅等其他服务设施，更加体现了复兴号设计的人性化及现代化。

4.6.1 客室座椅

CR400BF 型动车组客室座椅分为商务座椅、一等座椅及二等座椅三类。其中商务座椅分为一人及二人座椅，一等座椅仅设置二人座椅，二等座椅分为二人座椅和三人座椅。

1. 一二等座椅

一等车客室设 2 + 2 宽幅软座座椅，二等车客室设 2 + 3 软座座椅。一二等车的座椅均可旋转 180°，使得乘客总是可以面对车行方向乘坐。座椅的可旋转结构充分体现了人性化设计，提高了乘坐的舒适度。座椅靠背可由个人手动控制从 8° ~ 30°（二等车座椅从 0° ~ 24.5°）任意角度轻松调节和锁定，而且保证靠背的倾斜不会干扰到后排乘客的活动空间。座椅设有供乘客使用的小桌板，座椅参数见表 4.9。

表 4.9　一二等座座椅参数

座椅类型	规　格	一等座椅	二等座椅
二人座	座椅总宽/mm	$1190_{-10}^{\ 0}$	$991_{-10}^{\ 0}$
	坐垫宽度/mm	475 ± 5	$432.5_{-5}^{\ 0}$
	坐垫深/mm	465 ± 10	440 ± 10
	放置角度/（°）	8 ~ 30	0 ~ 24.5
	旋转角度/（°）	180	180
	折叠桌板	√	×
	中扶手宽/mm	100 ± 2	50 ± 1
	侧扶手宽/mm	70 ± 2	38 ± 1
	踏脚高度/mm	120 ± 10	×
	杂志袋	√	√
	衣帽钩	√	×
	头枕	√	×
三人座	座椅总宽/mm	—	$1\,480_{-10}^{\ 0}$
	坐垫宽度/mm	—	$432.5_{-5}^{\ 0}$
	坐垫宽/mm	—	$439_{-5}^{\ 0}$
	坐垫深/mm	—	440 ± 10
	放置角度/（°）	—	0 ~ 24.5
	旋转角度/（°）	—	180
	桌板高度/mm	—	694 ± 5
	中扶手宽/mm	—	50 ± 1
	侧扶手宽/mm	—	38 ± 1
	踏脚高度	—	×
	杂志袋	—	√
	衣帽钩	—	×
	坐垫	—	×

1）一等座椅

一等座椅的结构如图 4.30 所示，其结构名称见表 4.10。

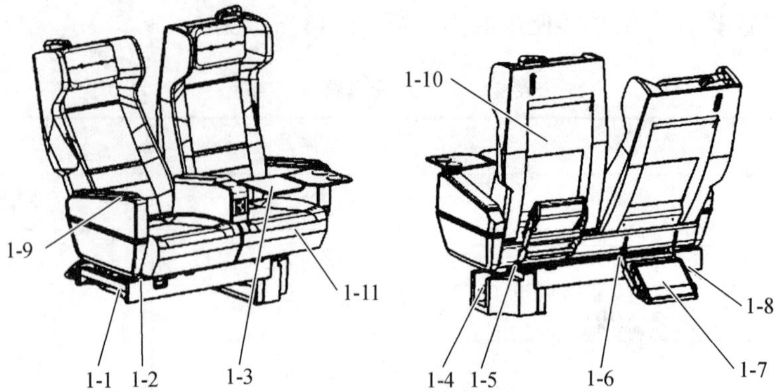

图 4.30 一等座椅结构

表 4.10 一等座椅结构名称

序号	名称	数量/组
1-1	座椅底架	1
1-2	座椅转架	1
1-3	内置式桌板	2
1-4	复式脚踏	1
1-5	旋转定位装置	2
1-6	解锁脚踏	2
1-7	折叠式脚踏	2
1-8	横柱	1
1-9	固定扶手	3
1-10	靠背	2
1-11	坐垫	2

座椅旋转：轻踩侧方脚踏板，靠背及后脚踏板会自动复位，然后顺时针或逆时针轻推座椅，座椅上部可旋转最大为180°的角度，不能大于180°。

靠背倾斜：座椅设有气弹簧装置，乘客按压侧扶手侧面上的按钮，并给靠背一个向后的力，靠背可以按需要的角度向后倾斜并锁紧，最大可达30°。

小桌板：小桌板在每个座椅的侧扶手内。翻开侧扶手上盖，即可拿出小桌板，并且侧扶手盖板上贴有安全警示标识，防止侧扶手上盖板夹手。

后脚踏板：使用时，把脚放在踏板上，踏板即会放下；踏板可实现二级翻转，脚踏板的两个面均可以使用。当需要收起踏板时，请用脚轻踩回位踏板。

杂志袋：靠背后面有杂志袋可放报纸杂志等。

衣帽钩：靠背后面有衣帽钩可挂衣服及帽子。

电源插座：一等座椅两座垫接缝处有带USB的电源插座。

2）二等座椅

二等座椅的结构如图4.31所示，其结构名称见表4.11。

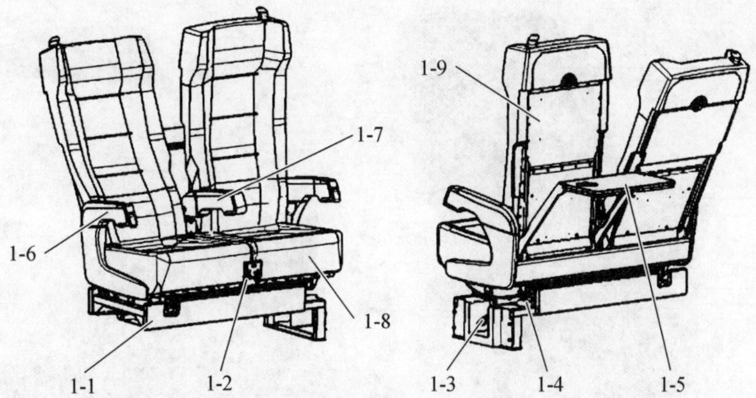

图 4.31　二等座椅结构

表 4.11　二等座椅结构名称

序　号	名　称	数量/组
1-1	座椅底架	1
1-2	座椅转架	1
1-3	复位脚踏	1
1-4	旋转定位装置	1
1-5	旋转式桌板	1
1-6	固定扶手	2
1-7	可旋转扶手	1
1-8	坐垫	2
1-9	靠背	2

座椅旋转：轻踩侧方脚踏板，靠背及坐垫会自动复位，然后顺时针或逆时针轻推座椅，座椅上部可旋转最大为180°的角度，不能大于180°。

靠背倾斜：座椅设有气弹簧装置，乘客按压侧扶手侧面上的按钮，并给靠背一个向后的力，靠背可以按需要的角度向后倾斜并锁紧，最大可达24.5°。

背面小桌板：小桌板在靠背后面。旋开塑料扣放下小桌板即可使用。

中间扶手：中间扶手可向上翻起，以增大横向空间。

杂志袋：靠背后面有杂志袋可放报纸杂志等。

电源插座：两座垫接合处有带 USB 的电源插座。

2. 商务座椅

商务座椅包括单人商务旋转座椅、双人商务旋转座椅，分布于观光区。商务座椅由骨架、包裹软垫、私密罩壳、MCU 控制器及运动旋转机构 5 大部分组成。商务座椅可180°旋转，并具有坐姿/躺姿无级调节等功能。同时集成呼叫系统、阅读灯、电源插座、小桌板和书报网，满足乘客的各种旅途需求。商务座椅结构如图 4.32 所示。

图 4.32　商务座椅结构

座椅旋转：扣动座椅侧方的释放拉索，然后顺时针或逆时针轻推座椅，座椅上部即可旋转最大为 180°的角度，不能大于 180°。

坐姿调节：按动控制面板相应调节按钮即可。

小桌板：小桌板在座椅的右侧扶手内。翻开侧扶手上盖，即可拿出小桌板。

电源插座：座椅左侧扶手前端装有电源插座。

阅读灯：按动相应的阅读灯开关即可。

3. 座椅的保养及维护

日常清洗及保养时，请勿使用酒精等有机溶剂擦洗小桌板，当沾有污渍时，可用湿布轻轻擦拭即可。清洁侧扶手时，请用清水擦洗侧扶手即可。座椅外套不可水洗，当沾有污渍时，将座椅移至维修场所，可用少许酒精擦拭，一定要等酒精挥发后再安装到列车上。

日常维护时，一等靠背后部脚踏位置，一二等旋转脚踏位置应适当给油。若出现座椅转动不灵活的现象，请在旋转导轨上加点蜡，减少摩擦力。

4.6.2　内装结构

内装系统主要包括侧墙板、客室顶板、平顶板、地板等，是动车组的旅客界面的重要组成部分，为旅客的车内活动提供方便，是列车保证旅客旅行生活所必需的设施。

1. 侧墙板

侧墙板材质为玻璃钢，具有良好的抗拉强度，耐磨性、阻燃性和防化学抗腐蚀性，侧墙板隔离车体铝结构和旅客界面，起到隔热、隔湿、隔音等作用，提高旅客乘坐的舒适度。客室区域的侧墙板集成了遮阳帘、衣帽钩以及空调系统的进/出风口。

车体设置车窗处，侧墙板窗口下部设置窗台，窗台有效宽度为 80 mm，供乘客摆放水杯、眼镜等较小的物品，在车体不设车窗的区域，侧墙组成设盲区墙板。

2. 平顶板

平顶板采用 NOMEX 酚醛蜂窝与纤维树脂预浸料复合而成的“三明治”夹心材料，具有质量轻且强度高的特点。平顶板上集成有射灯、扬声器、温度传感器、空调回风口等设施。平顶板上设有压紧锁、折页和限位机构等铰接零件用于安装，且便于其他设备的检修。

3. 客室顶板

客室顶板采用模块化设计，外观同内装内饰效果相协调，中顶采用铝板压型而成，侧顶板采用模压玻璃钢材料，具有良好的抗拉强度，耐磨性、阻燃性和防化学抗腐蚀性。所有客室中顶为活门结构，方便后部风道检修。

4. 地板及地板布

地板采用浮筑式结构，材质为胶合板，具有良好的隔音、隔热性能，如图 4.33 所示。地板与车体铝结构之间用木骨支撑，客室区域设置通长滑道，座椅可沿滑道运动，以调整座椅间距。座椅滑道用防拔元件支撑，木骨、滑道纵向布置所形成的空间用于电线槽的布置以及保温材料的铺装。在地板木骨的上面黏接有减振垫，减振垫由特殊的泡沫材料制成，以形成弹性的支撑。地板布采用复合橡胶地板布，具有防滑、耐磨等特性，地板布间的接头及连接具有防水功能。

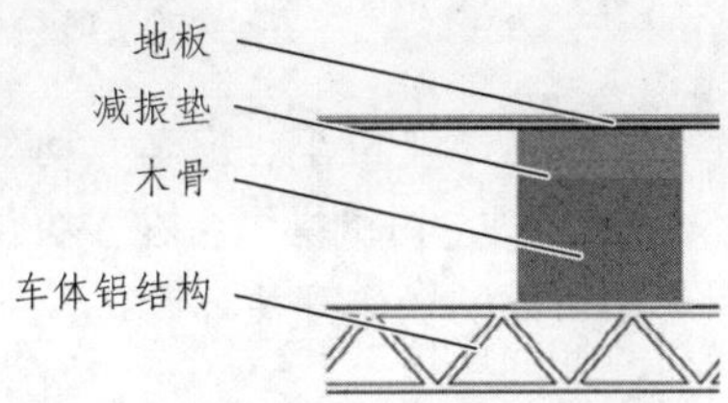

图 4.33　地板结构

第5章 司机室

CR400BF 型动车组有两个司机室，分别位于头尾两车的端部。驾驶员可以在这里对动车组的牵引、制动、空调、车门、广播等系统进行控制，同时监控运行的技术状态，或者查看车组的“身体”有无异常，并进行有效处置。本章将首先对 CR400BF 型动车组司机室设备布置，各元器件的位置功能进行了详细介绍，然后阐述驾驶设施的主要部件，如司机控制器、车辆信息人机接口和警惕装置机器的参数、原理和功能等内容。

5.1 司机室设备布置

司机室为单人驾驶模式，设计参考了《机车、拖车、动车组和带有司机室拖车的司机室布置》，符合现代人机工程学设计原理。司机操纵台在中央位置，布置了各系统的显示设备、司机控制器，以及行车过程中重要的操作开关等设备，是动车组的主要操作设备。

5.1.1 司机室概述

司机室由司机操纵台、司机台左/右柜、司机室脚踏、前照灯和标志灯、司机室照明、火警检测装置、刮雨器、司机座椅、挡风玻璃、司机室墙顶板、遮阳帘、司机室门等设备组成。司机座椅位于车体中心处，司机室门设置在司机室与观光区之间。

司机室的机械部分主要有司机主控制器、控制元件、显示装置、驾驶列车所需的电气设备/部件等。司机室操纵台的机械模块主要包括下列主要部分：操纵台（包括主控区）、司机室右侧柜（包括第二操作区）、司机室左侧柜（包括灭火器）、故障开关控制台、司机室脚踏区域等。动车组司机室操纵装置的布置如图 5.1 所示。

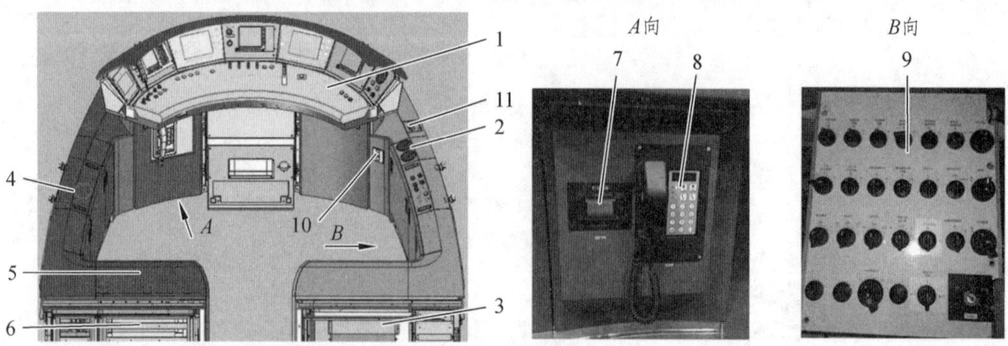

1—司机操纵台；2—右手第二操作区；3—CCU1/2；4—灭火器；5—辅助座椅；6—以太网网关；7—内部通信装置；8—CIR 中心用打印机；9—故障开关控制台；10—220 V 插座；11—数据转储装置。

图 5.1 司机室操纵装置

5.1.2 司机操纵台

司机操纵台位于司机正前方，它包括司机常用的控制和指示元件。驾驶列车所需的电子和电气、空气和机械的设备均设于司机室柜中，驾驶员无须离开司机室，就可以方便可靠地得到所有的必要信息，如牵引、ATP、车门、空调、照明、无线通信、广播等系统都有与操纵台的接口。脚部空间单元为左右侧司机柜的连接元件，设备组件按功能分组安装并用 FRP 面板遮盖。司机操纵台上的控制元件如图 5.2 及表 5.1 所示。

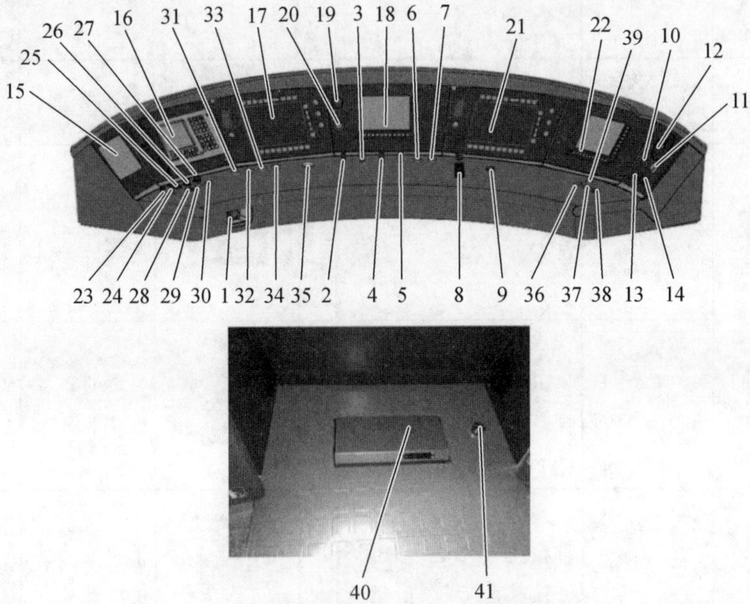

图 5.2 司机操纵台上的控制元件

表 5.1 司机操纵台元件功能说明

序号	按钮/旋钮/指示器/组件	说 明	用 途	序号	按钮/旋钮/指示器/组件	说 明	用 途
1		“紧急断电”红色蘑菇形按钮	紧急停车指令，断开主断路器，降弓	5		“风笛”拨动开关	手动起动风笛
2		“主断路器”拨动开关	操作主断路器	6		“复位”按钮，黄色	复位牵引变流器和辅助电源装置
3		“受电弓”拨动开关	使列车中“前”或“后”受电弓升起或降落，“升弓和降弓”	7		“紧急复位”按钮，黄色	紧急制动复位
4	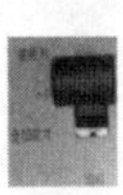	“增粘”拨动开关	起动撒砂功能	8		“司控器”（=22-S01）	单手柄施加牵引和制动；实现恒速控制

续表

序号	按钮/旋钮/指示器/组件	说　明	用　途	序号	按钮/旋钮/指示器/组件	说　明	用　途
9		“操纵模式切换”按钮	切换“速度”和“级位”两种操纵模式	19		“紧急制动”红色蘑菇头按钮	快速断开紧急制动UB回路中的继电器触点，出发UB紧急制动
10		“门关闭”指示灯，橙色	所有门关闭后点亮	20		拾音器	司机室音频监控
11		“自动过分相故障”指示灯，红色	自动过分相故障时点亮	21		TCMS主显示器右侧，用于车辆控制	用于控制和监测车辆，与左侧TCMS备用显示器互为冗余
12		双针压力计	显示主总风管（MRP，红色指针）和制动管（BP，黄色指针）中的压力	22		“ATP备用显示器”	列车安全系统显示器，与ATP主显示器互为冗余
13		主控钥匙	激活司机室。只有钥匙开关处于“关闭”位置时，才可取出钥匙	23		“司机室照明设备”拨动开关	起动司机室照明设备
14		“行驶方向开关”方向开关	确定行驶方向	24		“前照灯”拨动开关	起动外部照明设备，“远光灯”“近光灯”“关闭”
15		“接近预警”显示屏	显示接近预警系统相关信息	25		“手动过分相”按钮	ATP故障或隔离时，用于通过分相区间
16		CIR显示器及CIR电话	行车过程中与车站调度联络	26		“遮阳帘”旋钮	遮阳帘控制
17		TCMS备用显示器，左侧，用于车辆控制	用于控制和监测车辆，与右侧TCMS主显示器互为冗余	27		“刮雨器”旋钮	刮雨器功能控制
18		ATP主显示器	列车安全系统显示器，与ATP备用显示器互为冗余	28		“开左门”按钮，红色带保护罩	打开所有左侧门

续表

序号	按钮/旋钮/指示器/组件	说明	用途	序号	按钮/旋钮/指示器/组件	说明	用途
29		“释放左门”按钮，黄色	左侧门释放	36		“关右门”按钮，绿色	关闭所有右侧门
30		“关左门”按钮，绿色	关闭所有左侧门	37		“释放右门”按钮，黄色	右侧门释放
31		“停车施加”按钮，带黄色灯	对整列车施加停放制动	38	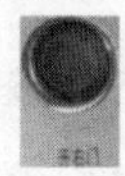	“开右门”按钮，红色带保护罩	打开所有右侧门
32	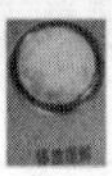	“停车缓解”按钮，带白色灯	对整列车施加缓解停车制动	39		乘客报警旁路	用于旁路乘客报警回路
33		“清洁制动”按钮	对整车施加轻微制动力，防止夹钳和制动盘之间进入冰雪等异物	40		DSD 脚踏开关	激活司机警惕装置
34		“坡道起动”按钮	施加保持制动	41		风笛脚踏开关	同时脚踏激活两个风笛
35		“DSD 手动开关”蘑菇头按钮	激活司机警惕装置				

5.1.3 司机台左/右柜

司机台左/右柜布置的设备主要有：灭火器、司机室辅助座椅、PIS 电话、CIR 打印机、220 V 插座、数据下载端口、数据转储装置、第二操作区、故障面板等设备。第二操作区布置了在行车过程中不需要经常操作的设备，故障面板主要布置故障隔离开关、制动救援回送开关、紧急模式开关、司机警惕装置旁路开关等设备。

右手第二级操作区略低于司机室右侧的司机控制台（见图 5.3）。它包括行驶时不需要但必须进行监测和部分操作的元件，如司机室空调的操作元件等，具体见表 5.2。

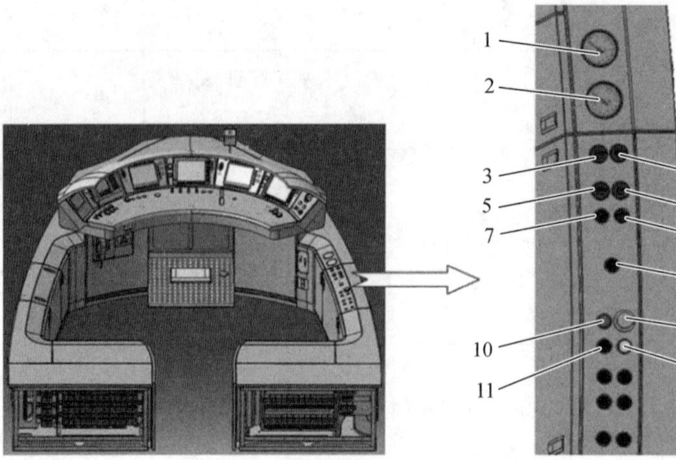

图 5.3 第二级操作区的操作和显示元件

表 5.2 第二级操作区元件功能说明

序号	按钮/旋钮/指示器/组件	说明	用途	序号	按钮/旋钮/指示器/组件	说明	用途
1		电池电压表	显示当前的电池电压（110 V）	8		蓄电池“OFF”开关	断开蓄电池
2		BP压力计	显示实施制动时的精确的制动管道压力	9		“音量调节开关”旋钮	调节司机室扬声器音量大小
3		“司机室空调温度调节”旋转开关	更改司机室中空调系统的温度设定值	10		火灾报警指示灯	火灾报警时亮红灯
4		“司机室空调模式选择”旋转开关	司机室空调模式选择	11		火灾报警蜂鸣器	火灾报警时发出声音报警
5		“司机腿部加热”旋转开关	用于控制司机脚踏取暖设置	12		网络复位按钮	复位网络设备
6		“风扇转速”旋转开关	设置司机室的风扇转速	13		风挡玻璃加热	加热风挡玻璃钥匙
7		预留	预留				

5.1.4　故障开关控制台

故障开关控制台位于第二级操作区下司机室右侧挡板后，如图 5.4 所示。它包括维护期间或发生故障时需要使用的开关，各开关功能见表 5.3。

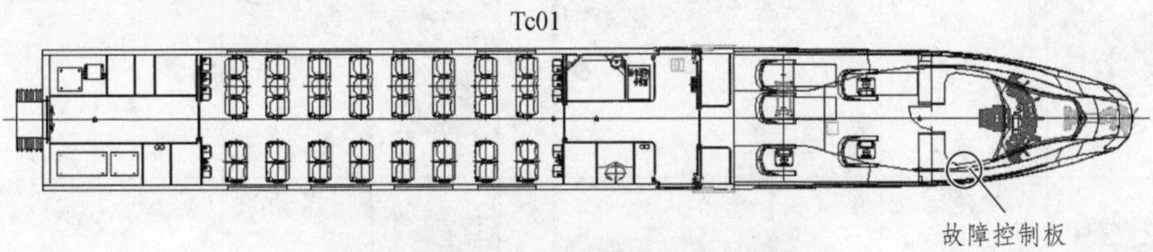

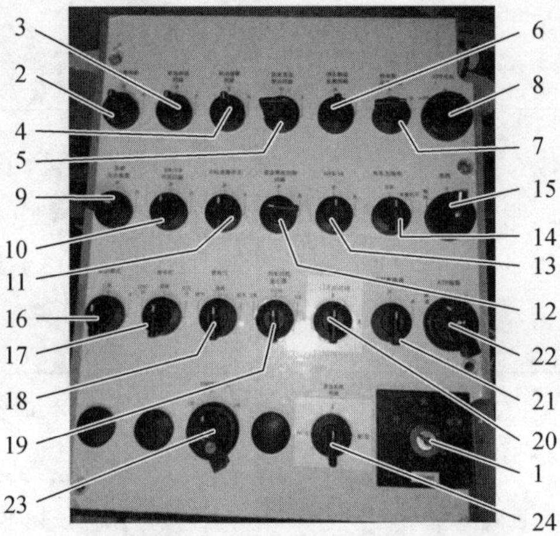

图 5.4　故障开关控制台上的控制元件

表 5.3　故障开关控制台元件功能说明

序号	旋钮/组件	说　明	用　途	序号	旋钮/组件	说　明	用　途
1		“接地车辆 A 钥匙”（=21-S05）钥匙开关	“开”：列车的所有 A 钥匙均处于此位置时，列车处于就绪状态。 “关”（至少一个司机室中）：CCU 将所有的主断路器断开并降落所有受电弓。 “锁闭”（至少一个司机室中）：同“关”功能相同，但是执行接地程序的钥匙可以从此位置拔出	2		“火警监测回路”（=43-S26）控制开关	用于旁通火警监测回路

续表

序号	旋钮/组件	说 明	用 途	序号	旋钮/组件	说 明	用 途
3		“紧急制动回路”（=43-S21）控制开关	用于旁通紧急停车回路（牵引单元 1/2 近端）	11		“EBL 故障开关”控制开关	
4		“制动缓解回路”（=43-S23）控制开关	用于旁通制动缓解回路	12		“紧急情况切除回路”控制开关	
5		“旅客紧急制动回路”（=43-S22）控制开关	用于旁通旅客紧急制动回路	13		“GFX-3A”（=44-S13）控制开关	启用/禁用 GFX
6		“停车制动检测回路”（=43-S24）控制开关	用于旁通停车制动监测回路	14		“列车无线电”（=48-S01）控制开关	启用空司机室内的列车无线电装置
7		“转向架监测回路”（=43-S25）控制开关	用于旁通转向架监测回路	15		“拖曳模式”（=43-S29）控制开关	如果主电池接触器切断，禁用拖曳功能。
8		“ATP 冗余”（=44-S15）控制开关		16		“紧急模式”（=32-S01）控制开关	
9		“自动安全装置”（=43-S28）控制开关	禁用 ASD 功能	17		“信号灯”（=51-S12）控制开关	将前灯从“自动”模式切换为“白灯开”“红灯开”。
10		“EB/UB 开关回路”控制开关		18		“受电弓”控制开关	

续表

序号	旋钮/组件	说　明	用　途	序号	旋钮/组件	说　明	用　途
19	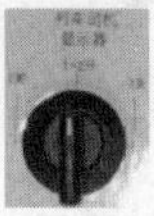	“列车司机显示器”控制开关	禁用左侧和右侧司机人机界面	22		“ATP 隔离”（=44-S11）控制开关	
20		“门关好回路”控制开关		23		“DMI 转换开关”控制开关	
21		“地震预警隔离”控制开关		24		“应急系统电源”（=32-S45）控制开关	此开关启用后，紧急系统（紧急照明、列车无线电、固定对讲机站）均通过“BD”电池母线供电，即与主电池接触器无关

5.1.5　司机室断路器面板

司机室断路器面板由 4 部分组成，具体在车上的布置如图 5.5 所示。

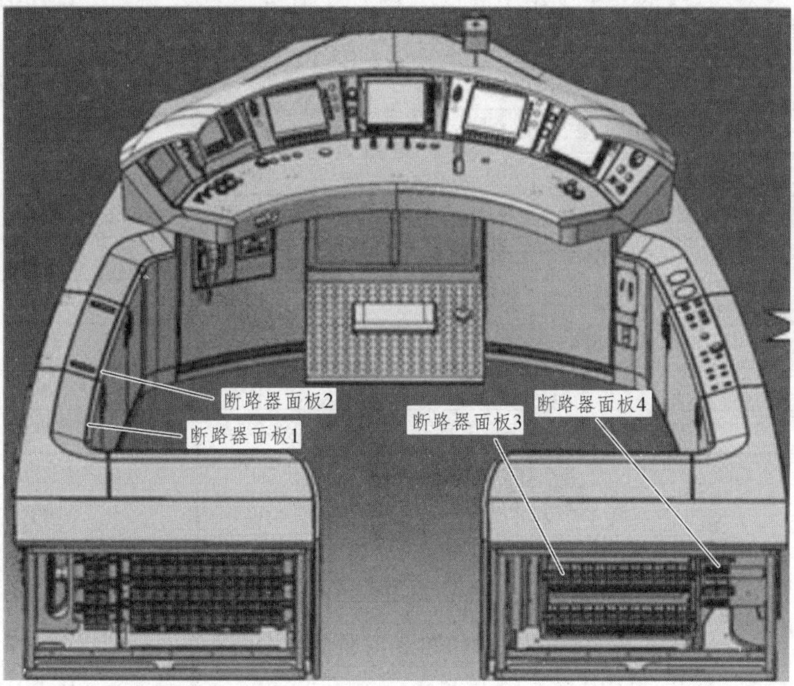

图 5.5　司机室断路器面板布置

1. 断路器面板 1

左柜断路器面板 1 概览及开关如图 5.6 及表 5.4 所示。

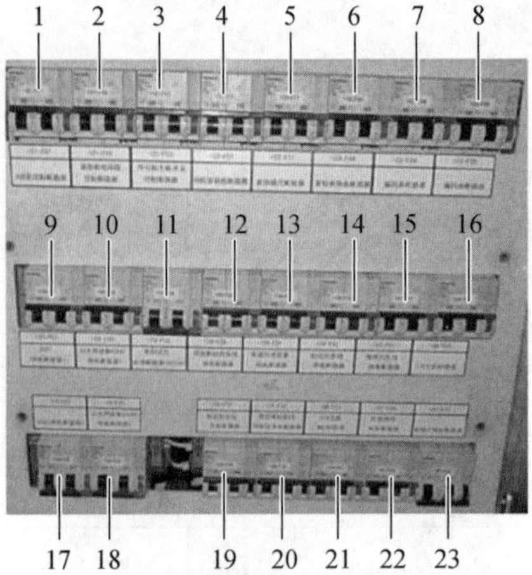

图 5.6　左柜断路器面板 1 概览

表 5.4　左柜断路器面板 1 开关

位置	线路安全开关	容量/A	母线段上的负荷
1	A 钥匙控制（-21-F01）	4	BN1
2	紧急断电环路控制（-21-F02）	4	BN1/BD
3	升弓和主断开关控制（-21-F03）	2	BN1/BD
4	司机室钥匙（-22-F01）	6	BN1/BD
5	紧急模式（-22-F71）	6	BN1/BD
6	里程表供电（-24-F44）	2	BN1/BD
7	编码器（-22-FG4）	2	DC 24 V
8	编码器（-22-F05）	2	DC 24 V
9	CCU1 供电 1（-24-F01）	10	BN1
10	以太网设备 ECUA1 供电 1（-24-F30）	4	BN1
11	车钩状态反馈（-74-F05）	2	DC 24 V
12	停放制动列轮供电（-28-F28）	4	BD
13	救援回送装置（-28-F31）	4	BD
14	制动列车线供电（-28-F32）	10	BD
15	拖拽列车线供电（-43-F01）	4	BD
16	CIR 主机 BD 供电（-48-F02）	10	BD
17	CCU2 供电 1（-24-F02）	10	BN2
18	以太网设备 ECUA 供电 1（-24-F32）	4	BN2
19	制动列车线供电（-28-F29）	6	BN2
20	施加坡起制动列车线供电（-28-F30）	2	BN2
21	CIR 主机 BN 转 BD 供电（-48-FQ1）	10	BN2/BD
22	车外灯控制（-51-F04）	10	DC 24 V
23	前照灯供电（-51-F02）	4	BN1

注：BD（直流电池）；BN1/BN2（普通电池）。

2. 断路器面板 2

左柜断路器面板 2 概览及开关如图 5.7 及表 5.5 所示。

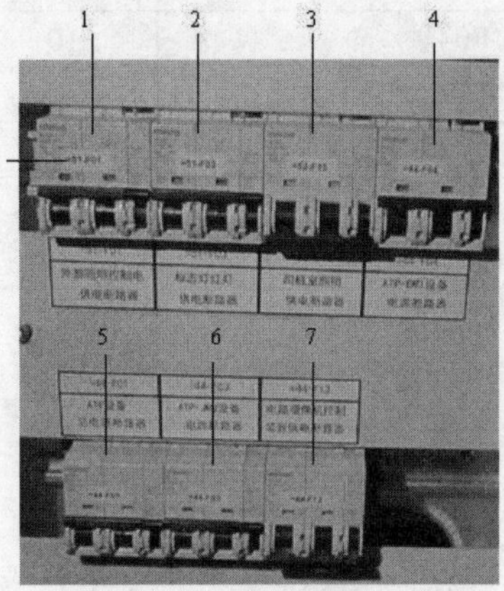

图 5.7　左柜断路器面板 2 概览

表 5.5　左柜断路器面板 2 开关

位置	线路安全开关	容量/A	母线段上的负荷
1	外部照明控制电路供电（-51-F01）	2	BD
2	标志灯红灯供电（-51-F03）	2	BD
3	司机室照明供电（-52-F15）	13	BD
4	ATP-DMI 设备电源空开（-44-FW）	2	BN1
5	ATP 设备总电源（-44-FQ1）	10	BN2/BD
6	ATP-JRU 设备电源（-44-F03）	4	BN2/BD
7	电路摄像机控制装置供电（-44-F13）	2	BN2/BD

注：BD（直流电池）；BN1/BN2（普通电池）。

3. 断路器面板 3

右柜断路器面板 3 概览及开关如图 5.8 及表 5.6 所示。

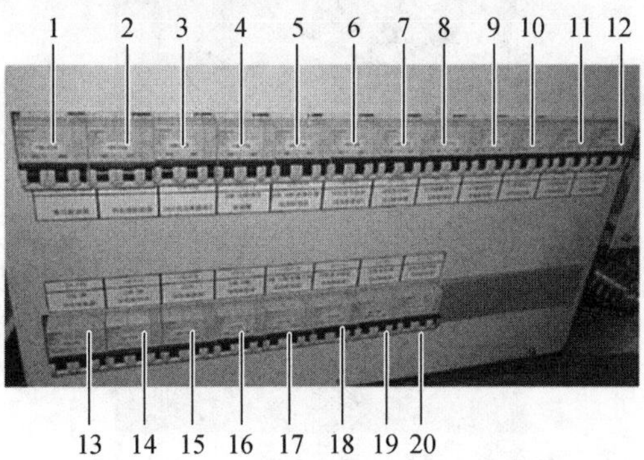

图 5.8　右柜断路器面板 3 概览

表 5.6　右柜断路器面板 3 开关

位置	线路安全开关	容量/A	母线段上的负荷
1	集控（-80-F03）	2	BN1
2	列轮（-80-F04）	10	BN1
3	CAN 供电（-24-F05）	4	BN1
4	CABIOM1 供电（-24-F12）	4	BN1
5	CABI0M1 采集引脚电源（-24-F14）	4	BN1
6	司机室中继器供电（-24-F22）	2	BN1
7	司机室左 BM 垢动（-24-F42）	2	BN1
8	风挡玻璃加热控制（-64-F02）	2	BN1
9	VIP 座椅电机供电 1（-77-FQ1）	4	BN1
10	VIP 座椅电机供电 2（-77-F02）	6	BN1
11	VIP 座椅电机供电 3（-77-F03）	4	BN1
12	VIP 座椅电机供电 4（-77-FM）	4	BN1
13	TCNGW 供电 1（-24-F03）	2	BN1
14	TCNGW 供电 2（-24-FM）	2	BN2
15	CCU2 供电（-24-F06）	4	BN2
16	CABIOM2 供电 24-F13）	4	BN2
17	CABIOM2 探集引脚电源（-24-F15）	4	BN2
18	司机室中继器供电（-22-F23）	2	BN2
19	司机室右 HMI 启动（-22-F43）	2	BN2
20	雨刷风笛控制供电（-71-F01）	2	BN1/BD

注：BD（直流电池）；BN1/BN2（普通电池）。

4. 断路器面板 4

右柜断路器面板 4 概览及开关如图 5.9 及表 5.7 所示。

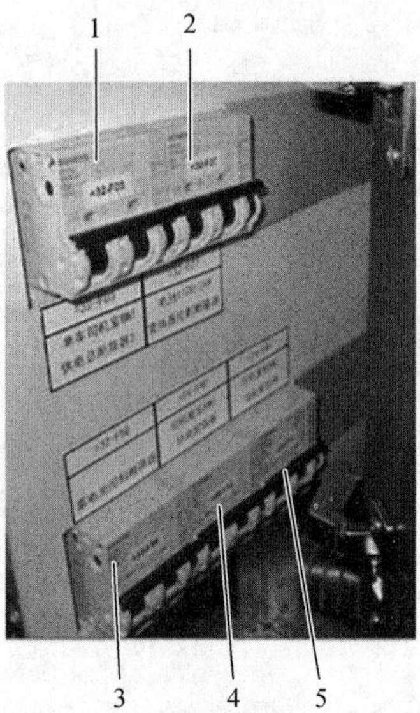

图 5.9　右柜断路器面板 4 概览

表 5.7　右柜断路器面板 4 开关

位置	线路安全开关	容量/A	母线段上的负荷
1	单车司机室 BN1 供电总空开 2（-32-F03）	63	BN1
2	电池 110V/24 破换器控制（-32-F27）	6	BN2/BD
3	蓄电池控制（-32-F58）	10	BD
4	司机室左 HMI 供电（-24-F40）	2	BD
5	司机室右 HMI 供电（-24-F41）	10	BD

注：BD（直流电池）；BN1/BN2（普通电池）。

5.1.6　司机室脚踏区域

司机室脚踏区域主要布置了司机警惕装置脚踏开关和风笛开关，如图 5.10 所示。

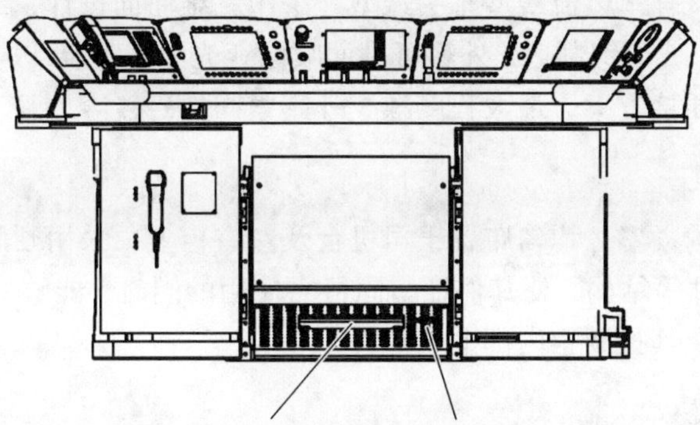

图 5.10　脚踏区布置

5.1.7　其他设备

其他设备主要包括外部照明、司机室照明、火警检测装置、挡风玻璃、司机室墙顶板、司机室面板、司机室后墙、司机室遮阳帘等。

1. 外部照明

外部照明主要包括前照灯和标志灯。

（1）车顶中部布置一个顶部前照灯，为远光灯。

（2）车头左右两侧各布置一个前照与标志组合灯。其中，前照灯内含 2 个光源，分别对应远光和近光功能，标志灯采用红白双色 LED 灯。

（3）左右前照与标志组合灯上方各布置一盏白色 LED 装饰灯，延伸至司机室侧窗上方。

（4）外部照明开关设置在操纵台左操作区，分为远光、近光、关三个挡位。

2. 司机室照明

司机室由射灯提供照明，在司机室中顶板上布置 6 盏 8 W 的射灯，分别射向司机台、司机、司机室左右柜。在司机台上设置一个照明开关，分为强光、弱光（射向台面的两个射灯）、关三个挡位。

3. 火警检测装置

司机室顶板设置烟火报警探头，当检测到烟雾时，本车火灾报警主机向 CCU 发送火灾报警信号。CCU 通过 MVB 总线将接收到的火灾报警信号传送给司机室、机械师室网络显示屏，显示屏发出声光报警。

4. 挡风玻璃

挡风玻璃由多层玻璃和有机材料复合而成，外层玻璃进行化学钢化处理。挡风玻璃采用透明的安全玻璃制成，同时为保证挡风玻璃受到冲击或出现破裂时具有足够的可见性，各层玻璃均不进行物理钢化处理。挡风玻璃夹层内设置电加热元件，具备温度控制功能，加热系统至少在挡风玻璃的主视觉区有效。

5. 司机室墙顶板

司机室墙顶板符合车体流线型车头造型，采用三维曲面设计，结构整体舒适美观。主体材料采用 4 mm 玻璃钢制造，外露可见面喷涂亚光漆，安装结构采用长圆孔角铁螺纹连接和弹性弹片插接方案，最大程度减少外露紧固件。

6. 司机室面板

司机室面板结构紧凑，均匀布置于司机台及左右柜上。采用硬质尼龙搭扣、销钉、压紧锁、快锁紧固件等结构，使其保证牢固可靠使用的同时，能够快速安装、拆卸，便于维护司机驾驶台及其控制柜内部电气部件。

7. 司机室后墙

司机室后墙主体采用雾化玻璃，门框采用铝型材镀铬，整体效果高档时尚，具有强烈的科技感。

8. 司机室遮阳帘

司机室遮阳帘采用电动式，控制按钮布置于操作台上，便于司机坐姿操作，遮阳帘置于司机室墙顶板内，外部仅露下部型材，遮阳帘由单一电机驱动，保证帘布运动同步性，避免咬帘、卡滞等现象，帘布行程约 600 mm。

5.2 主要部件及功能

5.2.1 司机控制器

司机控制器主要由主操纵手柄、模式选择按钮组成，方向选择开关单独设置，具体位置为操纵台仪表盘区立面。司控器其他零件组成还包括 2 个编码器、凸轮机构、速动开关和连接器等，如图 5.11 所示。

1. 主要技术参数

1）开关量

额定电压 U_e DC 110 V；额定电流 I_e 1 A；防护等级 IP60（触点部分）。

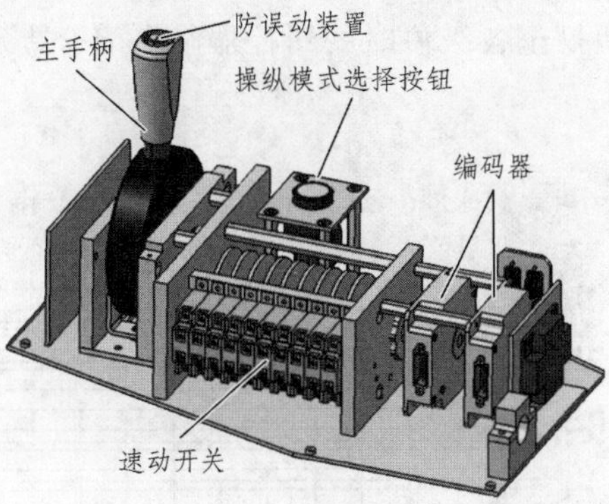

图 5.11　司控器外形示意

2）编码器

额定工作电压 DC 24 V；额定工作电流 300 mA；额定输出电流（每路）± 20 mA。

3）方向选择开关

方向选择开关可在 90°范围内活动，设置 3 个位置：向前（F）位、0 位、向后（R）位。

4）主操纵手柄

主操纵手柄分为牵引控制区、牵引保持位、0 位、制动控制区、紧急制动 EB 位。手柄在 0 位时与操纵台夹角为 90°，牵引区旋转角度为 30°，制动区及 EB 位旋转角度为 49.2°。主操纵手柄设有手柄锁定按钮，从 0 位向牵引区操作需要按下手柄锁定按钮，其他操作不需要按锁定按钮。

2. 司机控制器级位

司机控制器级位设置及描述如图 5.12 和表 5.8 所示。

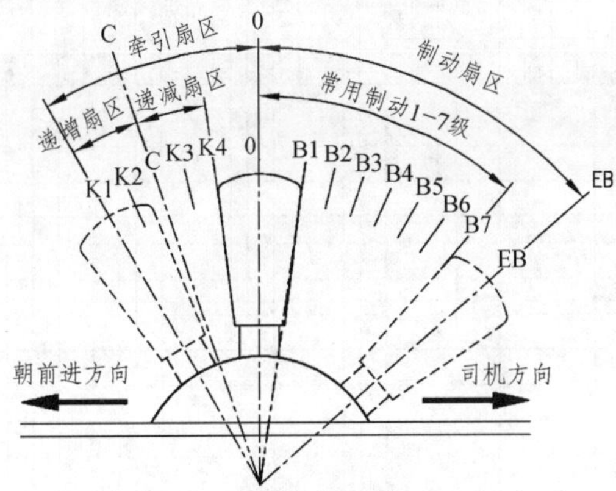

图 5.12　司控器级位设置

表 5.8　司控器级位描述

手柄卡位位置	功能	说明
3	保持位	恒速或恒牵引级位，保持速度或牵引力，有定位
6	0 位	无牵引力，向牵引区操作时需解锁
7 ~ 13	制动 B1 ~ B7 级	对应 1 ~ 7 级制动力，均有定位
14	EB 紧急制动位	EB 紧急制动，带锁定

司机控制器主控手柄打至各级位时的司控器触点闭合表和司控器接线图及针位表如图 5.13 和图 5.14 所示。

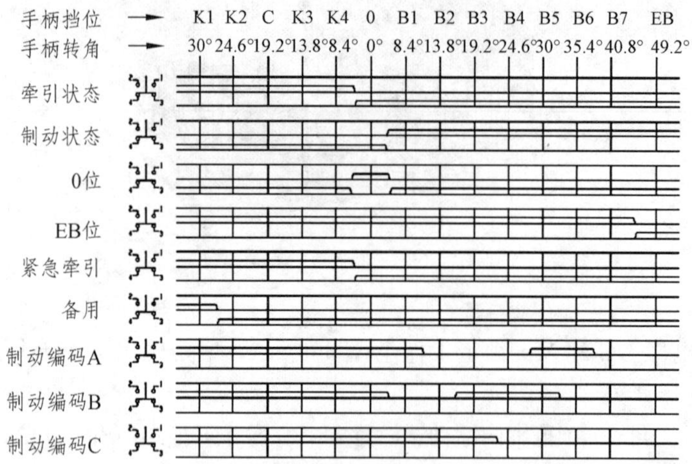

图 5.13　司控器触点闭合表

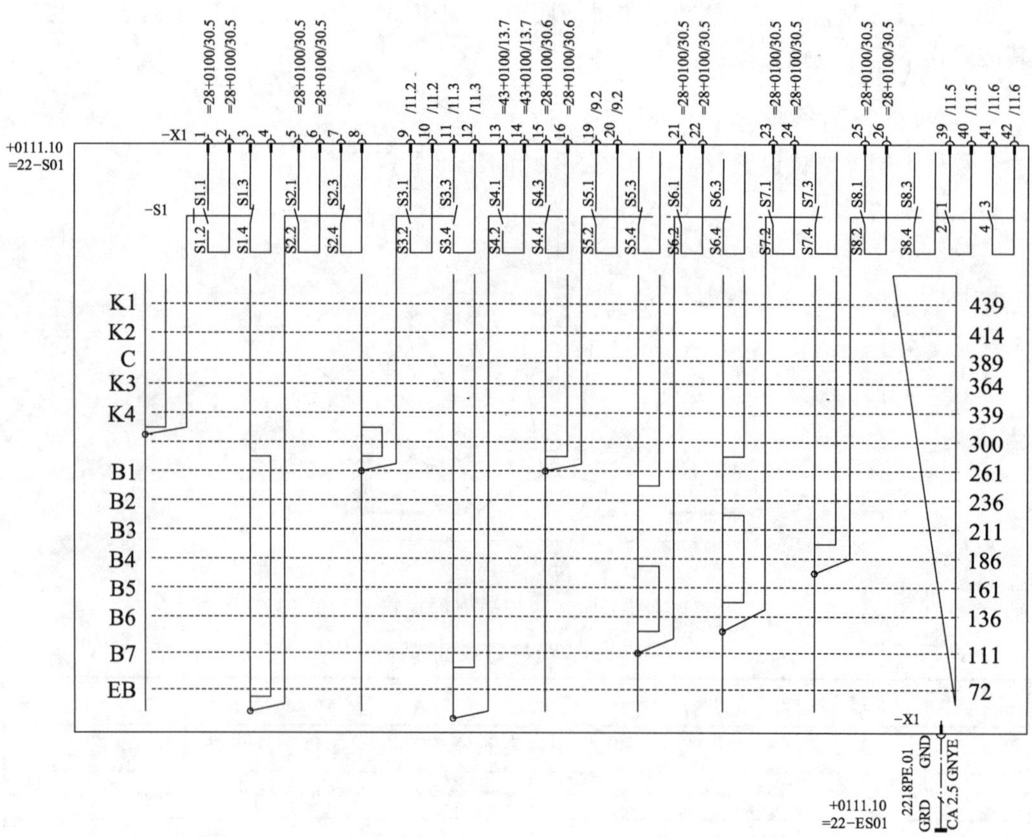

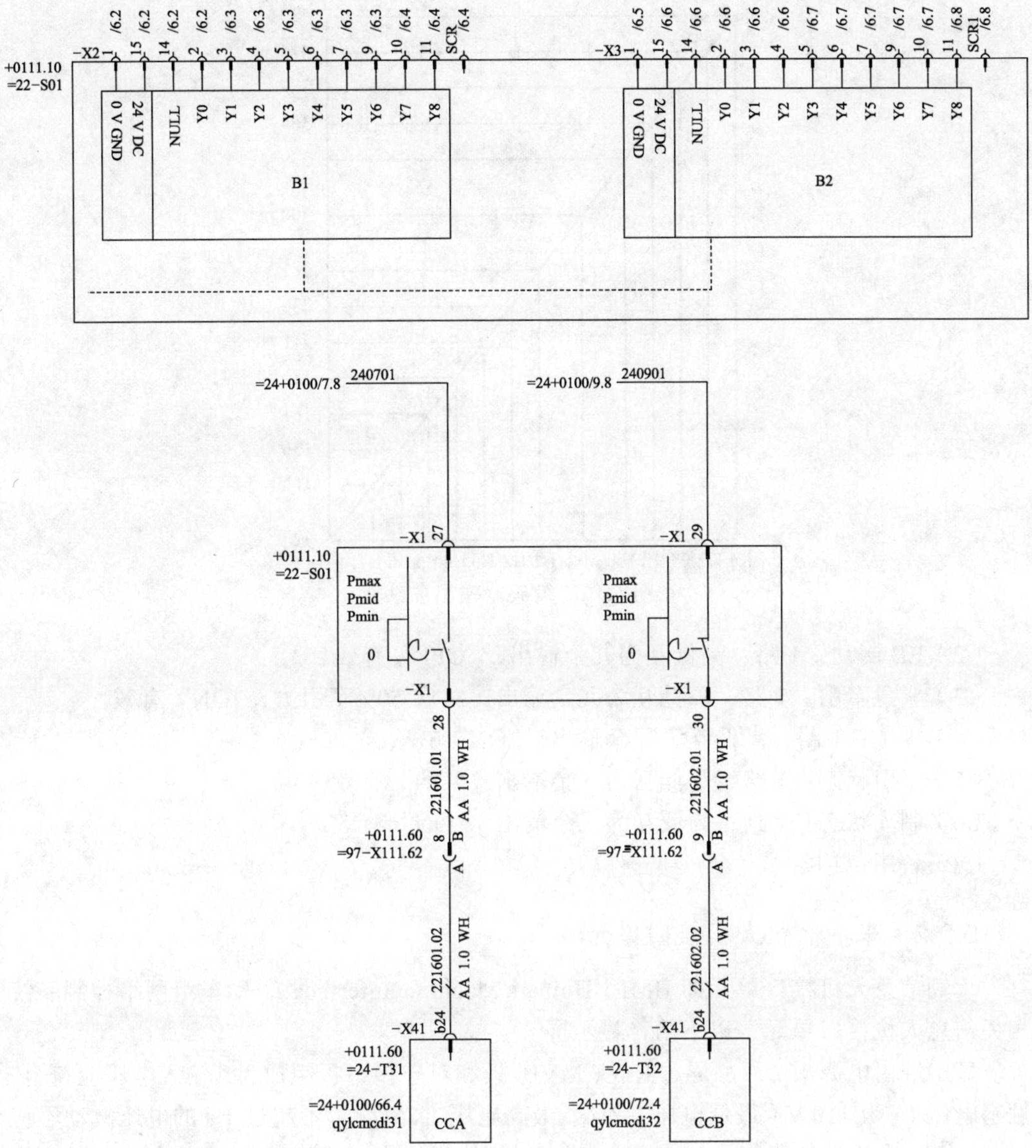

图 5.14　司控器接线图及针位表

3. 司控器输出信号

编码器输出信号：司控器通过 2 个 9 位格雷码编码器（互为冗余）向 CCU 发送牵引、制动信号。CCU 将接收到的制动信号发送给 BCU，用于诊断。编码器输出的信号应具有较好的同步性，每挡位编码器输出有效值的编码宽度大于 12 个字，编码器输出同步性误差不大于 ± 3 个字，编码器输出曲线如图 5.15 所示。

4. 开关量输出信号

（1）常用制动：3 路，开关量采用格雷码编码形式，对应常用制动 0 ~ 7 级，0 位对应缓解位。

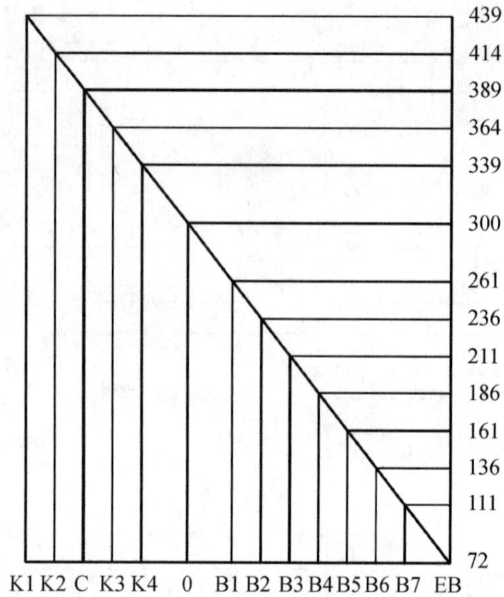

图 5.15　编码器输出曲线

（2）EB 制动：1 路，高低互为冗余输出，“OFF”有效。

（3）紧急牵引：1 路，高低互为冗余输出，对应 50%牵引力，“ON”有效。

（4）零位：1 路，高低互为冗余输出，“ON”有效。

（5）牵引状态：1 路，高低互为冗余输出，“ON”有效。

（6）制动状态：1 路，高低互为冗余输出，“ON”有效。

（7）备用：1 路。

5.2.2　车辆信息人机接口单元

车辆信息人机接口单元即 HMI（Human Machine Interface），动车组网络控制系统相关信息人机接口单元，以下简称显示屏。

显示屏由电源板、液晶屏、主板、MVB 板和对外接口板组成。其输入电压应符合：额定电压 U_n 为 110 V（最低电压 $0.7U_n$，最高电压 $1.25U_n$）。不超过 1 s 的电压波动不应引起损坏，允许功能降级 $1.25U_n \sim 1.4U_n$，对模块无损害。不超过 0.1 s 的电压波动不应引起功能异常：$0.6U_n \sim 1.4U_n$，装置功能良好。最大的断电时间为 10 ms，额定功率应不大于 35 W。

每个司机室内设立两个互为冗余的显示屏，位于司机左侧的显示屏主界面定义为牵引界面，位于司机右侧的显示屏主界面定义为制动界面。机械师室内设立一个机械师显示屏，显示屏外观展示如图 5.16 所示。

显示屏启动后进入通用模式显示界面，在司机模式中，可以进行牵引（左屏）和制动（右屏）的切换，通过操作显示屏对应的按键，也可以通过司机模式主界面进入到列车维护模式中。操作相关按钮，可进入相应的界面。

1. 技术参数

（1）显示屏屏幕尺寸：10.4 英寸。

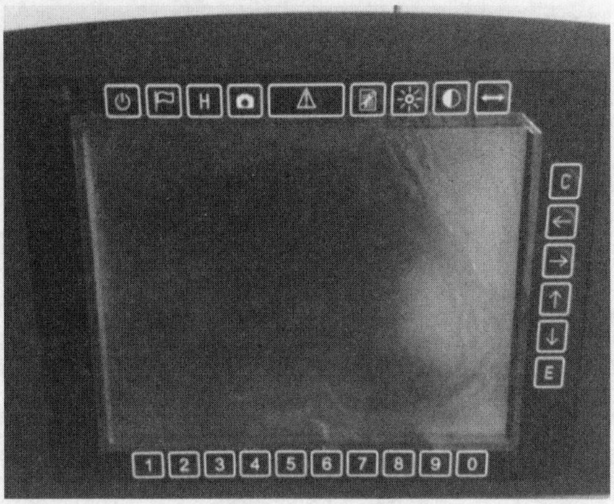

图 5.16　HMI 屏外观

（2）显示屏屏幕分辨率：800 × 600。

（3）显示屏操作方式：触摸+按键。

（4）显示屏声音提示方式：内置蜂鸣器。

（5）人机接口单元的所有信息显示采用中文，显示信息应清晰、准确、没有歧义。

（6）显示屏按钮技术规格。

显示屏底部共计 10 个按键，从左到右依次是 1、2、3、4、5、6、7、8、9、0。显示屏右侧共计 6 个按键，从上到下依次是 C、←、→、↑、↓、E。显示屏左侧不设置按键，显示屏顶部共计 9 个按键（10 个键位）：从左到右依次是电源键、语言切换键、帮助键（图标为 H）、预留键（用于自定义）、故障查询键（图标为⚠，占用两个键位）、故障提示键、亮度调节键、昼夜模式切换键、左右切换键。

司机室显示界面应能在运行模式、维护模式下工作，两种模式间可通过按键进行相互切换。

运行模式：实时监视车辆运行工况，控制车辆运行（如工作模式选择、恒速控制、设备切除等），指导司机行车操作。

维护模式：车辆部分功能参数设置（如轮径、时间、车辆编号、车次等），版本查询，系统功能调试、试验等，进入维护模式需要权限。

2. 司机室显示屏界面功功能

司机室 HMI 有如下功能：

（1）在司机室设置人机接口单元，司机室显示屏提供司机模式和维护模式。

（2）可以通过人机接口单元发出部分控制操作指令。

（3）对各子系统工作状态、故障信息和操作维修提示信息进行集中显示。显示内容包含但不限于以下信息：牵引、制动、辅助、高压、车门、空调等系统的状态，以及连接至 MVB 车辆网络的控制单元的软件版本信息。

司机室左屏界面功能：

（1）参数显示。

显示列车的主要技术参数，包括当前日期和时间、列车速度、网压和网流值、牵引制动力百分比、制动参数信息、轴承温度、蓄电池电压、牵引及再生制动能量消耗等。

（2）状态信息显示。

显示列车的主要状态信息，包括门状态信息、空调状态信息、制动状态信息、辅助变流器状态信息、牵引变流器状态信息、电池充电机状态信息、受电弓状态信息、主断路器状态信息等。

（3）故障提示。

对列车发生的故障以声音报警及界面提示的方式实时通知司机，通过故障界面可以查阅当前故障信息，包括故障代码、发生时间、发生车辆、故障分类、故障描述以及维修指南。通过历史故障界面，能够查询列车曾经发生过，并已经解决的故障信息。

（4）控制功能。

通过 HMI 可以实现对列车的控制功能，包括对受电弓、主断路器、车顶隔离开关、主变压器、牵引变流器的切除与恢复、空调的打开、关闭和温度调整、恒速运行速度值的设定。

（5）维护功能。

维护功能主要包括日期和时间设置、网络通信状态信息查看、IO 信息查看、软件版本信息查看等。

（6）在司机室右侧 HMI 故障的情况下，可通过切换按键将左侧 HMI 切换为右侧 HMI，实现与右侧 HMI 相同的功能。

（7）在非激活端司机室内与激活端司机室的 HMI 具有相同的显示功能，为了达到保证控制指令的一致性，非激活端不能进行控制功能的操作。

司机室右屏界面功能：

（1）制动状态显示。

电制动、空气制动、停放制动状态信息，列车管、总风管压力值信息。

（2）制动试验：显示制动试验操作信息、试验结果。

（3）在司机室左侧 HMI 故障的情况下，可通过切换按键将右侧 HMI 切换为左侧 HMI，实现与左侧 HMI 相同的功能。

（4）在非激活端司机室内与激活端司机室的 HMI 具有相同的显示功能，为了达到保证控制指令的一致性，非激活端不能进行控制功能的操作。

机械师 HMI 有如下功能：

（1）状态信息显示。门状态显示、照明状态显示、空调状态显示、故障显示、列车配置信息显示，检修状态信息显示，如牵引电机温度、轴承、齿轮箱等。

（2）控制功能。照明开、关、全照明、1/3 照明等，空调开、关、空调温度调整、故障输入等。

3. 常用图标

参考 UIC640-2003 标准，并结合已运行的 CRH 系列动车组采用的图形符号，中国标准动车组常用图标示例见表 5.9。

表 5.9　常用图标示例

图标	定义	图标	定义	图标	定义	图标	定义	图标	定义
	受电弓升起		受电弓降落		受电弓故障		受电弓禁用		受电弓通信故障
	主断路器闭合		主断路器断开		主断路器禁用		高压隔离开关闭合		高压隔离开关断开
	高压隔离开关禁用		牵引逆变器未工作		牵引逆变器正常工作		牵引逆变器禁用		辅助变流器未工作
	辅助变流器正常运行		辅助变流器故障		辅助变流器禁用		辅助变流器通信故障		充电机未工作
	充电机正常运行		充电机故障		充电机禁用		充电机通信故障		空压机未工作
	空压机正常运行		空压机故障		空压机禁用		牵引变流器未工作		牵引变流器正常运行
	牵引变流器故障		牵引变流器禁用		牵引变流器通信故障		门开		门锁闭
	门故障		门隔离		门通信故障		电制动施加		电制动未施加
	电制动有效		电制动无效		空气制动施加		空气制动隔离		空气制动缓解
	空气制动有效		空气制动无效		停放制动施加		停放制动缓解		停放制动隔离
	停放制动有效		停放制动无效		至少有一个门打开（状态栏）		门全部锁闭（状态栏）		至少有一个VCB可以闭合（状态栏）
	至少有一个应正常闭合的VCB断开（状态栏）		换端模式（状态栏）	乘客报警	乘客报警，以1 Hz频率闪烁（状态栏）		火警，以2 Hz频率闪烁（状态栏）		自动安全装置（状态栏）
	本单元辅助变流器均未工作（状态栏）		本单元辅助变流器均正常工作（状态栏）		本单元辅助变流器仅有一个正常工作（状态栏）		本单元辅助变流器均故障（状态栏）		本单元充电机均未工作（状态栏）

5.2.3　司机警惕装置

司机警惕装置（ASD）通过车辆监督司机是否胜任运营工作。该系统独立运行，如果安全自动装置运行错误，就触发实施制动，并使EMU牵引封锁。双通道的安全自动装置，该装置集成在车辆电子控制的中央控制器上（CCU）。

安全自动装置设在司机室中，每个司机室均设有安全自动装置。安全自动装置包括下列元件：ASD 控制元件、集成在主控制器上的手动操作按钮、一个脚控开关、司机台上的一个指示灯、一个音讯信号装置、第三操作区内开关操作台上的 ASD 故障开关、在每个 CCU 内设有 2 通道 ASD 控制，包括 ASD 中断回路。

在动车组运行时为了证明司机在专注于工作，他需要在大约 30 s 的时间间隔内或最晚在音讯报警发出前，激活 ASD 的控制元件中的一个。如果没有正确操作 ASD 装置，则动车组将以紧急制动的方式实施制动，并且牵引被封锁。实施制动通过断开 ASD 回路中的 CCU 输出来触发，ASD 回路的断开会引起紧急制动回路的断开。断开的紧急制动回路引起两头车内的紧急制动阀断开，导致每辆车内的紧急制动启动，以产生最大制动力。在紧急制动的情况下，通过 CCU 与紧急制动阀间的另一个传输通道，头车内的紧急制动阀会直接启动。

司机警惕装置的警惕手动开关参数应符合额定电压 DC 110 V；电压波动范围 DC 77 ~ 137.5 V；约定发热电流 10 A；额定电流 1 A。警惕脚踏开关参数应符合额定电压 DC 110 V；电压波动范围 DC 77 ~ 137.5 V；约定发热电流 10 A；额定电流 0.1 A。

第6章

高压牵引系统

CR400BF 型动车组高压牵引系统主要负责动车组的电能传输，由车顶受电弓、高压箱、高压电缆、车下牵引变压器、牵引变流器、联轴器、齿轮箱、三相交流鼠笼式异步牵引电动机等构成。一个短编标准组两个牵引单元是对称的单元。受电弓从接触网获取单相 AC 25 kV 交流电经高压箱分成两路，一路给本车牵引变压器，另一路通过高压电缆给另一单元牵引变压器。通过变压器降压得到单相 AC 1 900 V 交流电，通过牵引变流器自身的整流功能变换成 DC 2 700 ~ 3 600 V 直流电。其中，一路通过牵引变流器中间直流环节为辅助系统提供电能，另一路通过牵引变流器自身逆变功能将直流电逆变为 AC 0 ~ 2 800 V 三相交流电，将输出可控的三相交流电给鼠笼式三相异步电机，输出转速和转矩通过齿轮箱传递给轮对，实现动车组的牵引运行。高压牵引系统的核心作用是通过牵引控制单元 TCU、主变压器控制和保护电路、主变压器温度传感器、A 钥匙状态继电器、紧急断电列车线、受电弓与主断控制、主断使能环路、主断使能环路运行状态监测、主断控制、隔离开关使能、隔离开关控制、受电弓与主断控制状态反馈。线电流采集、线电压采集、绝缘监测、能量计、牵引变流器诊断接口及 IO、速度传感器等部件，借助 WTB/MVB/IOM/以太网等网络控制及反馈功能，实现高压牵引系统的及时反馈和精确工作。因此，高压牵引系统不仅为动车组提供稳定、可控的电能输出，还具备状态监测、自我保护、故障冗余和硬线驱动功能，是动车组的关键系统。

6.1 高压系统

动车组的高压系统布置在列车 Tp03、Mh04、Mb05、Tp06 的车顶上，主要负责来自接触网的 25 kV 高压电的传输。高压系统由两个独立的部分组成，每个部分包括两个相同的高压单元，它们之间通过车顶高压电缆连接，主要由受电弓、高压箱、高压电缆组成。

6.1.1 受电弓

CR400BF 型动车组的受电弓采用法维莱 CX-GI 型单碳滑板受电弓。受电弓是通过弓头碳滑板在接触网上滑动获取额定电压的高压部件，其可以向整个列车高压系统供电。一个标准组动车组升单弓可给全列的 2 台牵引变压器供电，满足车上所有设备的正常用电。在列车制动工况时，还通过列车的再生制动系统将列车的动能转换为电能回馈给接触网，反馈的电能分配给运行在该相区的其他列车使用，起到双向传递电能的作用。受电弓还配有灵敏的弓网检测和自动降弓系统，防止发生弓网故障扩大事故，保护受电弓和接触网。

1. 受电弓主要技术参数及组成

1）主要技术参数

主要技术参数见表 6.1。

表 6.1　受电弓主要技术参数

1. 电气参数	运行时额定电流/A	1 000
	静止时额定电流/A	120
	额定电压/kV	25
	额定频率/Hz	50
	最小绝缘距离/mm	310
2. 弓头参数	最大集电头（弓头）长度/mm	1 950 ± 12
	最大集电头（弓头）高度/mm	365 ± 5
3. 碳滑板参数	碳条长度/mm	1 050
	滑板材料	渗金属碳条
	磨损高度/mm	13 ~ 15
	磨损宽度/mm	54
4. 弓角参数	弓角材料	全部绝缘
5. 时间参数	最大升弓时间/s	10
	最大降弓时间/s	10
	ADD 触发后，受电弓降到考核高度下 200 mm 处的最大时间/s	1
6. 气动参数	驱动方式	气囊装置
	气控单元供风压力/kPa	650 ~ 1000
	接触压力约 80 时压缩空气压力/kPa	330 ~ 390
7. 接触力	静态接触力/N	80 ± 10
8. 升降弓高度	最大落弓高度 D_1/mm	7 41.5
	最小工作高度 D_2/mm	470
	最大工作高度 D_3/mm	2 500
	最大升弓高度 D_4/mm	2 600
	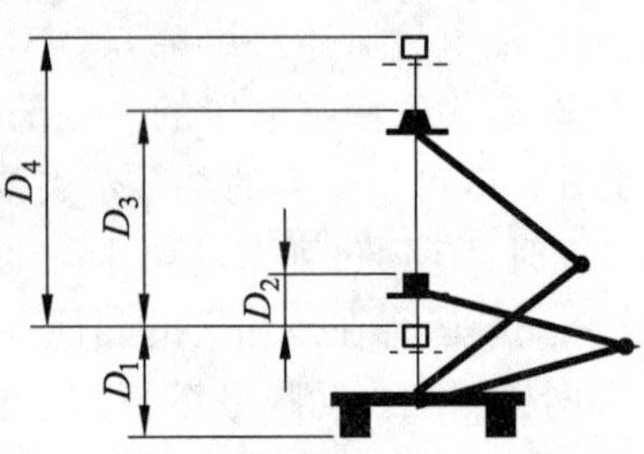	

2）受电弓组成

受电弓组成如图 6.1 所示。

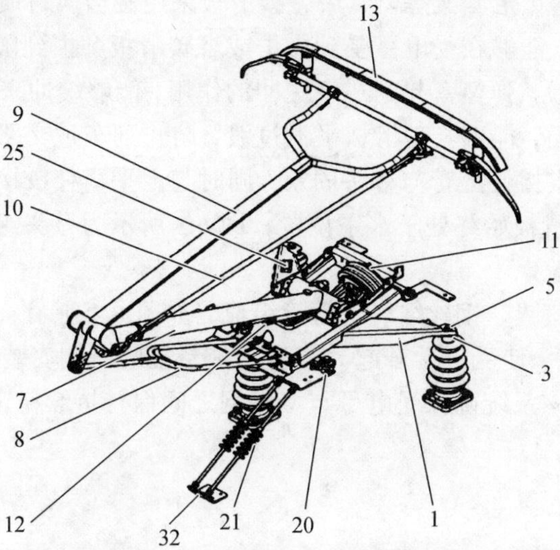

1—底架；3—垫块；5—绝缘子坚固件；7—下臂；8—下拉杆；9—上臂；10—上平衡杆；11—气囊；12—阻尼器；13—弓头；20—ADD 阀；21—APIM；32—APIM 固定板。

图 6.1　受电弓组成

（1）底架组成。

底架由钢材组焊而成（见图 6.2），它是整个受电弓的基础支撑部分，通过 3 个绝缘子固定在车顶上。受电弓降落时长 × 宽 × 高分别为最大 2 396 mm × 1 964 mm × 750 mm，受电弓带电部分与车顶最小绝缘距离为 310 mm（即从受电弓上任一带电部位至车顶导电体处）。底架上装有升弓气囊、一套铰链机构和一副阻尼器等。

图 6.2　CX-GI 受电弓底架三维图

（2）铰链机构。

铰链机构是实现受电弓升降运动的机构，包括上臂、下臂、下拉杆和上平衡杆等，通过各种铰链座铰接。各铰接处都装有滚动轴承并采用金属软编织线进行短接，以防止电流烧损轴承。上平衡杆的作用是保证弓头碳滑板面在受电弓整个工作高度范围内，始终保持基本水平状态。

（3）弓头组件。

弓头组件包括弓头支撑和弓头。弓头是直接与接触网接触受流的部分，其上装有碳滑板、弹簧盒、弓角、C形支架等。其中，碳滑板采用浸金属材质，与接触线接触，内部设有紧急降弓气道，能够在受电弓受到撞击或者碳滑板磨损到限时实现紧急降弓，最大限度地保护弓网系统。弹簧盒起到二级缓冲的作用，能够缓冲来自弓网接触的垂直冲量。弓角采用绝缘材质，能够与碳滑板平滑过渡，防止列车过交路时，接触网进入碳滑板侧面或底部。弓头支撑使上臂与弓头固定，同时与上平衡杆铰接，能够保证受电弓在工作高度范围内，碳滑板始终处于水平位置，图6.3所示为弓头组件的模型。

（4）气囊平衡系统。

气囊平衡系统由气囊、钢丝绳、气管等组成，如图6.4所示。气囊通过下臂的凸轮/弹性连接轴传递扭矩，使受电弓升起。气囊平衡系统的一侧安装在底架上，另一侧悬挂在下臂的凸轮上，该系统确保受电弓与接触网之间保持持续稳定的接触力。

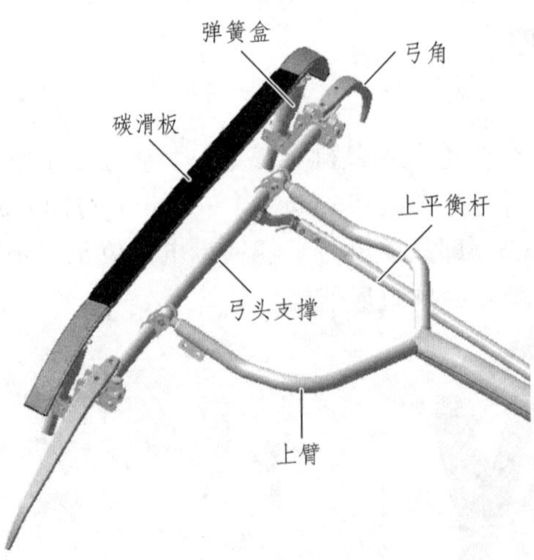

图6.3　弓头组件

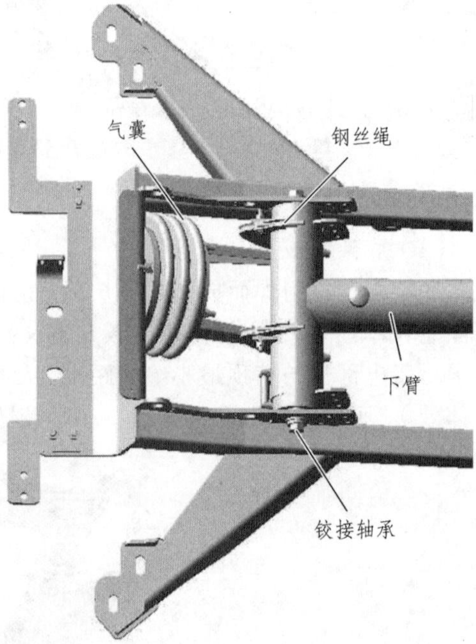

图6.4　气囊平衡系统

（5）阻尼器。

阻尼器能够在受电弓降弓时起到缓冲作用，避免降弓对受电弓本身及车顶带来的冲击。它采用单向阻尼的设计，只在降弓时起作用，如图6.5所示。

（6）自动降弓装置ADD。

ADD系统可以在碳滑板损坏时使受电弓自动快速地降弓。降弓之后，如果碳滑板未修复，它可以阻止受电弓升弓。它以安装在受电弓支架上的一个气动ADD阀（见图6.6）为基础，通过空气管（包括碳滑板）作用，在正常运行情况下（碳滑板无损坏），ADD阀是关闭的。在碳滑板损坏的情况下，排出的空气气流将ADD阀打开，实现自动降弓。压力开关提供碳滑板（低电流接触）损坏的信息，气囊压力下降，受电弓自动降弓。

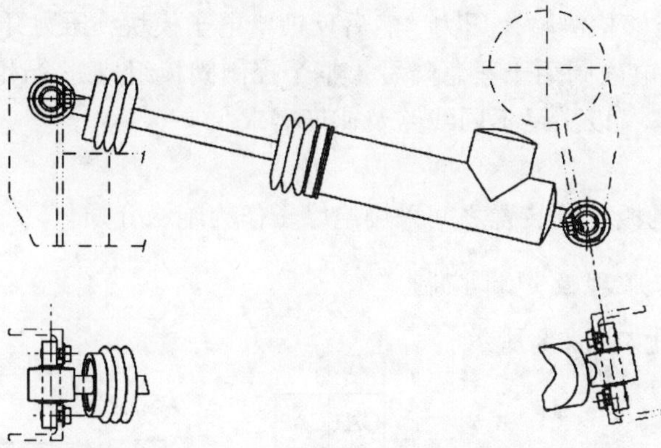

图 6.5　受电弓阻尼器

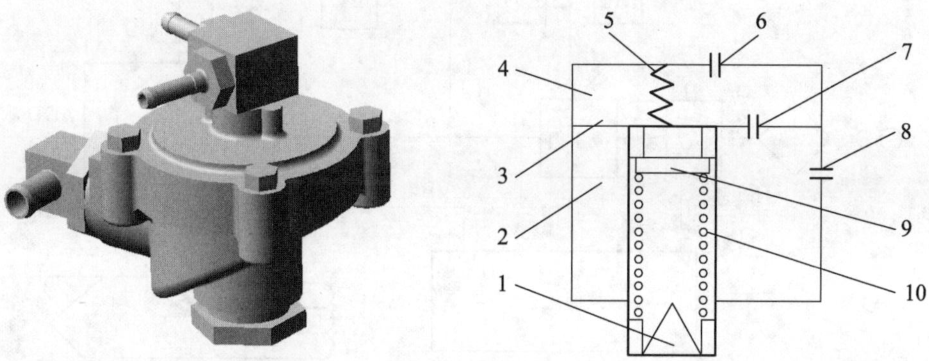

1—排风口；2—下腔室；3—膜板；4—上腔室；5—弹簧；6—出风口；7—节流孔；8—进风口；9—排风缩堵；10—排风弹簧。

图 6.6　ADD 阀结构

（7）控制阀板。

受电弓控制阀板主要由过滤器、升弓电磁阀、调压阀、ADD 电磁阀、压力传感器及电子控制模块组成，如图 6.7 所示。升弓电磁阀接收来自列车的升弓信号，使受电弓

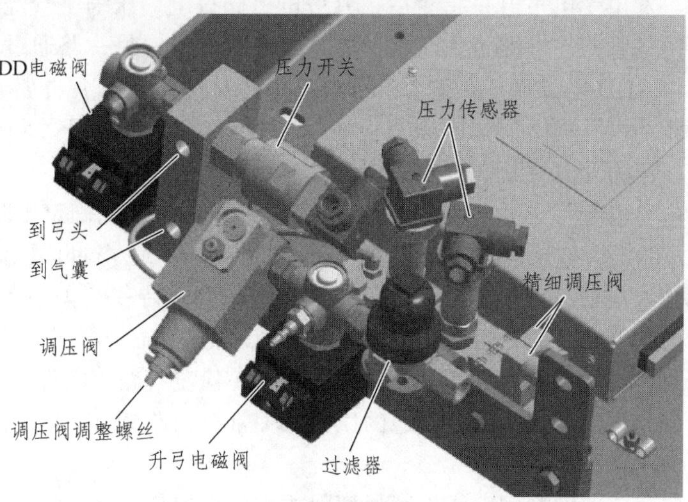

图 6.7　受电弓控制阀板

升起，压力传感器能够检测输入压力，然后反馈给电子模块，压力开关用来指示受电弓的升降状态，ADD 电磁阀用于紧急降弓。整个控制阀板组成一个闭环系统，能够随时对气囊压力进行调整，以满足不同线路及速度需求。

（8）绝缘子。

车顶与受电弓机械受流装置之间采用绝缘子作为绝缘介质。

2. 受电弓工作原理及逻辑控制

受电弓工作原理如图 6.8 所示。

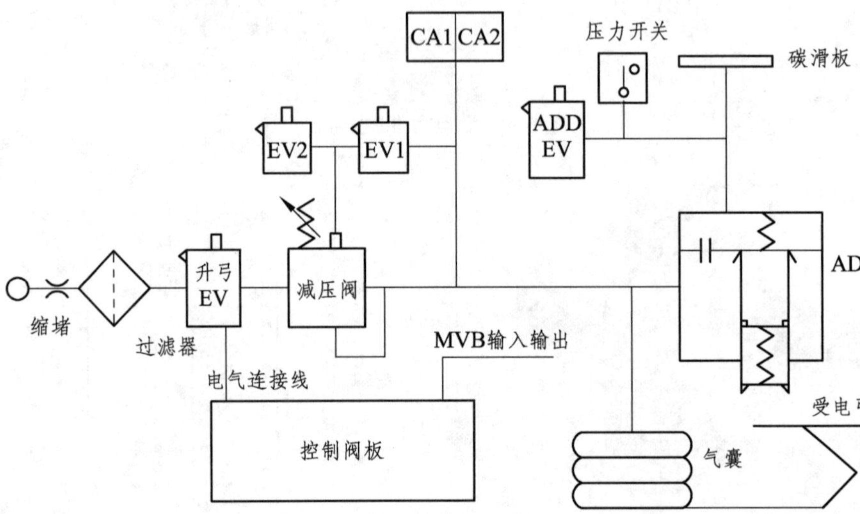

图 6.8　CX-GI 型受电弓工作原理

受电弓与接触网接触后，取得电能将其传送至车辆电气设备。接触网电流首先由碳滑板流入受电弓弓头，然后依次经过上臂杆、下臂杆，再流入底架，最后经过底架上的母线进入车辆电气系统。

受电弓的升降弓控制，可看成是受电弓电磁阀的得电失电控制。

升弓：列车发出受电弓升弓指令后，升弓电磁阀得电，压缩空气经过升弓电磁阀、调压阀及车顶供气管路，一路进入气囊，驱动受电弓升起，另一路通过 ADD 阀到碳滑板、压力开关和 ADD 电磁阀。在整个升弓过程中，ADD 阀的作用非常重要，压缩空气首先通过下阀体的缩孔向上阀体、碳滑板 ADD 检测气路、压力开关和 ADD 电磁阀供风直至上下阀体压力达到平衡，受电弓升起。

运行：受电弓升起后，由控制模块内的速度-气囊压力曲线确定出某一速度下的气囊目标压力，并由压力传感器向控制模块反馈气囊实时压力，当目标压力与实际压力不一致时，控制模块会通过闭环控制系统适时调整，使其保持一致。

降弓：列车发出降弓命令后，升弓电磁阀失电，气囊内的压力空气经升弓电磁阀排气口排出，受电弓在重力作用下降弓。碳滑板 ADD 检测气路、压缩开关和 ADD 电磁阀内的压力空气也同时排出。闭合状态的压力开关常开回路断开，列车即可判断受电弓已降弓。

自动紧急降弓：当受电弓碳滑板磨耗到限或遭外力破坏、控制气路发生漏气以及控制模块发生严重故障时，将受电弓自动快速降下，保护受电弓和接触网不被进一步破坏。CX-GI 型受电弓碳滑板内部装有 ADD 检测气路，具有自动降弓检测功能，当列车运行过程中受电弓发生自动降弓时，列车同时会断开主断路器。

3. 受电弓逻辑控制

CX-GI 型受电弓采用主动先导控制技术，以列车速度和受电弓位置参数等为依据，通过电空集成图的控制模块对受电弓气囊压力进行主动控制，进而间接地控制受电弓与接触网之间的接触压力。其主要的控制逻辑为：首先根据线路接触网参数和以往的运营经验在控制单元内设置速度-气囊压力曲线，然后进行空气动力学试验对不同工况下的速度压力曲线进行调整和校正，再将调整之后的速度-气囊压力曲线设置到控制单元中，最后进行弓网受流性能试验对速度-气囊压力曲线和弓网受流性能进行验证。控制过程如图 6.9 所示。

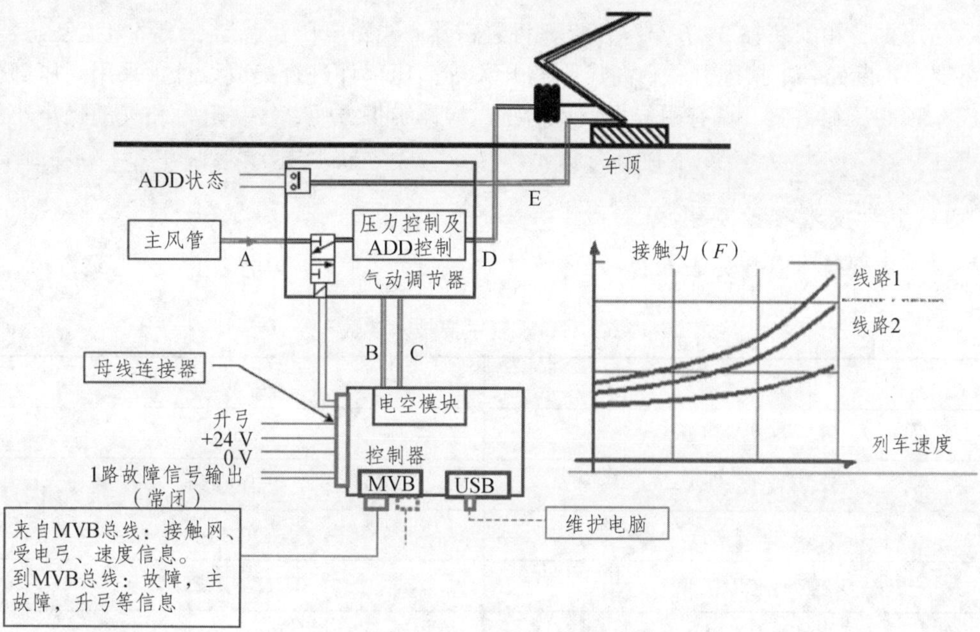

图 6.9　CX-GI 型受电弓主动控制逻辑

受电弓电子单元采用开环控制，根据列车速度变化，通过调整气囊压力来改变弓网动态接触力。气路采用闭环控制，以达到给定输入变量时要求的输出量。控制系统通过列车控制系统、输入、输出的接通和中断，视工作状态和上级控制系统（MVB 通信系统）的设定来确定，并监控所有工况向上级控制系统（MVB 通信系统）报告。通过 MVB 给上级控制系统报告气压不稳、降弓等故障状态。

4. 控制阀板气路连接

控制阀板上有 a、b、c 三处接口，如图 6.10 所示。压缩空气通过列车风管与 a（列车风管接口）连接，进入 EPCU 后经过两路，一路通过 b（气囊风管接口）与气囊连通，二路通过 c（ADD 风管接口）与 ADD 阀连通。

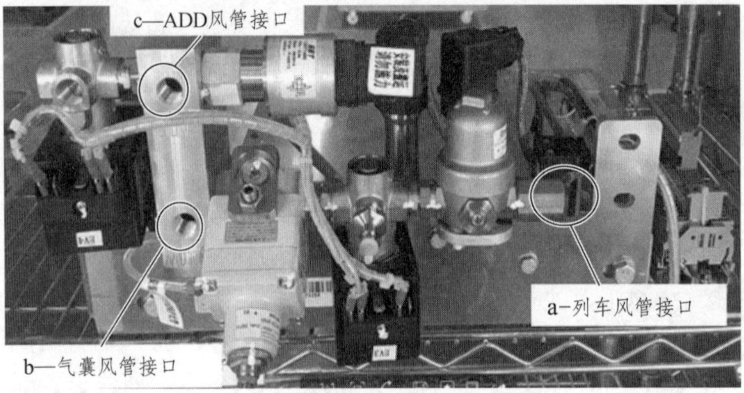

图 6.10　受电弓 EPCU 气路连接

6.1.2　高压箱

高压设备箱安装在 3、6 车车顶上，将避雷器、线路电压互感器、线路电流互感器、避雷器、主断路器、接地开关、高压隔离开关等高压部件进行集成设计，采用高压部件集成车顶高压箱方案，具有耐候性、免清洗、检修维护方便、气动阻力和气动噪声小等特点。

1. 主要技术参数及组成

（1）主要技术参数见表 6.2。

表 6.2　高压箱主要技术参数

额定电压/kV	30
额定频率/Hz	50
额定电流/A	1 000
额定控制电压/V	DC 110
控制电压限值	$0.7U_e \sim 1.25U_e$
工作气压/kPa	400 ~ 1 000
额定雷电冲击/kV	170
额定工频耐受电压/kV	75
总质量/kg	不高于 600

（2）高压箱内置有真空断路器、保护接地开关、高压隔离开关、电压互感器、电流互感器、避雷器以及电缆连接器，如图 6.11 所示。高压设备箱内部件可以分别单独拆装。

2. 高压箱主要部件工作原理

1）线电压互感器（LVT）

位于避雷器后方的线电压互感器用来监测接触网的电压。电压互感器是一种特殊的变压器，可将高电压变换为低电压，用于二次仪表的显示或保护。

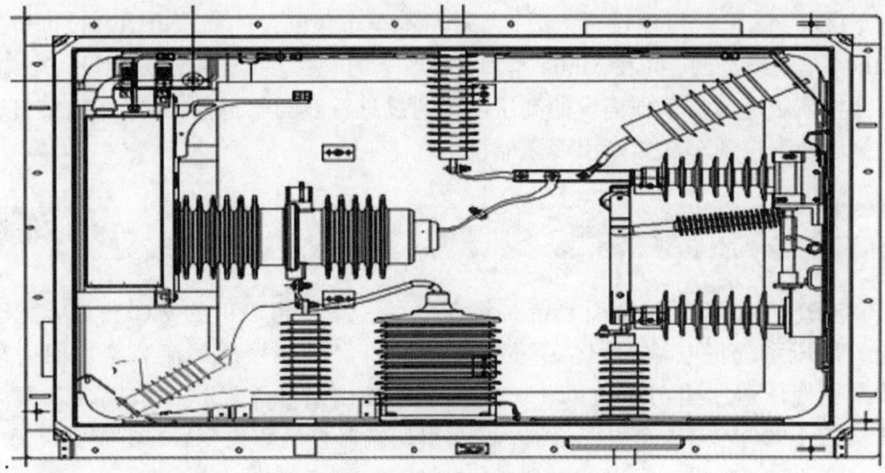

图 6.11　高压箱组成部件

2）主断路器（MCB）

主断路器由压缩空气驱动，用来控制牵引单元工作电流的通断，以及在发生严重干扰（过流、互感器故障或线路短路）时安全断开主电路，同时断开列车的两个互感器（LCT/TCT）。其灭弧室为真空式，出于安全原因，高压安全系统中需配备一个接地开关，其动作方式为手动。

3）避雷器（SA2）

避雷器安装在互感器（LCT/TCT）前方，高压箱内用复合外套无间隙金属氧化物避雷器，主要用于防止在主断路器断开时出现过压损坏设备。

4）线电流互感器（LCT）

线电流互感器依据电磁感应原理来监测列车主电路电流。电流互感器由闭合铁心和绕组组成，它的一次侧为高压电缆，二次侧绕组匝数比较多，串接在测量仪表和保护回路中。电流互感器工作时，它的二次侧回路始终是闭合的，因此测量仪表和保护回路串联线圈的阻抗很小，电流互感器的工作状态接近短路。电流互感器把一次侧大电流转换成二次侧小电流来使用，二次侧不可开路。

5）高压隔离开关（RLDS）

车顶高压线路可由高压隔离开关（RLDS）断开。如果一个牵引单元的主电路系统出现故障，列车控制系统可隔离车顶高压线路，从而使另一个牵引单元可操作。高压隔离开关由压缩空气操作，高压隔离开关不能带电动作，只能在真空断路器断开的情况下动作。

6.1.3　高压电缆

高压设备及其高压电缆主要分布在 3 ~ 6 车车顶上，具体分布如下：

Tp03\Tp06 车：本车安装了受电弓、支撑绝缘子和高压设备箱。受电弓受流后需将电能输送到高压设备箱，高压设备箱分配到本车以及其他车辆。

以 Tp03 车升弓供电为例，Tp06 车升弓按反方向进行供电，与 03 车相同。

本车供电：本车车顶铺设的高压电缆由高压箱输出后经二位端侧墙处下拉到车底给本车牵引变压器供电。

它车供电：本车二位端设置电缆接头，将本车车顶铺设的高压电缆通过过桥线与邻近的 Mh04 车电缆贯通，并在 Mh04 车和 Mb05 车的一位端、二位端分别设置电缆接头。车顶贯穿特高压电缆，车顶铺设的高压电缆通过过桥线与临近的 Tp06 车电缆贯通，经二位端侧墙处下拉到车底给牵引变压器供电。

6.2 牵引系统

CR400BF 型动车组的牵引系统是将受电弓、高压箱取得的 AC 25 KV 高压电进行转化，高压系统将电输入到牵引变压器原边，经轴端接地回流装置流回列车的轨道中。牵引变压器原边与次边以 13∶1 的变比输出给 4 个二次侧线圈，二次侧将电压为 4 × AC 1 900 V 输入牵引变流器，经牵引变流器整流和逆变后，变成变频变压的三相交流电输入牵引电机，牵引整列列车。

6.2.1 牵引变压器

变压器器身部分安装在一个有变压器油的钢制油箱（储油柜焊接在主油箱上）里，油箱需焊接箱盖且密封。冷却系统采用适当的管道与变压器相连，并与油箱主横梁固定，变压器整体安装在车体下方设备舱内。

1. 牵引变压器主要技术参数及组成

牵引变压器主要技术参数见表 6.3。

表 6.3 牵引变压器主要技术参数

单相变压器				
绕组	各端子	标称功率值/KV · A	标称电压值/V	标称电流值/A
原边高压（HV）	U-E	6433	25 000（最低 17.5 ~ 31 kV）	257
牵引绕组副边（TR）	1.1-1.2；2.1-2.2；3.1-3.2；4.1-4.2	4 × 1 608	1 900	846

每个牵引变压器配备 1 套冷却系统（自带 2 个蝶阀）、1 个循环油泵、1 个高压端子、9 个低压端子、1 个注油/排油 DN32 球阀（安装在箱体上）、1 个单开关的压力释放阀、1 个油流继电器、1 个油位指示器（可视玻璃管用于检查油位）、2 个 PT100 温度传感器、1 个油位探测器、2 个蝶阀、1 个原变输入电流互感器、1 个接地电流互感器，如图 6.12 所示。

2. 牵引变压器工作原理及电气连接

当牵引变压器原边绕组输入交变 25 kV 单相电压时，在原边绕组中产生一个交变电流，这个交变电流在铁心中产生交变磁通。因为原、副绕组在同一个铁心上，所以当磁通穿过副绕组时，便在变压器副边产生感应电动势。变压器中感应电动势的大小和线圈匝数、磁通大小成正比。接电源的叫作原边绕组，其余的叫作副边绕组。

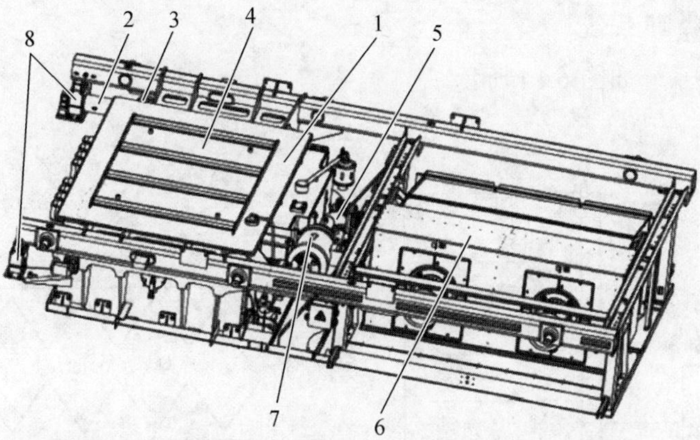

1—变压器；2—高压 T 形头；3—高压端子；4—油箱；5—管路；6—冷却系统；7—油泵；8—电流互感器。

图 6.12　变压器组成部件

牵引变压器电气由 1 个原边绕组、4 个牵引绕组组成，如图 6.13 所示。变压器上安装了 1 个高压端子、1 个中性点端子、8 个输出端子，这些端子的作用是确保变压器原边、副边的电气连接。

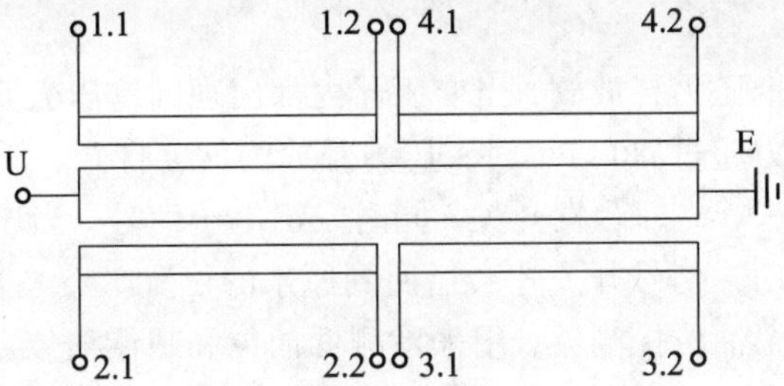

图 6.13　牵引变压器电气原理

具体端子分布见表 6.4。

表 6.4　牵引变压器端子型号

部位	线圈	端子	端子型号	数量
原边	高压	U	高压端子 630A/42 kV	1
	中性点	E	牵引端子插座 1 250 A/AF.01	1
牵引	牵引 1	1.1	牵引端子插座 1 250 A/AF.01	1
		1.2	牵引端子插座 1 250 A/AF.02	1
	牵引 2	2.1	牵引端子插座 1 250 A/AF.03	1
		2.2	牵引端子插座 1 250 A/AF.04	1
	牵引 3	3.1	牵引端子插座 1 250 A/AF.05	1
		3.2	牵引端子插座 1 250 A/AF.06	1
	牵引 4	4.1	牵引端子插座 1 250 A/AF.07	1
		4.2	牵引端子插座 1 250 A/AF.08	1

3. 冷却油循环系统

冷却油循环系统如图 6.14 所示。

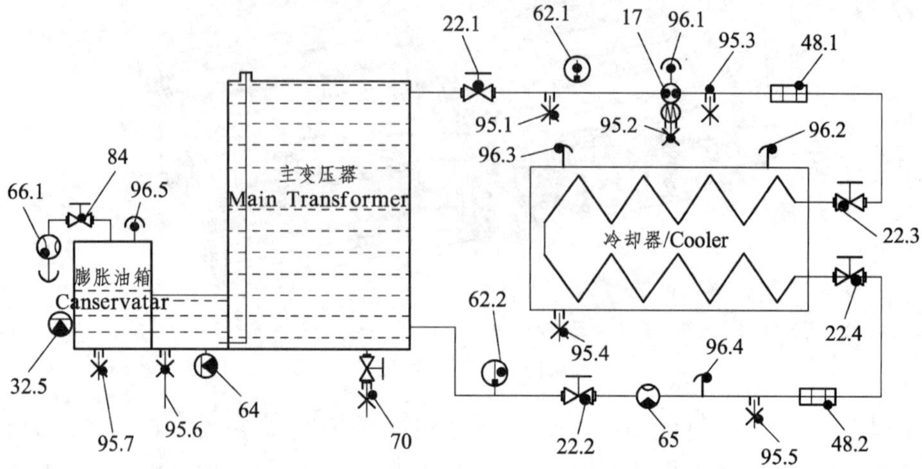

17—油泵；22.*n*—蝶阀；32.5—油位计；48.*n*—波纹管；62.*n*—PT100；64—油位探测器；65—油流继电器；66.1—吸湿器；70，84—球阀；95.*n*—放油塞；96.*n*—放气塞。

图 6.14 油循环示意

变压器上装有一个压力释放阀，当变压器内部出现问题压力升高时，压力释放阀将释放压力，当内部压力超过 80 kPa 时，压力释放阀就会打开。压力释放阀工作时，中心杆会从外壳中突出来，立即触发开关，同时发出电子信号。当压力降下来时，弹簧关闭阀门，只有通过手动，信号开关才会返回到原来的位置。

变压器上装有一个油位探测器，用来检测低油位和超低油位。当油位低时，油位探测器会给出低油位信号，当油位太低时第一个油位探测器会启动，油位探测器会给出超低油位的信号。

牵引变压器装有两个电流互感器，分别用来检测流经原边侧高压端子的电流大小和流经原边接地侧端子的电流大小。

6.2.2 牵引变流器

每个列车包含 4 台牵引变流器箱（见图 6.15），供电电压通过列车上的车载变压器将输入电压转变为 1 900 V，每个变流器箱包含 2 台四象限斩波器、1 台三相 PWM 逆变器，用它来驱动 4 台牵引电机及 1 台制动斩波器。

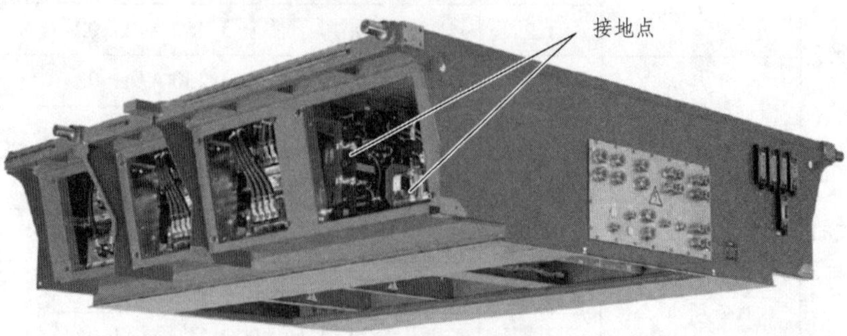

图 6.15 牵引变流器

变流器有一个用于为辅助变流器供电的中间直流环节，100 Hz 谐振电路的电容器也位于变流器内。为得到需要的电机扭矩和转速，功率变流器控制电源（主）和牵引电机之间的能量流，必须根据功率电子变流器的要求调整电机端子上的电流和电压波形。

1. 主要技术参数

牵引变流器主要技术参数见表 6.5。

表 6.5　牵引变流器技术参数

4QC-变流器	额定输入电压/V	2×1 900，1AC
	输入电压范围/V	1 085～1 922
	输入频率/Hz	50
	脉冲 4QC/步	7
	IGBT 开关频率/Hz	350
	牵引运行最大输入电流/A	2×985（最大有效基波电流）
逆变器（电机）	输出电压范围/V	0～2 800
	基波输出频率（驱动/制动）/Hz	0～200
	IGBT 最大开关频率/Hz	最大 460
	牵引运行时的最大输出电流/A	1×1 000（有效值 3 相）
中间直流环节	牵引/制动运行的中间直流环节电压/V	最大 3 600
	中间直流环节电容/mF	3×（1±4%）
	谐波电路电容范围/mF	（3.04～4.56）×（1±3%）
控制电压	控制电压（车辆电池）/V	110
	控制电压范围/V	77～138
接口	接口	电源连接
		控制信号连接
		冷却系统连接
	运行模式	牵引运行
		制动运行（再生工况）

2. 牵引变流器工作原理

牵引变流器工作原理如图 6.16 所示。经外部变压器将牵引变流器连接到单相 25 kV/50 Hz 供电线上。用单极断路器将变压器次级线圈与牵引变流器分离。通过预充电单元（在接通期间）和两个并联 4QC 模块（每个模块为一个半桥）给中间直流环节电压回路供电。中间直流环节电容器、谐波电路、接地故障登记和保护模块位于中间直流环节内。经脉冲变换器将中间直流环节电压能量传递至三相变频脉冲输出电压，给三相异步牵引电机供电。

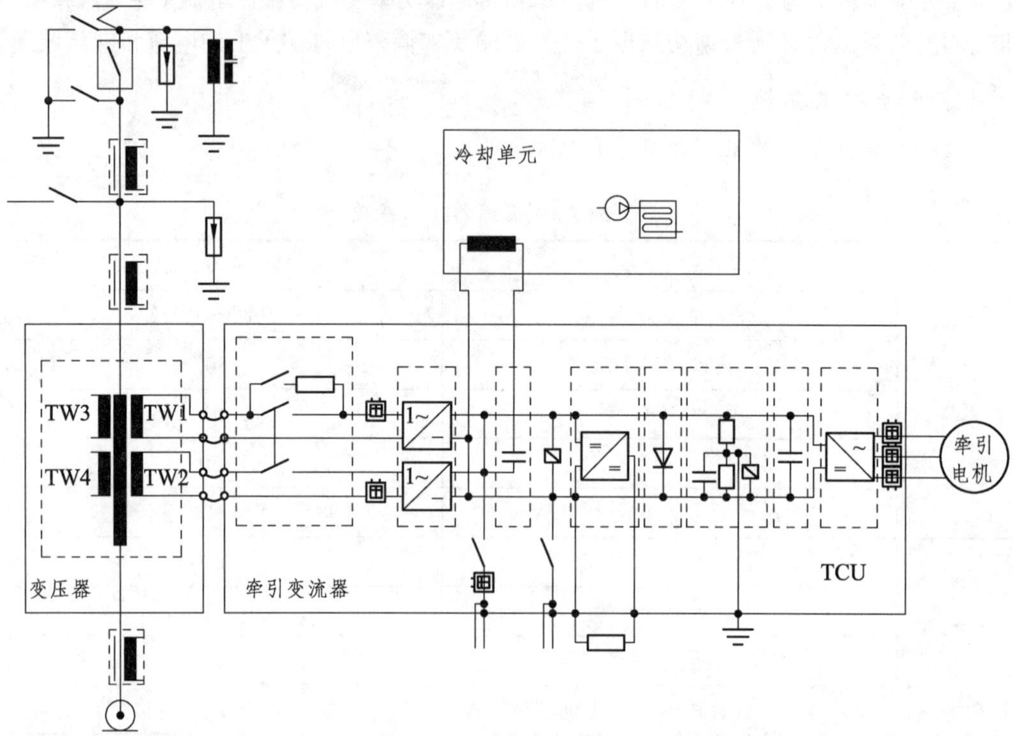

图 6.16　列车应用环境内的牵引变流器

3. 牵引变流器组成及功能

牵引变流器包含一个带下列子部件的变流器（见图 6.17）：2 个四象限斩波器、带欧姆电容接地故障敏感元件的中间直流环节、PWM 逆变器、限压斩波器和过压抑制电阻、用于外部辅助变流器的中间直流环节输出、谐波电路电容器、无感汇流排。

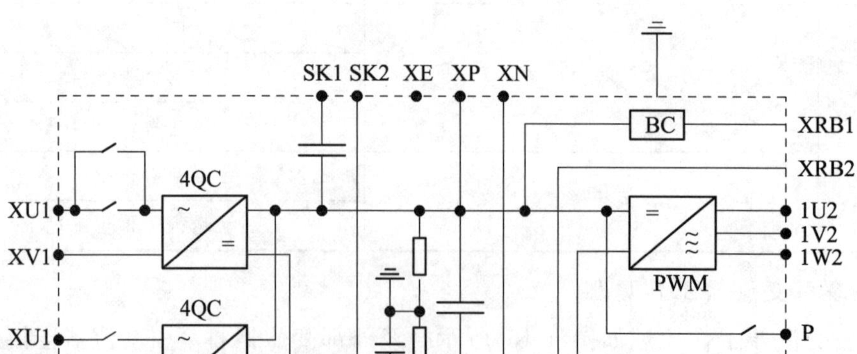

图 6.17　牵引变流器示意

牵引变流器中的基本部件配置如图 6.18 ~ 图 6.21 及表 6.6 所示。

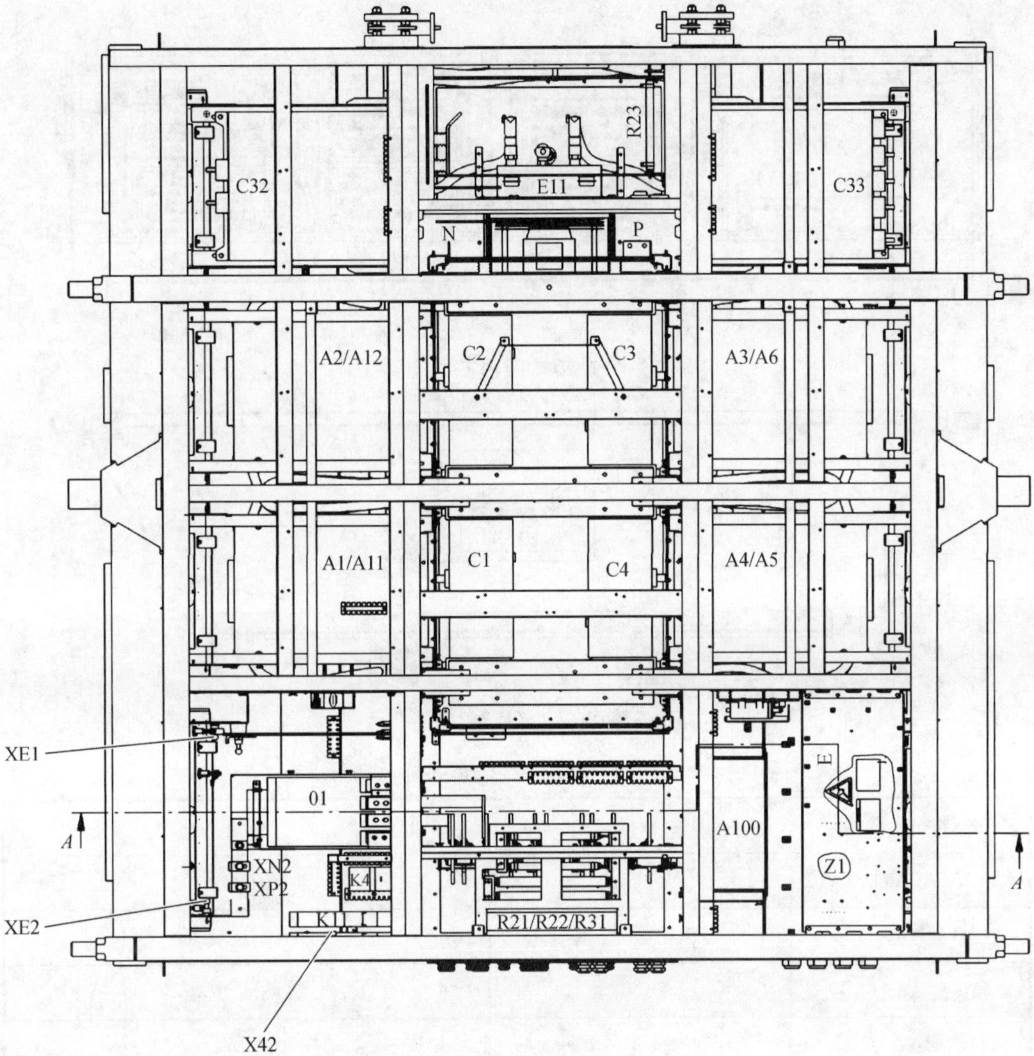

图 6.18　俯视图

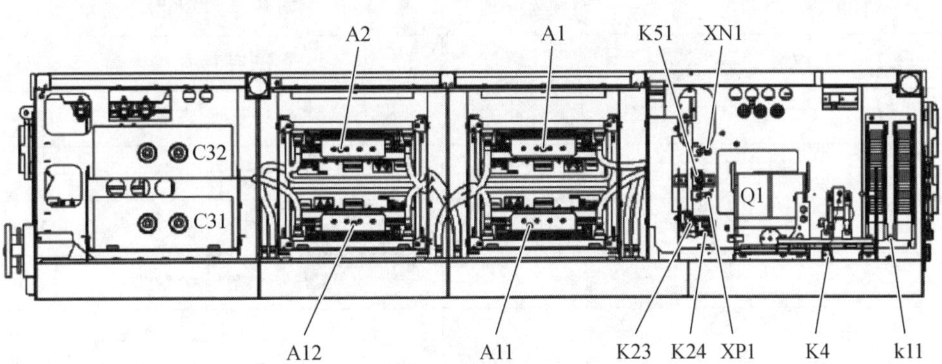

图 6.19　左视图

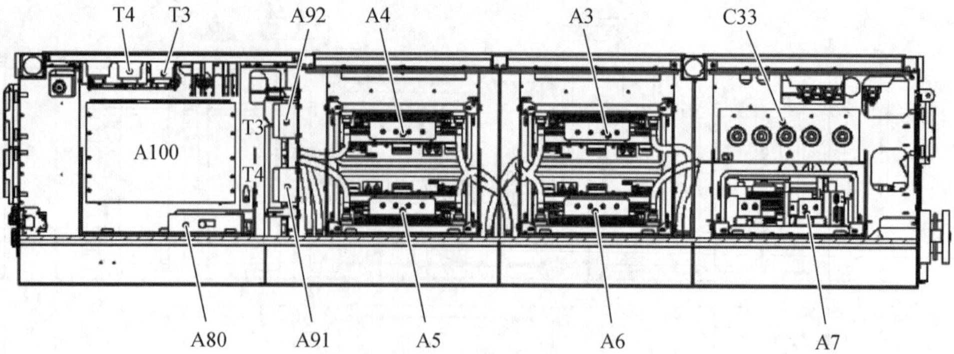

图 6.20　内部右视图

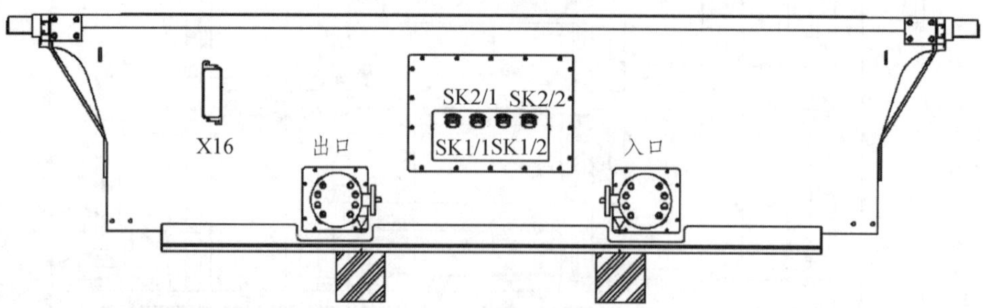

图 6.21　外部右视图

表 6.6　牵引变流器设备名称及功能

设备代码	名称	功能
A1、A2、A11、A12	相模块	4QC
A3、A4、A5	相模块	PWM 逆变器
A6	相模块	制动斩波器
A7		硬短路器
A91、A92	电源	24 V 电源
A100	牵引控制单元	闭环牵引驱动控制
C1、C2、C3、C4	电容	直流回路支撑电容
C31、C32、C33	电容	谐振电路电容
C71	电容	接地故障检测电容
E11	内置冷却器	水-空气热交换器
K4	接触器	预充电接触器
K11	接触器	断开辅助变流器
K23、K24	辅助接触器	控制
K51	辅助接触器	断开线路断路器

续表

设备代码	名称	功能
Q1	隔离开关	输入隔离开关
R21	电阻	给中间直流环节连续放电
R22	电阻	给中间直流环节持续放电
R23	电阻	连续放电 C31-C33
R31	电阻	预充电
R51、R52	电阻	保护线的电阻
T3、T4	线路电压中间 PT	测量线路电压
A80	救援回送装置	110～600 V 电源转换
U31、U32、U33	VT	电压测量、中间直流环节电压，接地故障
U1、U12	CT	4QC 电流测量
U3、U4、U5	CT	PWMI 电流测量
U7	CT	辅助变流器电流测量
V1、V2、V3、V4	二极管	漂移反向二极管
Z1	滤波器	牵引控制单元无线电干扰抑制滤波器
水管	水管	冷却循环管路
R11	过电压限制电阻	限制中间回路过电压

1）牵引控制单元 TCU（A100）

牵引控制单元如图 6.22 所示，其功能见表 6.7。

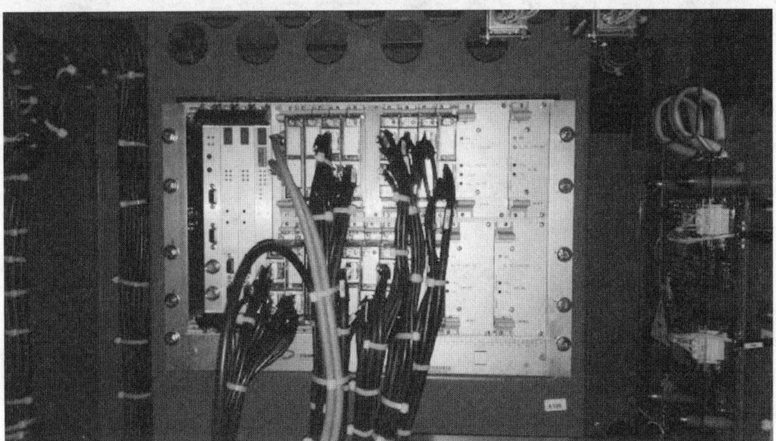

图 6.22　牵引控制单元（A100）

表 6.7　TCU 控制功能

序号	控制功能	序号	控制功能
1	执行 TCMS 分配的牵引力指令	10	中间直流回路电压监控
2	执行 BCU 分配的制动力指令	11	接地故障监控
3	执行 TCMS 故障和限速指令	12	牵引安全联锁
4	执行 TCMS 辅助变流器供电指令	13	轮径校正
5	牵引电机内部限速管理	14	变流器冷却监控
6	电机旋转方向控制	15	牵引电机冷却监控
7	紧急牵引	16	防空转/电制动滑行控制
8	中间直流回路充电	17	网压/功率限制
9	变流器的启动	18	谐波抑制

2）IGBT 门极单元的电源 A91/A92

电源将电池电压从 110 V 转为 24 V，用于给 IGBT 相位模块供电。有一个 4QC 电源、一个 PWMI 和 BC 电源。4QC、PWMI 和 BC 共用一个电源 A92/A92。

3）IGBT 相位模块

如图 6.23 所示，每个相位模块包含一个电桥臂，在二相模块处配置一个四象限斩波器。三相模块构成三相脉宽制逆变器，一相模块用作制动控制器，在此情况下，仅使用两个 IGBT 中的一个。每个电桥臂包含两 IGBT，根据开关状态，将相关的中心抽头 L 与 P 或 N 连接。

图 6.23　IGBT 相位模块

4）线路断路器（Q1）和预充电装置（K4、R31）

线路断路器（Q1）（见图 6.24）位于变压器和变压器每个牵引绕组的输入控制器之间，此断路器有两个极，以便每个变流器的两个四象限斩波器可以一起开关，预充电单元以并联的形式连接到断路器上，预充电装置由预充电接触器（K4）（见图 6.25）和电阻器（R31）构成，如图 6.26 所示。在变流器投入运行时，变流器的中间直流环节电容器先在预充电单元上充电，然后断路器闭合，这可降低输入电压突然接到空的电容器上导致的较大瞬间峰值电流。在中间直流环节电压达到理论终值的 95%以上后，断路器闭合，当它处于无电流条件下（如主断路器打开）时，断路器才能断开。

图 6.24　安装到设备箱内的 Q1

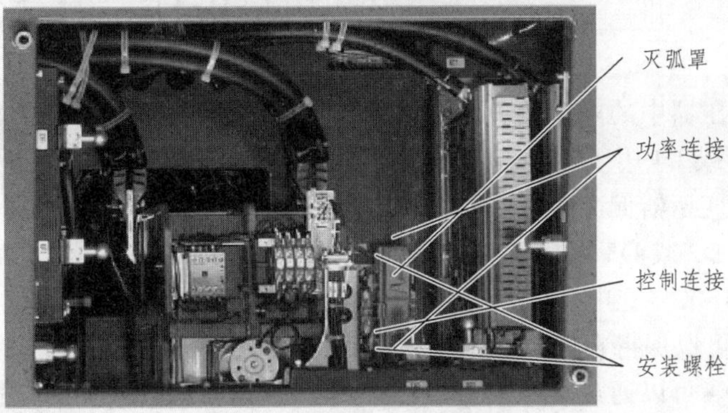

图 6.25　安装到设备箱内的 K4

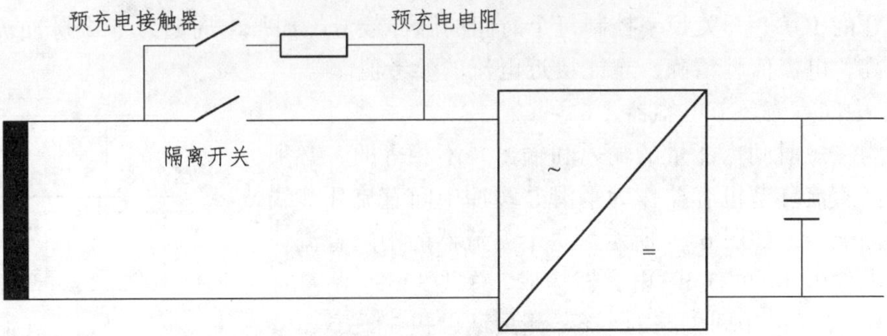

图 6.26　输入电路（用于一个 4QC）

5）四象限斩波器（4QC）

牵引整流器包含两个并联的四象限变流器，每个四象限斩波器都包含两个整体半桥臂的相位模块，如图 6.27 所示。四象限斩波器的任务是通过将各种单相输入电压转变为中间直流环节的直流电压，控制主链路和中间直流环节之间的能量流。四象限斩波器表示在牵引及制动时，电压 U_{ST} 和电流 I_N 之间的相角是可以自由调整的，如图 6.28 所示。通过电压和电流之间相角的控制，可以获得四个运行象限。IGBT 是可以用相对较高的转换频率开关的电子开关。

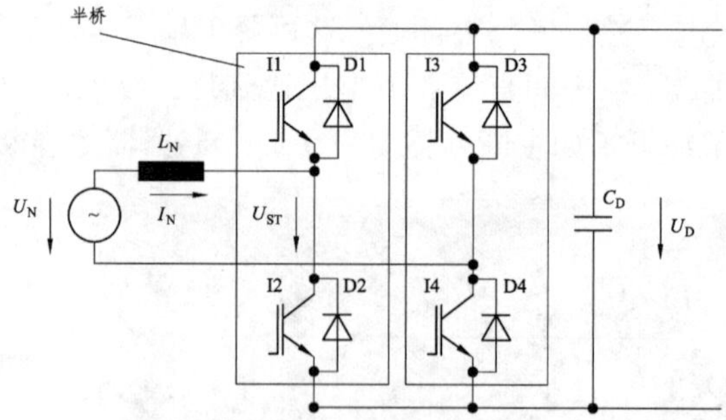

图 6.27　四象限斩波器

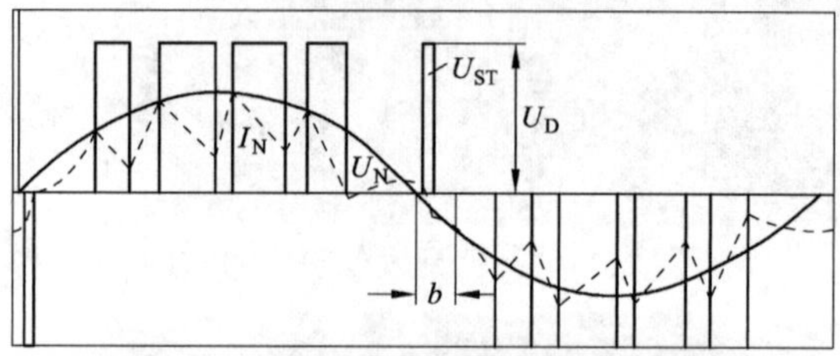

图 6.28　四象限斩波器电流和电压波形

为实现将变压器中的电流偏离正半波运行期间的电感 L_N，两个开关中的一个 L_2 或 L_3（正半波，L1 或 L4 用于负半波）将接通。这样，变压器次级线圈将短接，获得期望的电流值。由于变压器偏离电缆，不能中断电流，通过单向二极管 D1 和 D4（正半周期，负半周期为 D2 或 D3），电流流入中间直流环节电容器并缓慢衰减（直到 $U_D>U_N$），同时，中间直流环节将充电。通过此原则，电流可以在参考值附近驱动，并且由此 $\cos\varphi$ 和 DC 链路电压可以保持在期望的范围内。此后，此程序再次开始，但是将轮流使用半桥以平衡热负载。可以通过改变占空因数达到电流和电压之间的相位偏移，通过变换，可以将电流的 rms 值、功率因数（$\cos\varphi$）及中间直流环节电压调整至期望值。通过线路频率分开的 IGBT 开关频率控制每个时间的脉冲数量（如每半周期为 5 个脉冲）。脉冲数量越高，电流值越精确，越能接近电流的参考值。

6）中间直流环节电容器（$C_1 \sim C_4$）

因为在短时间内能量的输入和输出是不相等的，必须设置中间直流环节电容器作为平滑并缓冲中间直流环节线电压的储能器，如图 6.29 所示。每个变流器的中间直流环节电容电池由 4 × 0.75 mF 电容器构成，总共 3 mF。测量接地点 XN1/XP1 处中间电路的电容，测量结果在 3 ~ 3.5 mF，整个中间直流环节电容组合正常。

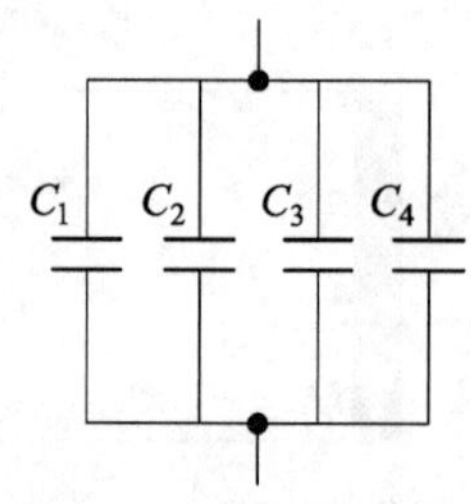

图 6.29　电池的中间直流环节电容器

7）谐波吸收器

谐波吸收器是谐振电路，由电容器 C_{31}，C_{32}，C_{33} 和一个外部扼流圈构成（不在牵引变流器的内侧），如图 6.30 所示。电容电池的谐波吸收器共有 C_n=4.5 mF 的电容值。

谐振电路扼流圈的电感值和电容器电容的制造必须带有限定的精度，而且由于老化影响电容值下降，必须在最初运行时，及确定的维护时间间隔（一般为 10 年）后调整谐振频率，以避免频率漂移。谐振电路中，为允许充分调整谐波吸收器配备一个调谐电容器（C_{fix}）和三个固定电容器（C_{var1}、C_{var2}、C_{var3}），如图 6.31 所示。

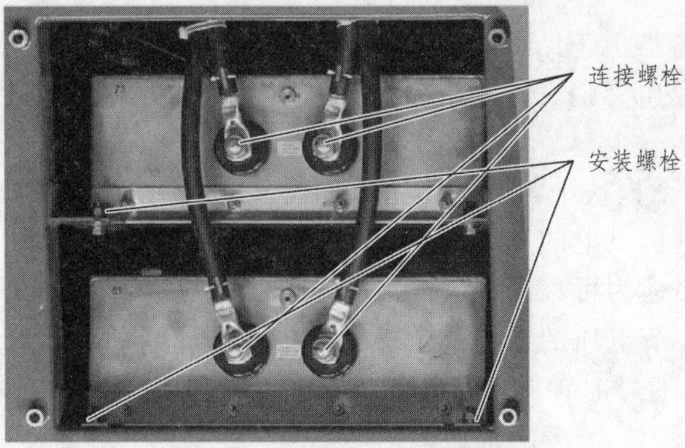

图 6.30　谐振电路 C_{31}、C_{32}

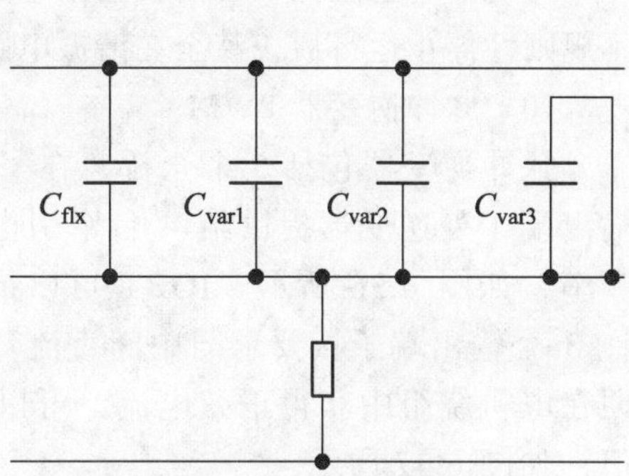

图 6.31　谐振电路

8）中间直流环节中带接地故障探测的连续放电电阻

高阻值电阻并联到变流器的中间直流环节电容中，在变流器由于不规则性停止运行并且额定放电机构不能工作后，这些高欧姆电阻有在限定的时间内给电容放电的任务。接地故障检测由分压器、带准势绝缘和评估电路的差动放大器构成，如图 6.32 所示。连续放电电阻分成 99 kΩ：34 kΩ 比的两个部分。电阻器的中央抽头接地，一个滤波电容器（见图 6.33）并联到下部部件中，监控此电容的电压，在出现接地故障时，测量电压改变，从而相关的 TCU 报出接地故障。在额定运行期间，互感器的值显示为整体中间直流环节电压的 1/4（必须考虑 ± 30%的公差）。在接地故障的情况下，由于电容值的充电反向，测量电压改变。

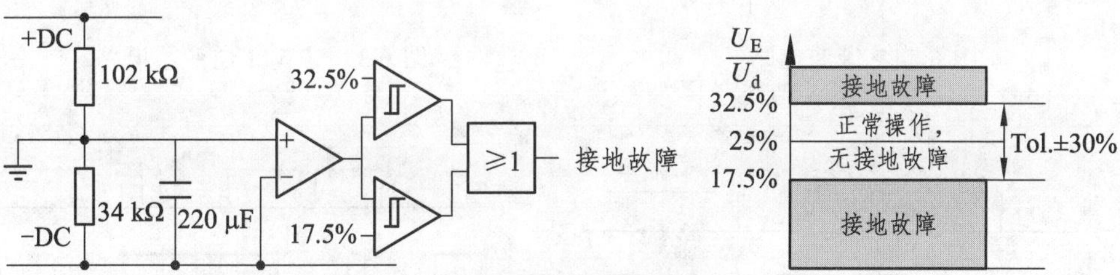

图 6.32　接地故障记录

图 6.33　接地故障检测电容 C71

9）谐波电路电容器的连续放电

高阻值电阻也并联到谐波电路电容器上（见图 6.34），它们的任务是在变流器由于不规则性停止运行后，甚至在谐振电路电感消失时，在有限的时间内给电容放电。

10）脉冲逆变器 PWM

脉冲逆变器包括 3 个全桥，在每个模块上都带有 1 个，如图 6.35 所示。在 3 个输出端子处逆变器提供给 4 台牵引电机供电的三相电压系统，可以设定电压振幅和频率，如图 6.36 所示。IGBT 可以描述为可以用非常高的频率开关的电子开关，允许 3 个输出端子按要求与中间直流环节电压的正极或负极相连接。选择开关状态以便在电机绕组中获得正弦电流，可以通过时钟脉冲运行 IGBT 降低输出电压的 RMS 值，如图 6.37 所示。

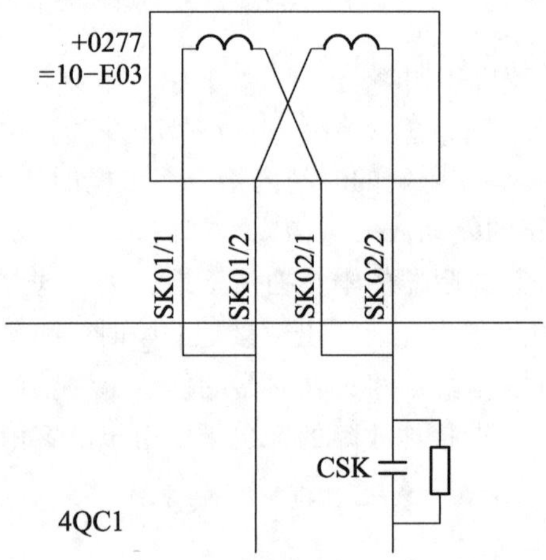

图 6.34　谐波电路

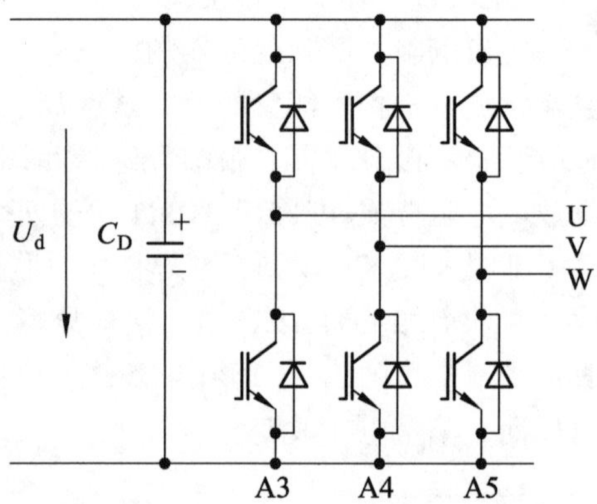

图 6.35　PWM 逆变器电路

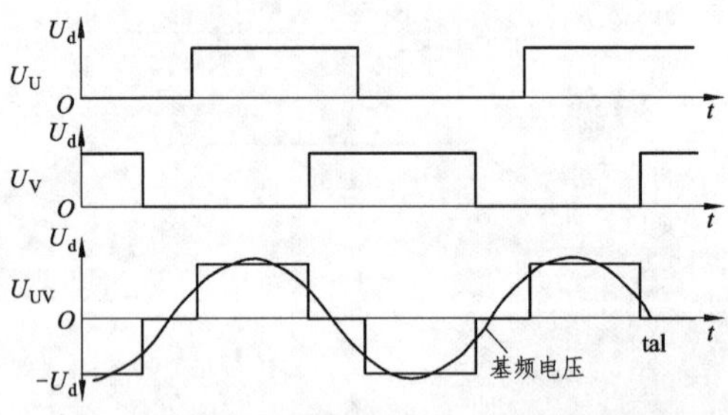

图 6.36　整块运行中的脉宽调制逆变器

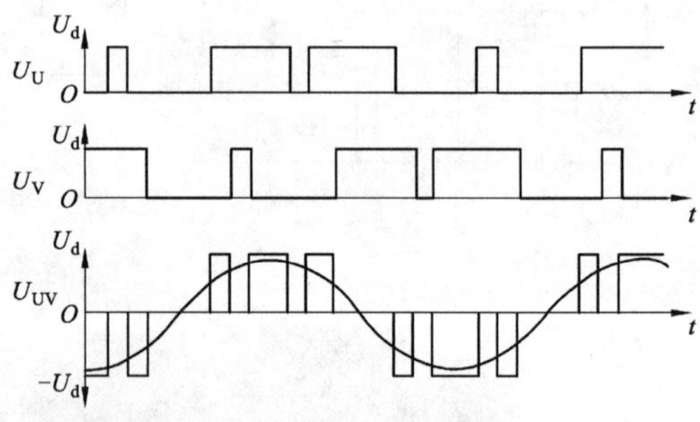

图 6.37　时钟脉冲运行的 PWM 逆变器

相间输出电压的最大可能幅度由中间直流环节电压 U_d 的级别决定。

在制动运行期间，电机轴上的扭矩方向与旋转方向相反，电压和电流有较大的相偏移，如图 6.38 所示。通过提供基本电压，脉冲逆变能加强电压和电流之间的相偏移。

11）辅助变流器电源

辅助变流器没有自己的四象限斩波器，由牵引变流器给它提供中间直流环节电压。为使牵引变流器独立于辅助变流器内侧的故障，在中间直流环节与辅助变流器输入之间设置一个接触器。

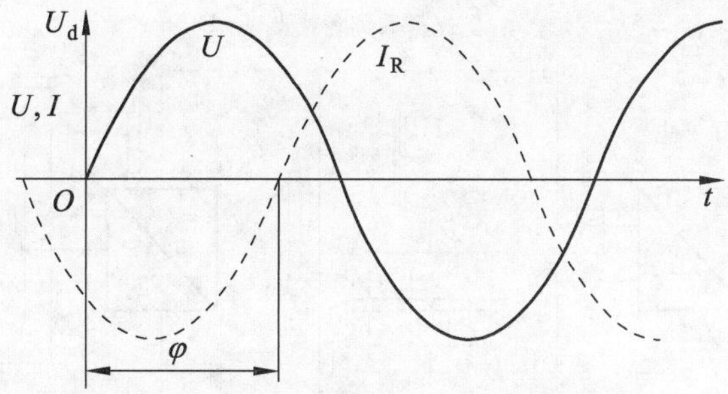

图 6.38　制动运行期间的电压和电流相位

12）限压斩波器和限压电阻

限压斩波器和限压电阻构成过电压限制回路。限压电阻放置在牵引变流器内部，即使仅需要一个 IGBT，也要使用整桥模块。因此在牵引变流器中仅安装一种类型的 IGBT 模块。在再生制动时，来自电机的能量将提供给中间直流环节，过电压限制回路的电阻（见图 6.39）吸收来自中间电路不能反馈回接触网的能量。

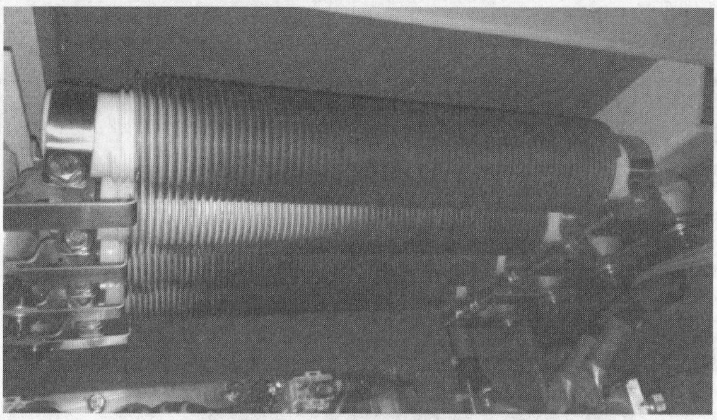

图 6.39　过电压限制电阻 R11

13）救援回送装置（A80）

当列车救援回送列车被拖拽行驶速度大于 55（70）km/h，救援回送装置（见图 6.40）被激活，将 DC 110 V 在短时内升高到 DC 600 V，供给牵引电机励磁。同时，逆变器和牵引电机进入再生发电工况，使中间回路电压升高，输出给辅助变流器，使其启动工作，从而实现给列车辅助系统供电，如图 6.41 所示。

图 6.40　救援回送装置（A80）

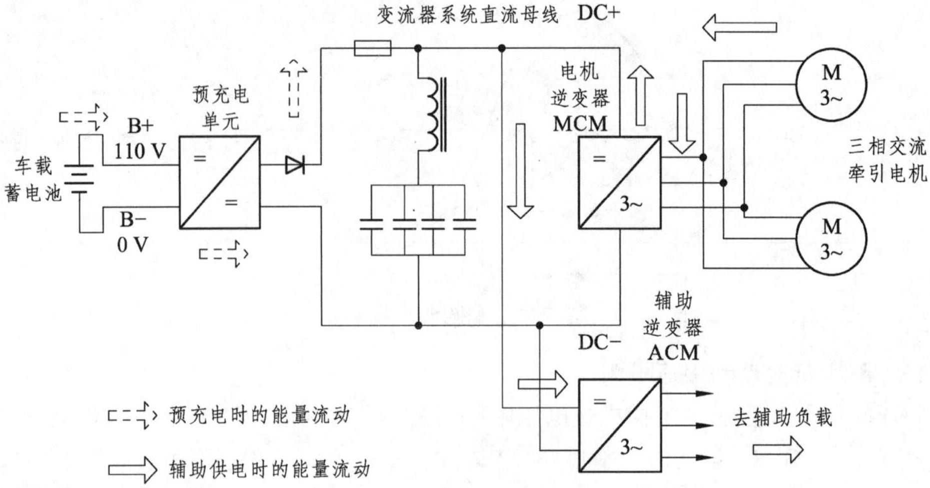

图 6.41　无火回送能量走向

14）无感汇流排

无感汇流排（见图 6.42）是一个短接的半导体闸流管，其配有控制电子并将扼流圈并联到中间直流环节中，如图 6.43 所示，无感汇流排仅用在 IGBT 非常关键的情况下，它的任务是给中间直流环节快速放电，并在某一时间及时吸收来自干线和电机的能量以避免其他部件受到损伤。通过 TCU 软件触发无感汇流排，触发条件如下：

（1）来自 IGBT 门极驱动器的故障信号（TCU 的过程监视）。

（2）缺少无感汇流排的 24 V 电源。

（3）中间直流环节中的 dv/dt 值太高。

（4）在 4QC/PWM 中有过流。

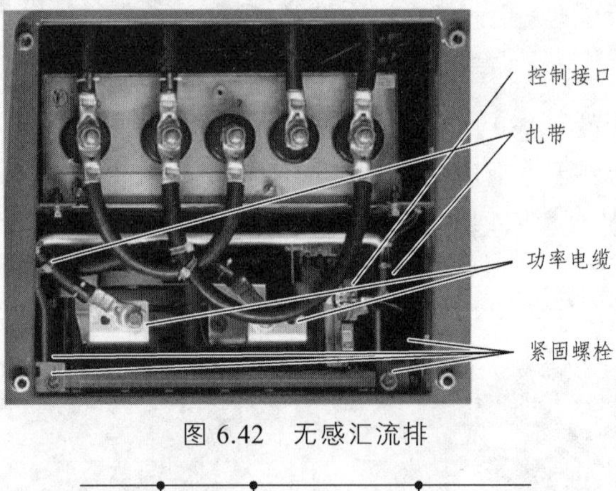

图 6.42　无感汇流排

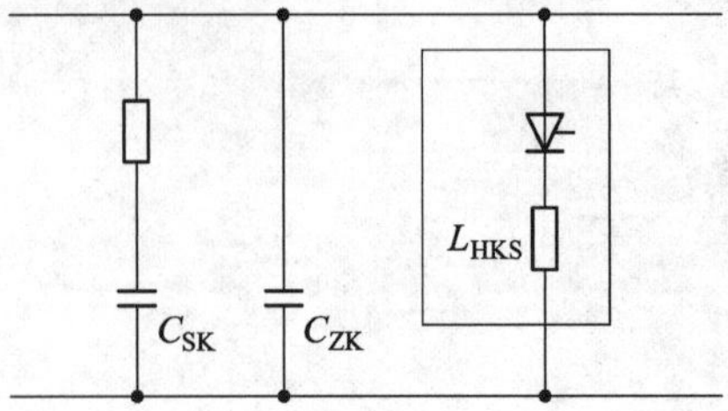

图 6.43　中间直流环节内侧的无感汇流排模块

4. 牵引变流器冷却单元

冷却系统包括带三相电机的风扇和空气-水热交换器，它用于冷却变流器中的空气，风扇保证变流器中的空气循环，从而防止局部过热的形成。

牵引变流器冷却单元包括空气过滤器、散热器、风机组、膨胀水箱、电感、水泵、进水管、中间管和出水管等几个大部件，如图 6.44 所示。工作时，在风机的作用下，冷却空气从列车侧面被吸入，经过滤器、散热器与散热器内腔中的冷却液进行热交换，一部分高温空气垂直排向车下，另外一部分空气经过中间风筒后与电感进行热交换后排向车下。

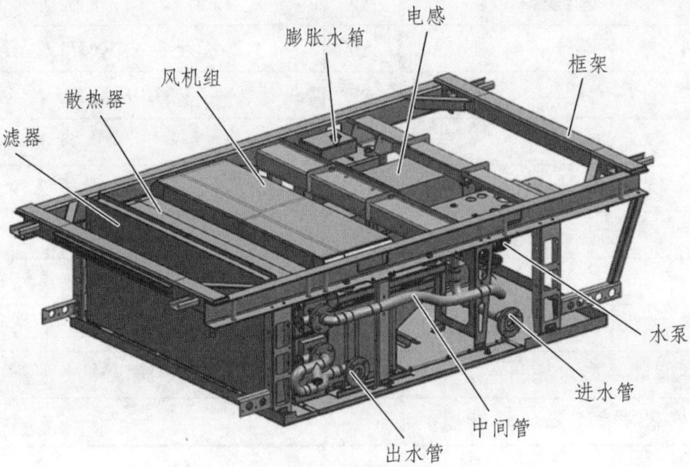

图 6.44　冷却单元示意

冷却单元框架与动车车架通过弹性固定器连接到车辆底梁上，风机箱体、水泵和电感分别通过 4 个橡胶减振器连接在框架上。散热器无法兰侧的吊耳通过丝网减振垫与框架连接，有法兰侧通过螺栓刚性连接于框架上，其他各部件均通过螺栓刚性连接。

冷却单元管路原理及标识名称如图 6.45 和表 6.8 所示。

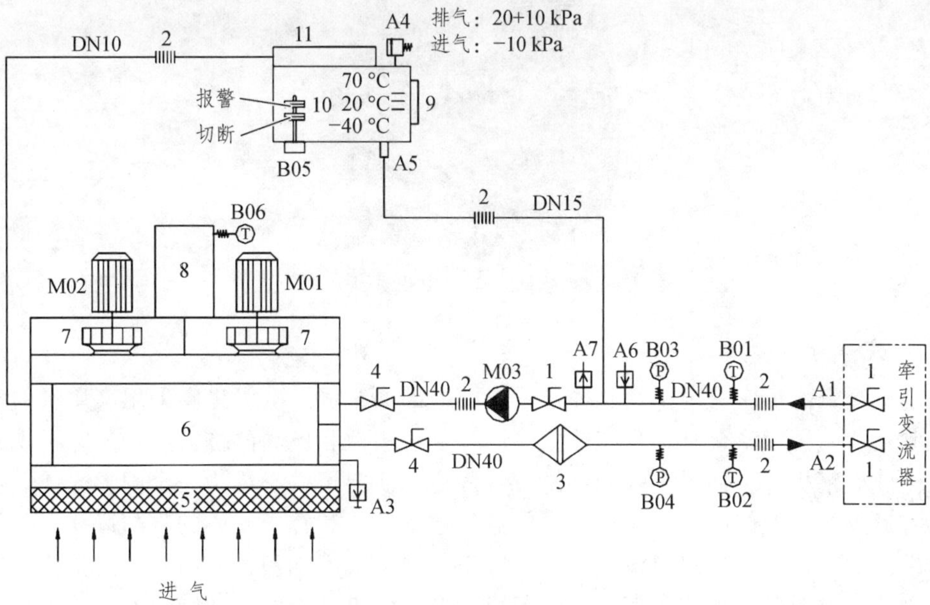

图 6.45　冷却回路原理示意

表 6.8　冷却回路标识名称

标识	部件名称	标识	接口名称
1	DN50 蝶阀	A1	进水法兰，DN50
2	波纹管	A2	出水法兰，DN50
3	过滤器/100 μm	A3	水冷却器快速接头 RMI12，用于排水
4	DN40 蝶阀	A4	膨胀水箱-压力调节阀
5	空气过滤器	A5	膨胀水箱快速接头 RMI12
6	冷却器	A6	快速接头 RMI12，用于注液
7	风机	A7	快速接头 RMI06 7101JV，用于注液时排气
8	串联谐振电感	M01	电机 1
9	液位计	M02	电机 2
10	膨胀箱	M03	水泵
11	进水箱	B01	温度传感器（冷却单元进水管处）
B02	温度传感器（冷却单元出水管处）	B03	压力传感器（冷却单元进水管处）
B04	压力传感器（冷却单元出水管处）	B05	双浮球液位开关
B06	温度传感器（串联谐振电感处）		

6.2.3　牵引电机

牵引电机外观如图 6.46 所示。

图 6.46　牵引电机外观

1. 定　子

电机定子由机座、定子铁心和定子线圈等部件组成。电机机座采用高质量的球墨铸铁制造，结构紧凑合理，具有非常高的强度、刚性和极高的抗振质量。定子铁心由绝缘冷轧硅钢板叠压而成，采用绝缘拉杆固定，使定子铁心成为一个圆形壳体。定子轭部有通风孔，冷却风从进风口进入，流经定子铁心和转子铁心的冷却风孔，并经传动端端面的风口罩板出风口流出。定子绕组为双层成型绕组，采用专用的拓扑原理涨形机制造，成型后嵌进定子槽中。为了得到足够的机械强度、良好的电气性能与优良的热稳定性，定子绕组用端箍固定，带绕组的定子铁心整体经真空压力浸漆（VPI）、旋转烘焙后热套进机座中，组成定子单元。整个电机的绕组绝缘为200级耐电晕绝缘系统。

2. 转　子

转子为鼠笼结构，由转轴、铁心、鼠笼绕组等部件组成。转轴由高强度的锻造合金钢制成。绝缘冷轧硅钢板叠压组成的转子铁心及压板热套安装到转轴上，铜导条插入转子铁心槽内，在传动端和非传动端分别与铜合金端环铜焊在一起，形成鼠笼绕组。每端转子压板有一个圆形槽，将平衡块放置并紧固以保证转子动平衡。

3. 轴承、端盖

两端端盖装入定子机座的两侧，支撑转子。两端轴承分别压入钢质轴承盖内，并在端盖内用螺栓固定，转子在传动端由深沟球轴承支撑、非传动端由圆柱滚子轴承支撑。轴承用润滑脂润滑，可通过锥形注油嘴添加润滑脂，在两端盖底部均有注油孔和废油脂腔用于收集废油脂或过量的油脂。

第7章

供风及制动系统

CR400BF 型动车组制动系统采用电空联合直通制动方式，由主控制装置（EBCU）和制动控制装置（BCU）处理和发送动作指令，通过 WTB+MVB 进行指令传输，最终由供风装置和基础制动装置实现制动功能。控制装置由布置在 1、8 车的 EBCU 和列车级 WTB 网络、每车布置的制动控制装置（BCU）和车辆级 MVB 网络组成。供风装置包括分布在 2、7 车的主空压机和 3、6 车的辅助空压机组成，辅助空压机在总风管风压低于 550 kPa 且无高压供电时启动。基础制动装置由安装在动力转向架上的轮盘式基础制动装置和拖车转向架上的轴盘式基础制动装置组成。CR400BF 型动车组网络传输分为两个单元，1 ~ 4 车为 1 个单元，5 ~ 8 车为 1 个单元。列车运行过程中，各车 BCU 将接收到的指令和状态信息发送到本单元 EBCU，非主控端 EBCU 收集本单元信息后通过 MVB 网络发送至主控端 EBCU，全车制动管理由主控端 EBCU 实现。主控端 EBCU 根据列车控制指令和牵引制动手柄指令计算、分配制动力并发送到各车 TCU 执行电制动指令、BCU 执行空气制动指令，电制动优先，空气制动进行补偿。制动系统可实现常用制动、紧急制动 EB、紧急制动 UB、保持制动、停放制动、清洁制动、比例制动等功能；为摒弃备用制动在救援、回送等非正常模式运行时操作烦琐、指令传输滞后、性能稳定性较差等劣势，CR400BF 型动车组设计了一套 BP 救援/被救援转换装置替代备用制动。此外，CR400BF 型动车组可在 WTB+MVB 网络故障时通过以太网传输指令信号保证列车在 80 km/h 速度下安全运行；故障诊断功能用于日常检修维护时对各系统状态的监控和故障判断。

7.1 供风单元

CR400BF 型动车组压缩空气供给系统装备为空压机（见图 7.1）。8 辆编组动车组采用冗余设计，共设置两套，分别安装于 M02、M07 车车下设备仓内，主要为组制动系统、空气弹簧、卫生间、车门、受电弓、主断路器、空调、废排、撒砂装置、轮缘润滑、风笛、开闭机构、解钩电磁阀等设备提供风源。

7.1.1 主供风单元

1. 空压机结构组成

CR400BF 型动车组空压机由螺杆空气压缩机组（电机、压缩机、冷却器、空滤器、油过滤器等，见图 7.1）、空气净化处理单元（双塔干燥器、微油过滤器）、管路组件（单向阀、安全阀、压力控制器等）、电控单元、托架等部件组成，最大工作风压为 1 000 kPa。

1—空气压缩机组；2—框架；3—微油过滤器；4—干燥器。

图 7.1　空压机

2. 空压机工作原理

1）空压机主供电及控制电源

空压机电机通过=64-F11 供电断路器及=64-Q11 接触器由列车中压母线提供三相 AC 380 V/50 Hz 主供电电源。主空压机控制电源通过=64-F12 供电断路器由蓄电池 DC 110 V 的 BN2、BD 提供，作用于空压机启停控制。同时，蓄电池 DC 110 V 电源通过=64-F13 断路器为空压机油温控制供电、通过=64-F14 断路器为双塔干燥器供电。

2）正常情况下主空压机启停

主辅空压机选择以及启停控制管理由 EBCU 完成。当总风（MR）压力降到（800 ± 20）kPa 时，EBCU 给出空压机启动信号，断路器=64-K12 线圈得电常开触点（13、14）闭合，油温断路器=64-K13 在油温为（112 ± 6）°C 时线圈得电常开触点（13、14）闭合。从而主空压机=64-Q11 接触器线圈得电，主触点（1、2、3、4、5、6）闭合，主空压机启动。当总风（MR）压力到达（950 ± 20）kPa 时，控制空压机停机。当总风（MR）压力降到（750 ± 20）kPa 时，EBCU 控制两台空压机同时启动；当总风（MR）压力到达（950 ± 20）kPa 时，控制两台空压机停机，安全阀自动排风，确保系统压力安全。

3）EBCU 故障时主空压机启停

主空压机可根据制动控制单元 B14 模块中的压力开关控制本车（Mc02、Mc07）空压机的启停。在 EBCU 故障无法控制主空压机时，动车组进入紧急模式=22-K73 接触器（24、23）常开触点闭合，当总风压力值≤750 kPa 时，启动本地空压机，总风压力值≥950 kPa 时，所有空压机停止工作。

4）螺杆压缩机的工作循环过程

吸气过程：随着转子的运动，齿的一端逐渐脱离啮合而形成了齿间容积，这个齿间容积的扩大在其内部形成了一定的真空。此时，该齿间容积仅仅与吸气口连通，因此气体便在压差作用下流入其中。在随后的转子旋转过程中，阳转子的齿不断地从阴转子的齿槽中脱离出来，此时齿间容积也不断地扩大，并与吸气口保持连通。随着转子的旋转齿间容积达到了最大值，并在此位置齿间容积与吸气口断开，吸气过程结束。

压缩过程：随着转子的旋转，齿间容积由于转子齿的啮合而不断减少，被密封在齿间容积中的气体所占据的体积也随之减少，导致气体压力升高，从而实现气体的压缩过程。压缩过程可一直持续到齿间容积即将与排气口连通之前。

排气过程：齿间容积与排气口连通后即开始排气过程，随着齿间容积的不断缩小，气体逐渐通过排气口被排出。

5）空压机组气路

空压机组结构如图 7.2 所示。

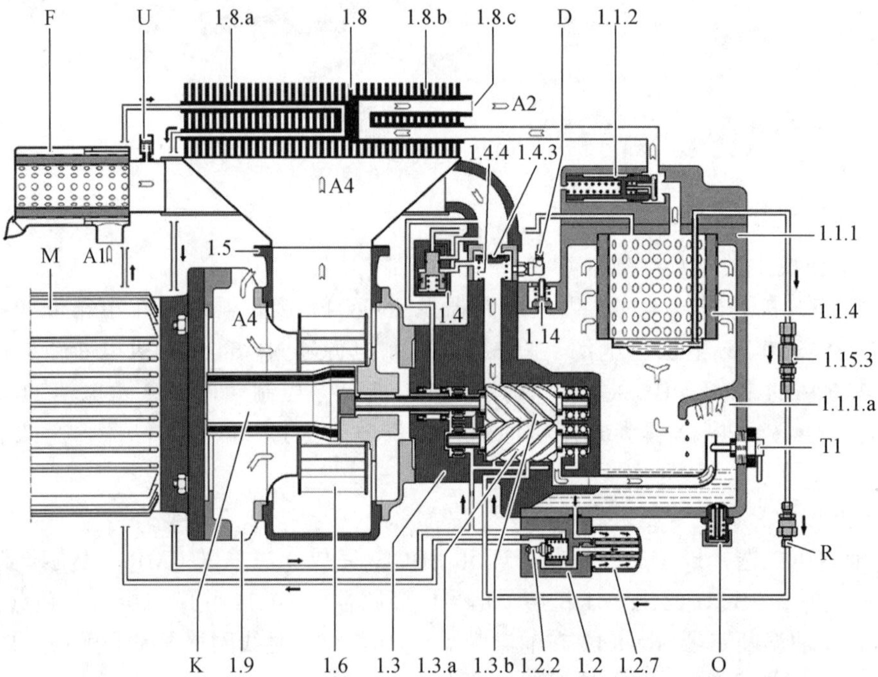

1.1.1—压缩机外壳；1.1.1.a—折流板；1.1.2—最小压力阀；1.1.4—油细分离器；1.2—温控阀（控油单元）；1.2.2—调节器；1.2.7—油过滤器；1.3—压缩机单元；1.3.a—主转子；1.3.b—副转子；1.4—泄压阀；1.4.3—进气阀板；1.4.4—压缩弹簧；1.5—蜗壳；1.6—离心式风扇；1.8—冷却器；1.8.a—油冷却器；1.8.b—空气冷却器；1.8.c—冷却空气出口；1.9—中托架；1.14—安全阀；1.15.3—吸油管道过滤器；D—压力开关；O—放油阀；K—联轴器；F—空气滤清器；M—电机；T1—温度开关；U—真空指示器；R—止回阀；A1—进风口；A2—压缩空气出口；A4—冷却空气。

图 7.2 空压机组示意

空气经过空气滤清器（F）、进气阀板（1.4.3）和压缩弹簧（1.4.4）的止回阀功能组进入压缩机单元（1.3）的进气侧。空气在压缩后通过固定在压缩机单元上的压力套管被压入压缩机外壳（1.1.1）内。压缩机启动后，最小压力阀（1.1.2）先是关闭，使压缩机单元外壳内迅速建立起压力，实现油路循环。当压缩机外壳内的压力达到约 650 kPa 时，最小压力阀开启，压缩空气进入下游管路。如果在达到关闭压力时使压缩机组停止运转，则最小压力阀关闭。以防止被压缩的空气从下游管路中回流到压缩机外壳内。每次关断压缩机组后，压缩机外壳都通过泄压阀自动泄压，压缩机组停止运转后，最小压力阀（1.1.2）和进气阀板（1.4.3）首先关闭。接着，进气管道内的压力由于来自压缩机单元的回流空气而升高，泄压阀（1.4）开启。压缩机单元外壳（1.1.1）的空气可由此流经空气滤清器，从而使外壳内的压力迅速降至 300 kPa 以内，最后空气通过泄压阀内的一个喷嘴将压力慢慢地降到 0 kPa。在内部压力较低的情况下，压缩机组在 14 s 后才能再次启动，这个过程可避免产生过多的油泡沫。

6）空压机组油路

由于运转中最小压力阀的作用，使压缩机组里始终存在一定的压力，压缩机机组内润滑油在压力作用下经过油过滤器（1.2.7）被输送到螺杆式压缩机的注油点，并在注油点润滑轴承和转子。此外，油吸收压缩过程中产生的热量将密封转子之间及转子与压缩机外壳之间的空隙。从压缩机流出的油气混合物首先通过外壳的折流板（1.1.1.a）处，进行初次分离。随后在油细分离器（1.1.4）内进行精细分离。在此分离出来的油积聚在油细分离器的底部，在压缩机外壳内过压的作用下，经过带有过滤器（1.15.3）、喷嘴和止回阀（R）的吸油管道再流入压缩机单元。如果油温达到 83 °C，则温控阀（1.2）内的调节器（1.2.2）即打开到油冷却器（1.8.a）的通路；低于该温度时，油在冷却器与直接注射口之间分配。以这种方式可很快达到最佳工作温度，并使冷却器达到最佳预热效果。压缩机外壳的压力管接处的油气混合物的温度由温度开关（T1）监控，温度达到极限值时，温度开关必须关断压缩机组。

7）供风单元加热功能

当环境温度低于（7 ± 3）°C 时，干燥器中的加热器开始加热，环境温度高于（22 ± 3）°C 时停止加热。

当环境低于（－20 ± 5）°C 时，空压机低温加热装置启动，启动期间车辆控制系统会得到低温加热信号，此时空压机不允许启动，加热时间根据环境温度不同而不同，最长不超过 40 min。

8）空气干燥装置

空气干燥装置用于吸取压缩机压缩的空气中的湿气和大部分油料。

空气干燥装置结构组成：2 台整体式油气分离器的干燥塔；1 个支架，带有再生节流器；2 个用于干燥塔的单向阀；1 个中央溢流阀；1 个控制空气的预控制阀；1 个带消音的双向活塞阀；1 个阀用电磁铁和用于控制循环的电路板，如图 7.3 所示。

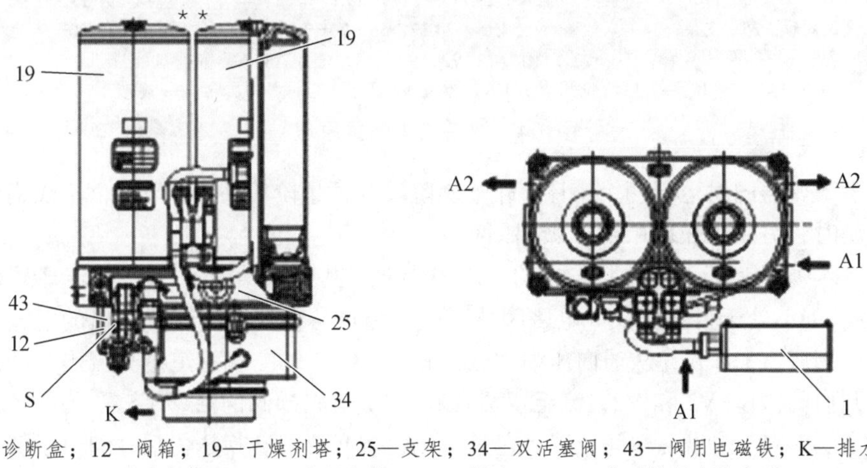

1—故障诊断盒；12—阀箱；19—干燥剂塔；25—支架；34—双活塞阀；43—阀用电磁铁；K—排水接管；A1—压缩机接口；A2—主风缸接口；S—插头；* *—带对接插头的选型。

图 7.3　双塔干燥器

空气干燥装置工作原理如图 7.4 所示，气路原理如图 7.5 所示。

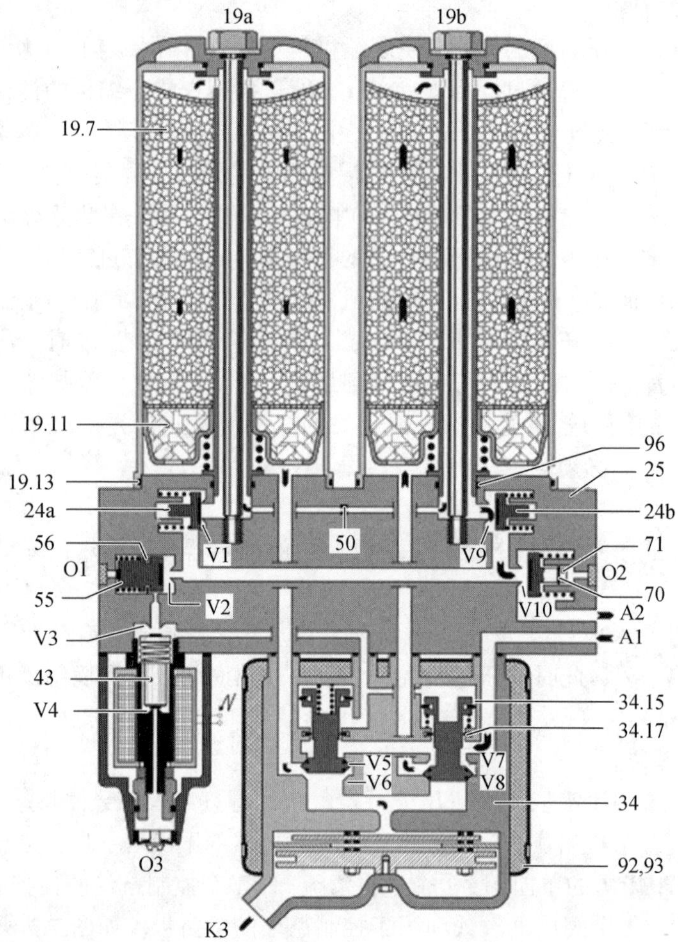

19a—再生阶段的干燥塔；19b—干燥阶段的干燥塔；19.7—干燥剂；19.11—带迅捷环的油分离器缸；19.13，96—O 形环；24—止回阀的阀锥；25—支架；34—双活塞阀；34.15，34.17，56，70—K 环；43—阀用电磁铁；50—再生塔喷嘴；55—先导阀的活塞；71—溢流阀阀盘；92，93—绝缘套；A1—压缩机前的进风口；A2—通风主风缸的排风口；K3—空气/冷凝水；O—排风口；V—阀座。

图 7.4　双塔式干燥器原理

双塔干燥器同时运行两个工序，即干燥阶段和再生阶段并行。当一个干燥塔中主气流被干燥时，另一干燥塔中的干燥剂则再生。

图 7.4 所示为处于工作状态中的双塔干燥器，其中干燥塔（19b）处于干燥阶段，干燥塔（19a）处于再生阶段。电磁阀体（43）通过从循环控制装置发出的电输入信号而得电，阀座 V3 打开，从通向压缩空气接口 A2 的压缩空气管道中分流出来的压缩空气流经开启的阀座 V2 和 V3，流至双活塞阀（34）。先导阀的活塞（55）的任务是防止在双活塞阀（34）中出现中间位置，它只有在达到必要的转换压力后才打开。转换压力将活塞顶着弹簧力压至下部或上部位置，以此打开阀座 V6 和 V7。

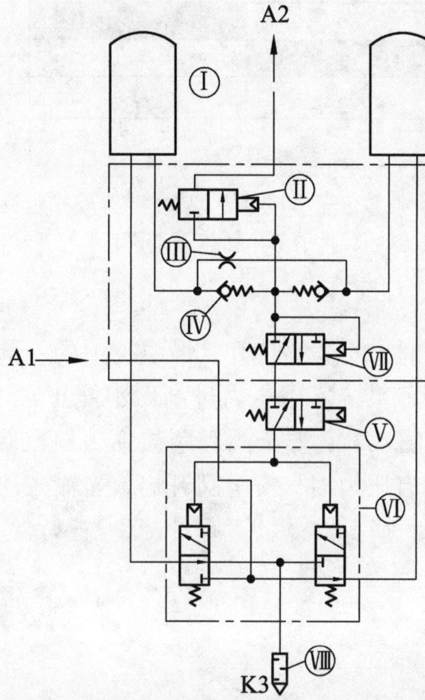

Ⅰ—干燥剂塔；Ⅱ—溢流阀；Ⅲ—再生塔喷嘴（50）；Ⅳ—止回阀（24）；Ⅴ—阀用电磁铁（43）；Ⅵ—双活塞阀（34）；Ⅶ—先导阀；Ⅷ—消声器；K3—空气/冷凝水；A1—进风口；A2—排风口。

图 7.5　双塔式干燥器气路原理

由压缩机供给并随之经过再冷却和预排水的压缩空气流经接口 A1 和开启的阀座 V7，流至干燥塔（19b），它从下向上地流过该干燥塔，接着通过中心管再向下，经过止回阀的阀锥（24b）和溢流阀阀盘（71）被导向接口 A2。

空气在流入干燥剂（19.7）之前，先要流经油分离器缸（19.11）中的迅捷环填料。这样，通过多次环流、涡旋和碰撞后，残留在压缩空气中最小的油滴和水滴都落在迅捷环较大的表面上。然后结成较大的液滴在重力作用下落到下面的集流室中。接着在通过干燥剂时，空气中尚含的水分被吸走，使压缩空气从干燥塔（19b）中流出时的相对湿度小于 35%。一部分已干燥的空气被分流出来，经过再生塔喷嘴（50）减压，通过干燥塔（19a）的干燥剂后被送入相反方向。这种减压后的空气也称为再生空气，它从需要再生的干燥剂中吸走了水分，并通过开启的阀座 V6 和消声器而排入大气。

当干燥剂即将达到饱和极限时，通过电子控制装置在 *T*/2 阶段（见图 7.6）换接，即阀用电磁铁（43）失电。阀座 V3 关闭，阀座 V4 打开。通向活塞阀（34）的控制线路排气。从而通过弹力将活塞压入上部或下部位置，这样就关闭了阀座 V6 和 V7，并打开了阀座 V5 和 V8。在这种操作位置时，主气流（A1→A2）在干燥塔（19a）中被干燥，而干燥剂在干燥塔（19b）中再生。操作位置的时间顺序和相应的工作阶段如图 7.6 所示。

为了使干燥器完好地工作，需要有一定的转换压力，在这种转换压力下先导阀的活塞（55）打开并且双活塞阀（34）可以转换。溢流阀阀盘（71）确保这种压力在设备中迅速形成。通往主风缸的通道直到超过转换压力时才打开。这样可以避免在长时间充气过程中干燥塔（19b）中的干燥剂出现过饱和。

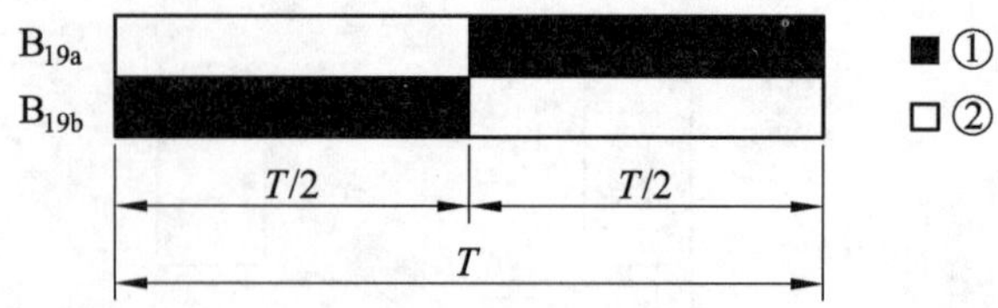

B—干燥剂塔；T—转换周期（120 s）；① —再生阶段；② —干燥阶段。

图 7.6　转换周期图

9）安全阀的作用

当系统压力超过规定值时，安全阀打开，将系统中的一部分气体排入大气，使系统压力不超过允许值，从而保证系统不因压力过高而不能正常工作，起保护设备的作用。

安全阀的工作原理（见图 7.7）：安全阀阀芯被弹簧压在阀座上，阀口保持关闭。当输入压力大于等于安全阀开启压力时，安全阀开启，当输入压力降到回座压力时，阀口关闭。

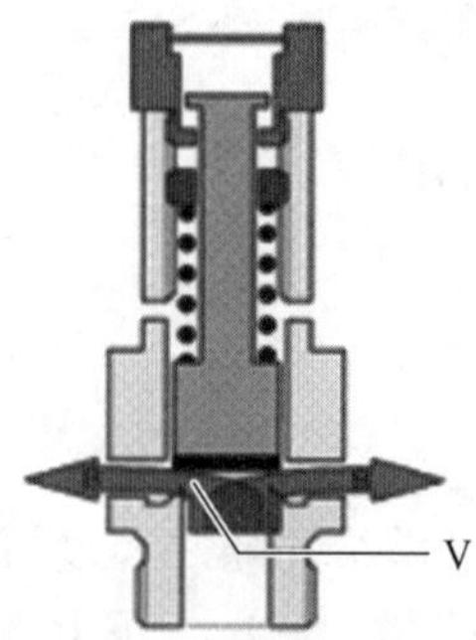

（a）关闭　　（b）打开

图 7.7　安全阀

7.1.2　辅助供风单元

CR400BF 型动车组有两台辅助空气压缩机，分别安装于 Tp03、Tp06 车下设备仓内。辅助空气压缩机是在动车组总风压力不足情况下为受电弓（P）、主断路器（MCB）、高压隔离开关（RLDS）提供风源。辅助供风单元（U01）采用活塞式压缩机和单塔干燥器，辅助供风单元采用 DC 110 V 直流电机驱动无油活塞空压机，空压机吸气口设有空气滤清器。

辅助压缩机具有体积小巧、结构紧凑、持续运行等特点。在空压机内部，活塞杆和活塞构成坚实的部件，坚固可靠的阀体上配有不锈钢软薄片。空压机本身可在 40 °C 的高温下 100%连续运行而无须额外通风措施，但在供风单元中由于集成了单塔式干燥器，需停机后对干燥器进行反吹再生，所以不允许机组连续长时间运行（单次连续运行时间不超过 10 min）。

1. 辅助空气压缩机的组成

辅助空气压缩机由框架、空压机、干燥器（具有反吹风缸和反吹电磁阀）、冷却器、安装减振部件及各连接管路等组成，如图 7.8 和及表 7.1 所示。

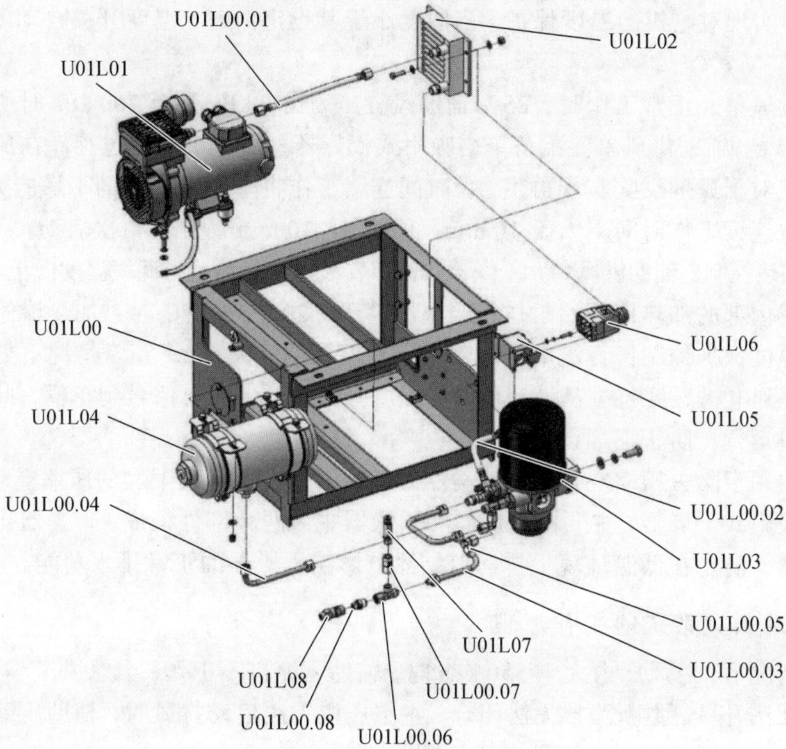

图 7.8　辅助压缩机

表 7.1　辅助压缩机编号及名称

编号	名称	编号	名称
U01L00	框架	U01L00.01	软管
U01L01	空压机组成	U01L00.02	软管
U01L02	冷却器组成	U01L00.03	硬管
U01L03	干燥器组成	U01L00.04	硬管
U01L04	反吹风缸组成	U01L00.05	硬管
U01L05	连接器底座组成	U01L00.06	三通
U01L06	连接器插头组成	U01L00.07	活螺母接头
U01L07	安全阀	U01L00.08	活螺母接头
U01L08	单向阀		

电机内设计温度保护开关 TS[常闭触点，断开值为（90 ± 5）°C，闭合值为（55 ± 5）°C]。当温度开关检测到电机轴承温度高于其设定值时，温度开关断开，向车辆输出温度保护信号，车辆切断辅助供风单元中电机的 DC 110 V 供电，使空压机停机，不允许空压机

工作，从而实现对电机的温度保护。当温度小于其设定值时，温度开关自动闭合，允许空压机工作。

辅助供风单元正常工作时，25 L 辅助风缸压力由 0 kPa 升至 700 kPa 时所需时间小于 4 min + 5 s。辅助供风单元配备单塔吸附式干燥器，需停机后通过存储在反吹风缸内的干燥空气对干燥剂反吹实现再生，长时间连续工作将降低干燥剂的干燥能力。辅助供风单元单次连续工作时间不大于 10 min，停机 5 ~ 10 min 后允许再次启动。

低温加热控制：辅助供风单元干燥器排污口安装有加热棒，当环境温度低于（7 ± 6）°C 时，干燥器内部的加热棒开始工作；当温度高于（29.5 ± 3）°C 时，加热棒停止加热。

电机温度保护控制：直流电机内部设有温度检测开关 T2，正常情况下处于常闭状态。当检测到电机温度超过其设定值时，温度开关断开，输出信号到车辆，此时应停止辅助空压机运行，防止损坏设备。

干燥器用于除去压缩空气中的水分，为车辆用风设备提供干燥的压缩空气。干燥器采用单塔吸附式干燥器，主要由干燥筒和干燥器主体两大部件构成，干燥器排污口内部集成加热棒，防止在低温环境下排污口结冰，影响干燥器的正常排水功能。

2. 辅助供风系统的工作原理

正常情况下，总风压力大于 550 kPa 时，辅助压缩机不工作；当总风压小于 550 kPa 且受电弓无法升弓、主断路器无法闭合、主空压机无法启动打风时，辅助压缩机开始工作为受电弓，主断路器，高压隔离开关提供风源。

受电弓升弓控制模块 U03.05 压力开关检测总风压力的大小，通过本车 IOM1、IOM2 控制辅助压缩机启停。当压力开关检测到风压不足 550 kPa 时，辅助压缩机启动，当风压达到 700 kPa 时辅助压缩机停止工作。辅助压缩机带安全阀，当辅助压缩机风压达到 900 kPa 以上时压缩机未停机，安全阀将打开。

7.2 基础制动系统

7.2.1 撒砂装置

CR400BF 型动车组撒砂装置安装于 Tc01、Mh04、Mb05、Tc08 车一轴（现有量产车）。撒砂装置是制动系统重要组成部分，在动车组运行过程中通过撒砂增加轮轨间的黏着系数，增大轮对摩擦力，防止车轮滑行及空转现象发生。其装置包括砂箱、撒砂控制器、砂位显示仪、撒砂电磁阀、加热器、撒砂喷嘴、风管路及撒砂管路等部件组成。

如图 7.9 所示，通过操作司机操作台“撒砂”黑色球型扳键（=72-S01 自复位）实现撒砂，扳键至“前”位开始前轮对（运行方向）的撒砂，扳键至“后”位开始撒砂，撒砂分为低速撒砂和高速撒砂。低速撒砂时减压阀（F01.05）控制撒砂压力为 270 kPa，电磁阀（F01.06）开启向撒砂装置供风，高速撒砂时减压阀（F01.03）控制撒砂压力为 630 kPa，电磁阀（F01.04）开启向撒砂装置供风，撒砂控制模块同时具有撒砂干燥功能，减压阀（F01.05）控制撒砂压力为 270 kPa，电磁阀（F01.07）开启向撒砂装置供风。

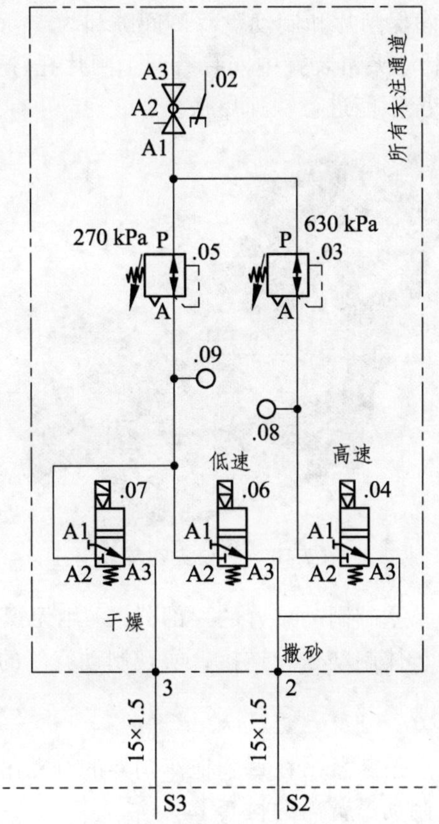

图 7.9　撒砂控制

7.2.2　防滑排风阀

每轴安装一个速度传感器和防滑排风阀。防滑检测设备安装在制动控制装置内部，当检测出车轮滑行时，该轴所在的防滑排风阀迅速响应制动缸进行排风，当黏着恢复后恢复所需制动力。

7.2.3　基础制动装置及空气弹簧

CR400BF 型动车组 CW350（D）转向架基础制动装置，通过手柄给出制动指令，经网络传输到电子制动控制单元（EBCU）、气动制动控制单元（PBCU）再经过计算将指令传输到基础制动装置，从而每根轴得到相应的制动力。基础制动装置分为动车基础制动装置、拖车带停放基础制动装置。其中动车采用轮盘制动，且每根轴有 2 套制动夹钳；拖车采用轴盘制动，且每根轴有 3 套制动夹钳，拖车转向架部分轴盘制动装置都有停放制动功能。

1. 动车基础制动装置

动车动夹钳装置通过三点吊装悬吊在每个动车转向架的制动吊座上。动车制动夹钳上的两个螺栓悬吊在构架制动吊耳及连接块内的衬套上。

如图 7.10 所示动车制动夹钳装置可以自由运动，夹钳后部的制动缸安装在制动缸吊座上。为了保持调整活塞冲程为恒定值，每个制动缸上都安装了自动磨耗调节器。通过活塞杆的自动再调整，确保闸片和制动盘双侧间隙和为 3 ~ 6 mm。动车制动夹钳分别装在构架左右两侧，每个制动夹钳装置中安装有两个闸片托，闸片托用于安装制动闸片，并且在制动闸片磨损的情况下能进行快速更换。

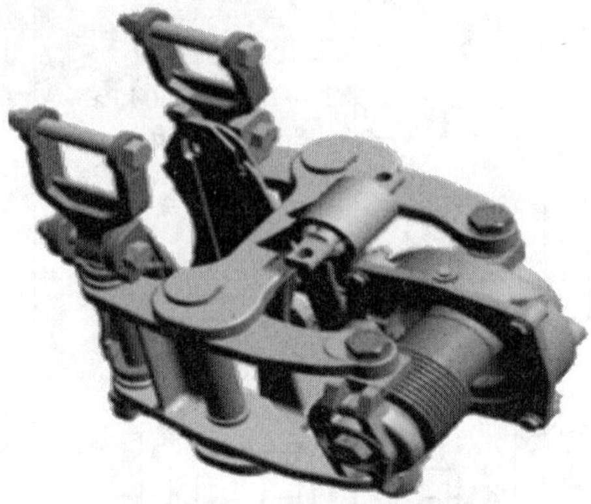

图 7.10　制动夹钳单元

动车制动管路属于动车基础制动装置的一部分，采用无螺纹密封连接，管路终端与制动软管连接，初始端与车体制动软管连接，实现制动空气的传输。

2. 拖车基础制动装置

拖车制动夹钳通过三点吊装悬吊在每个拖车构架的制动吊座上，拖车制动夹钳上的两个螺栓悬吊在压装构架制动吊臂内的衬套上。

拖车制动夹钳装置可以自由运动，制动缸安装在制动缸吊座上。为了保持调整活塞冲程为恒定值，每个制动缸上都安装了自动磨耗调节器，通过活塞杆的自动再调整，确保闸片和制动盘双侧间隙和为 3 ~ 6 mm。每个制动夹钳装置中安装有两个闸片托，闸片托用于安装制动闸片，并且在制动闸片磨损的情况下能进行快速更换。

图 7.11　带停放制动夹钳单元

如图 7.11 所示，拖车带停放基础制动装置布置在 Tc01、Tc08 车 2 位转向架与 Tp03、Tp06 车 1、2 位转向架，全列共设有 12 个带停放制动的制动夹钳单元，其位于拖轴的中部，手动缓解装置安装在构架外侧。

3. 空气弹簧

CR400BF 型动车组采用低横向刚度结构的空气弹簧，可大大改善乘坐舒适性和通过曲线的性能，能缓和车体的垂向和横向振动。转向架枕梁内部作用空气弹簧的附加空气室，空气弹簧的上部通风口与附加空气室连接，枕梁进风口与车体的管路连接。当空气弹簧内气压不足时，胶囊下部的叠层橡胶堆能起到一定的垂直减振作用，也能保证车辆安全行驶（需要限速），空气弹簧的正常工作高度是 326 mm。

空气弹簧控制组成用来检测车体与转向架之间由于乘客负载变化而引起的高度变

化，并针对高度变化情况对空气弹簧进行充、放气，进而保证车辆处于平衡高度。高度阀安装在枕梁上，高度阀调整杆下端安装在构架上，上端与水平杠杆的一端相连，水平杠杆的另一端穿过高度阀的活塞转轴。这样，车体与转向架之间的高度变化就转化为水平杠杆的角度变化，完成了高度阀的打开或关闭，高度阀调整杆的两端使用球形关节轴承，能满足车体与转向架间相对位移的要求。

此外，为了保证车辆的运行安全，在枕梁与构架之间安装安全阀。当两空气弹簧高度达到限度值时，安全阀就会发生动作，对空簧进行排气，这样就能避免某一个高度阀故障而过充，保证车辆安全运行。

7.3 制动控制系统

7.3.1 电子制动控制单元（EBCU）

1. 电子控制单元（EBCU）组成

电子制动控制单元（EBCU）包括制动控制、防滑控制、故障诊断及通信等功能。其能实现接收司机或列车监控系统（CCU）给出的控制信号，并对列车的制动/缓解控制，主要由机箱箱体（含背板）、电源板卡（PW01B）、扩展板卡（EX01B、EX02B）、通信板卡（CM05A）及主控制板卡（MC02A）等组成，如图 7.12 所示。

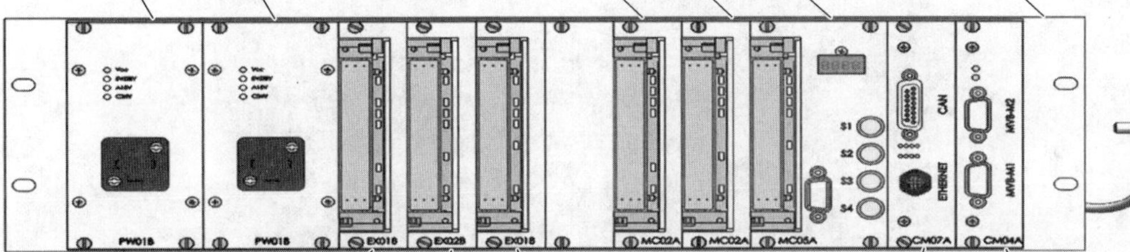

图 7.12　电子制动控制单元

2. EBCU 板卡功能

（1）电源板卡（PW01B）：将车辆的输入电压转化为 EBCU 本身需要的电压，同时给相连的传感器和执行部件供电，可以实现 DC 110 V 供电或 DC 24 V 供电。

（2）扩展板卡（EX01B、EX02B）：配有标准化基础软件，用于扩展主板的输入输出端口，一般作为 EBCU 的从动装置将其基本功能（如处理输入输出信号）提供给主机，并受主机监控，扩展类板卡可分为数字量输入输出模块、数字接口模块及模拟量接口模块等。

（3）主控板卡（MC02A）：用于各类压力、速度信号输入、阀控信号输出、串口通信。

（4）通信板卡（CM05A）：用于连接不同控制系统，如连接远程人机对话接口、连接车辆总线系统或制动控制系统内部通信用。通信卡有过滤器的特性，以便降低各个系统之间的总线负载。CM05A 通信板集成了 HMI 功能，该板卡有 3 个界面：CAN 口、4 位字母数字显示器及 4 个按键。按键组合及功能见表 7.2。

表 7.2　按键组合及功能

键组合	按键时间/s	功能
S1	1<t<3	自动顺序显示当前和暂时故障，每个故障显示 3 s
	t>3	每次按下 S1 键约 1 s，依次显示当前和暂时故障。如果超过 10 min 没有按下，退出依次显示模式
S2	t>3	执行车轮滑行控制试验
S3	t>3	清除所有当前和暂时故障
S4	t>3	执行门控信号试验
S1+S4	t>3	确认停放制动手动缓解

7.3.2　气动制动控制单元（PBCU）

1. PBCU 组成

气动制动控制装置由制动控制模块、供风及空簧控制模块、压力开关模块、停放控制模块、撒砂控制模块和升弓控制模块组成，如图 7.13 所示。

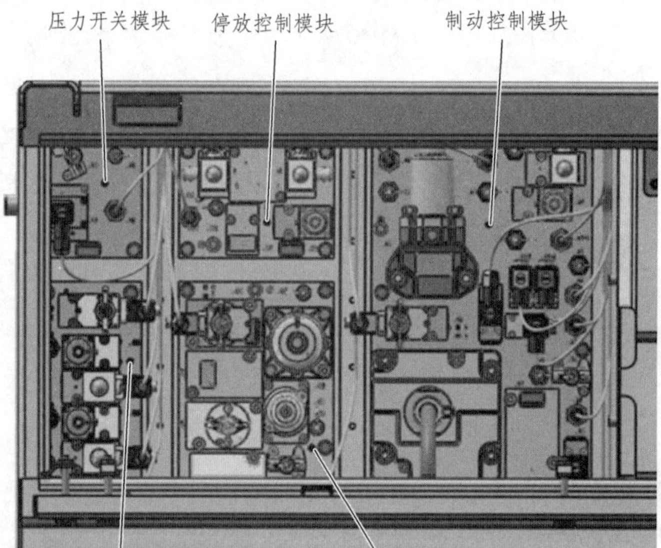

图 7.13　PBCU 模块组成

2. PBCU 功能

1）制动控制模块（B12）

制动控制模块由压力传感器、预控压力电空转换阀、中继阀、空重阀、紧急电磁阀、压力开关、制动切除塞门、远程制动切除电磁阀、气控活塞阀，如图 7.14 所示。制动控制模块用于实现常用制动、紧急制动 EB、紧急制动 UB 等功能。

图 7.14　B12 模块

2）供风及空簧控制模块（B13）

供风及空簧控制模块由测量总风压力传感器、空气过滤器、单向止回阀，空簧供风溢流阀、减压阀及供风塞门组成，如图 7.15 所示。供风与空簧控制模块用于制动控制、空气悬挂等的供风控制。

图 7.15　B13 模块

3）压力开关模块（B14）

压力开关模块监测 BP 管压力的传感器、监测总风压力的压力开关、控制空压机启的停压力开关、压力测试口组成，如图 7.16 所示。压力开关模块用于监测并反馈总风管和 BP 管压力，为牵引封锁（Tc01、Tc08）和主供风单元（Mc02、Mc07）起停控制提供信号。

图 7.16　B14 模块

4）停放控制模块（B15）

停放制动控制模块由调节总风压力的减压阀、控制停放制动施加与缓解的双脉冲电磁阀、防制动力叠加的双向止回阀、反馈停放缸压力的压力传感器、停放缸压力测量口组成，如图 7.17 所示。停放制动控制模块用于控制和监控停放制动施加和缓解状态。

5）撒砂控制模块（F01）

撒砂控制模块由撒砂隔离塞门、调节撒砂压力调节的减压阀、撒砂控制电磁阀、干燥控制电磁阀、撒砂压力测量口组成，如图 7.18 所示。撒砂控制模块用于列车撒砂时给撒砂装置供风。

图 7.17　B15 模块

图 7.18　F01 模块

6）升弓控制模块（U03）

升弓控制模块由单向供风止回阀、控制辅助空压机启停控制的压力开关、压缩空气滤清器、受电弓压力测量口组成，如图 7.19 所示。升弓控制模块用于向受电弓供风。

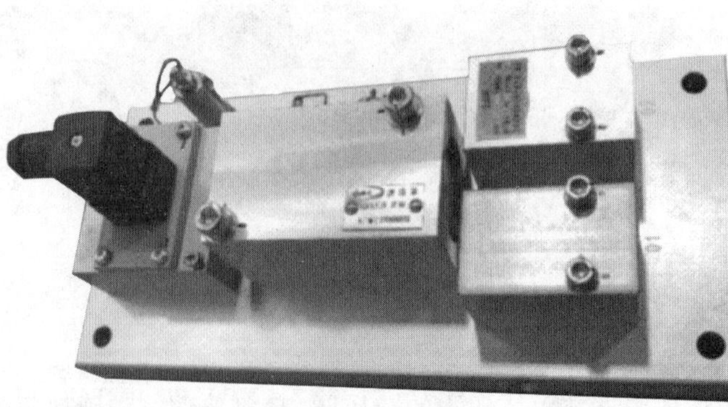

图 7.19　U03 模块

7.4 制动作用方式

7.4.1 常用制动功能及原理

常用制动用于列车正常运行制动和缓解，确保旅客乘坐的舒适性。对于常用制动，制动级位取决于手柄的位置，按 B1 级至 B7 级制动力逐渐增大。

正常运行过程中，当司机通过牵引制动手柄施加常用制动 B1～B7 指令时给出制动指令，经网络传输到主控端电子制动控制单元（EBCU）进行制动力计算并通过网络将制动力分配发送到各车 TCU 执行电制动指令、BCU 执行空气制动指令，电制动优先，空气制动进行补偿。若电制动力不足，各车 BCU 将制动力指令传输给充风电磁阀 B12.04-1 和排风电磁阀 B12.04-2 实现电信号转换成压缩空气信号，并形成对应于当前载荷状态的预控压力。预控压力压缩空气经过减压阀 B12.20、紧急电磁阀 B12.03 得电 A2-A3 气路导通（紧急制动时失电）到达中继阀 B12.13 的 Cv 口，通过 Cv 与 R、C 口的比例关系从而使总风压力 R 口与 C 口导通，压缩空气进入基础制动装置实现制动。具体气路如图 7.20 所示。

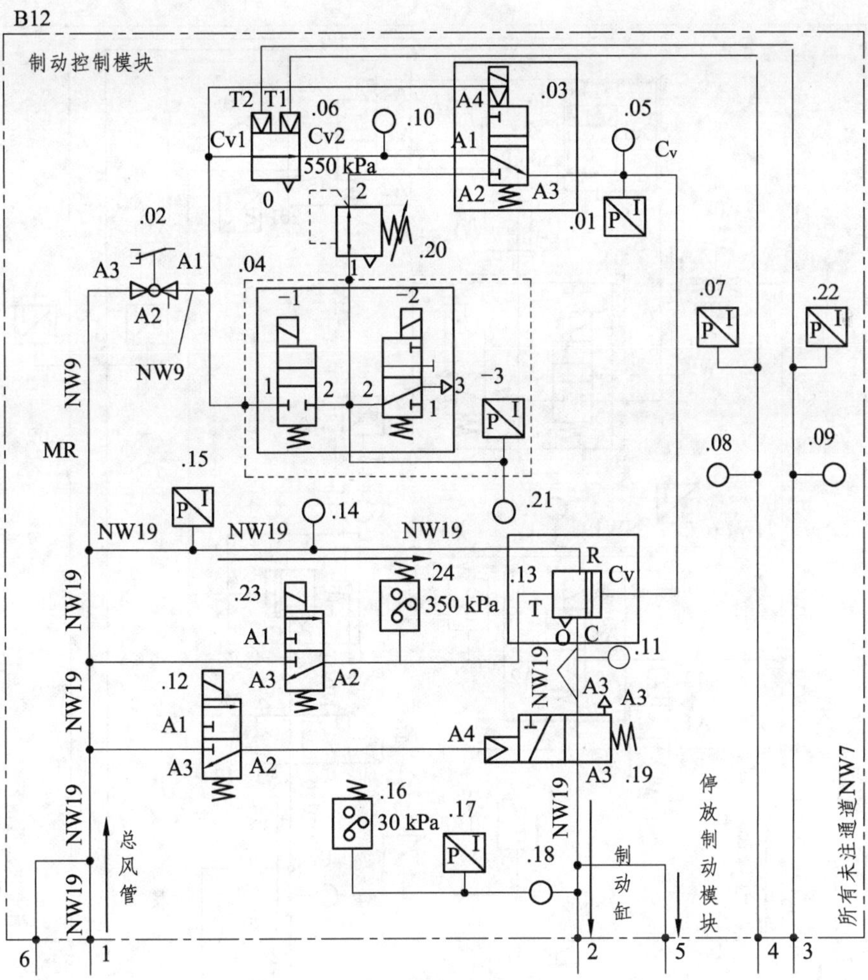

图 7.20　施加常用制动气路走向

7.4.2 紧急制动 EB 功能及原理

为了在列车紧急情况下实施最大电空复合制动使列车快速停车，在紧急制动 EB 安全环路失电时控制紧急制动电磁阀实施紧急制动。当主手柄置于 EB 位，非静止（速度不小于 5 km/h）条件下，停放制动意外施加。拉动乘客紧急制动拉手，司机警惕（ASD）装置 30 s 未动作时，列车紧急停车及转向架监控环路断开均触发紧急制动 EB。

7.4.3 紧急制动 UB 功能及原理

紧急情况下，施加直通作用电空制动的最大制动缸压力。当发生列车运行控制系统触发列车紧急制动，列车分离，紧急制动 UB 安全回路断开或失电，列车失电，EB 制动力不足，总风压力低，按下司机室紧急制动按钮时制动系统实施紧急制动 UB 控制.在列车完全停止前不允许缓解紧急制动 UB。

如图 7.21 所示，按下紧急制动按钮后紧急制动 UB 环路断开，空重阀 B12.06 就根据空簧压力输出对应于当前载荷状态的紧急制动 UB 预控压力 Cv。预控压力 Cv 经紧急电磁阀 B12.03 和中继阀 B12.13 将总风压力 R 生成最大制动缸压力 C，进入基础制动装置。

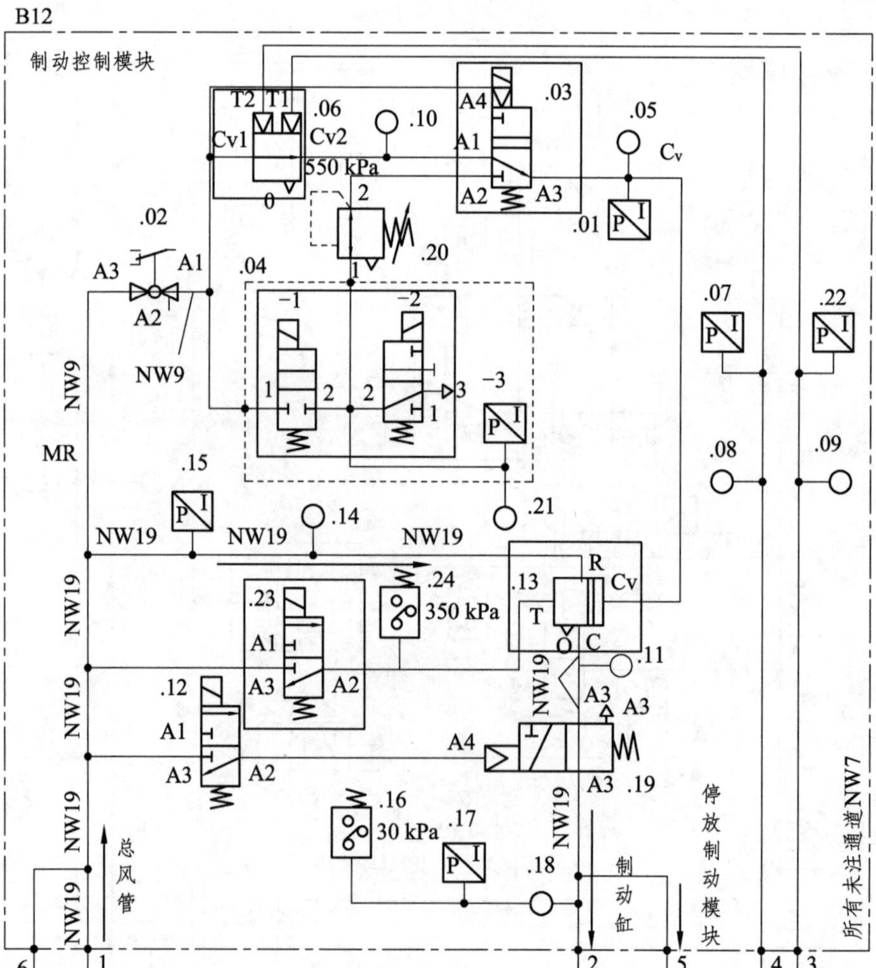

图 7.21 施加紧急制动 UB 气路走向

在高速（动车 $v>250$ km/h，拖车 $v>300$ km/h）运行时，电磁阀 B12.23 得电 A1-A2 气路导通生成压力 T 与预控压力 Cv 共同形成新的预控制压力，使中继阀 B12.13 输出较低的制动缸压力。在低速（动车 $v<250$ km/h，拖车 $v<300$ km/h）运行时，电磁阀 B12.23 失电，预控压力 Cv 使中继阀 B12.13 的输出较高的制动缸压力。

制动故障切除方式：① 通过操作车内=28-S06 旋钮控制 B12.12 电磁阀得电 A1、A2 导通使 B12.19 活塞阀动作，切断 B12.13 中继阀输出的制动缸 C 压力来实现单车制动切除；② 通过关断车下 B32 塞门切断制动缸压力来实现单车制动切除。

7.4.4 保持制动功能

保持制动力是满足定员载荷状态的动车组在 20‰坡度上静止和起动而不溜逸的要求。停车时，各车 EBCU 控制施加常用制动 4 级制动力，防止溜车，EBCU 接收到网络发送的缓解指令或 EBCU 检测到速度大于 5 km/h（牵引位）后自动缓解保持制动，司机操纵台设置保持制动缓解按钮（28-S05），司机可手动缓解保持制动。

7.4.5 清洁制动功能

为了改善冰雪潮湿天气下制动盘和闸片的摩擦系数，司机可通过清洁制动按钮手动施加清洁制动，此时每辆车均施加（70 ± 20）kPa 的空气制动力。清洁制动按钮为自复位按钮，按下保持有效，由头车主 BCU 发送给各车 EBCU，施加清洁制动，清洁制动施加期间，不切除牵引。

7.4.6 乘客紧急制动

在动车组每节车的明显位置处设手动乘客紧急制动设施（Tc01、Tc08 分别设置 3 个乘客紧急制动拉手，M02、Tp03、Mh04、Tp06、M07 分别设置 2 个乘客紧急制动拉手，Mb05 设置 4 个乘客紧急制动拉手）。如果触发乘客紧急制动设施，将在司机室中产生声光报警信号并可显示具体车辆位置，乘客紧急制动手柄设有电开关，拉动它将使得乘客紧急制动环路断开，同时使得列车自动触发紧急制动 EB，该紧急制动可由司机按下乘客紧急报警复位开关进行忽略。

7.4.7 停放制动控制及原理

停放制动是保证动车组在定员载荷下在小于 20‰的坡度上停放，并具有不小于 1.2 倍的安全系数。

通过操作司机台左侧“停放施加”自复位按钮开关，可对整列车施加停放制动。列车在施加全部停放制动后，“停放施加”按钮开关自带黄灯点亮。通过操作司机台左侧“停放缓解”自复位按钮开关可缓解整列车停放制动。列车在缓解全部停放制动时，“停放缓解”按钮开关自带白灯点亮。弹簧储能式停放制动夹钳单元采用排风施加、充气缓解的停放制方式。

如图 7.22 所示，双脉冲电磁阀 B15.03 具有双稳态结构，得到停放施加或缓解脉冲信号后能保持当前状态，无须一直得电。阀体两端有手控按钮，无电控信号时，可通过手控按钮实现停放施加或停放缓解。为防止空气制动力和停放制动力叠加，停放制动空气气路上设置双向止回阀。

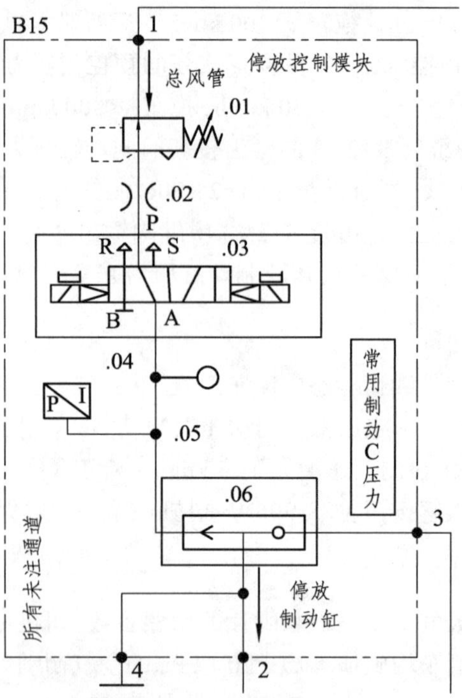

图 7.22　停放制动气路走向

当同时施加空气制动和停放制动时,制动控制模块输出压力经过双向止回阀 B15.06 同时进入停放制动缸内，将缓解部分停放制动力。

停放制动切除方式：① 通过打开车内 B35 塞门控制 B39 活塞阀动作切断停放制动缸气路实现停放制动切除；② 通过关断车下 B37 塞门切断停放制动缸气路实现停放制动切除。

7.4.8　踏面清扫装置

每个车轮设置一个踏面清扫装置，踏面清扫装置有两种控制方式：

（1）由司机通过开关手动控制。

司机台设有增粘开关，采用球型拨键开关，自复位三级。开关指令进列车网络，控制每车踏面清扫电磁阀，当开关置中间 0 位，开关不输出控制指令，开关置前/后位，所有踏面清扫装置动作。

（2）自动控制。

每车单独进行控制，当动车组处于制动状态且速度在 30 km/h 以上，检测到空转或滑行，踏面清扫装置间歇动作。

7.5　BP 救援回送装置

救援回送装置安装在两头车，可以实现被其他动车组（可产生 BP 管减压信号）或机车救援，也可实现对具有制动管（接收 BP 减压信号产生制动力）的动车组进行救援。

司机室右边柜内设置救援回送装置供电断路器（28-F31）。正常情况下，该断路器置于断开位，在需要被救援或救援其他动车组时，救援回送装置供电空开（28-F31）闭合。并且在司机左后边柜内设置救援开关（28-S10），该开关具有3个挡位：被救援、0、救援。动车组正常运行时，开关置0位；动车组故障，被其他车辆救援时，开关置被救援位；救援其他动车组时，开关置救援位。

被救援状态时，通过T01.10把救援动车组或机车列车管（BP）压力转换为电气指令；救援状态时，通过把救援车辆的制动指令转为气压变化，再通过列车管（BP）传递给被救援车辆。

7.5.1 BP救援转换装置

BP救援转换装置由电子控制单元、气动控制单元两部分组成，其中气动控制单元由减压阀(T01.01)、电空转换装置(T01.02)、紧急制动电磁阀(T01.03)、中继阀(T01.04)、节流阀(T01.05)、救援电磁阀(T01.06)、救援活塞阀(T01.07)、预控压力测试口(T01.08)、BP管压力传感器（T01.09)、BP管压力开关（T01.10）及紧急制动活塞阀（T01.11）等组成，如图7.23所示。

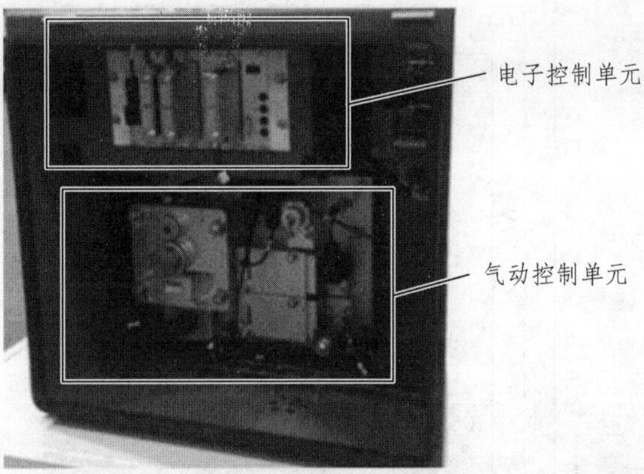

图7.23 BP救援转换装置

7.5.2 BP救援模式

救援模式：把救援车辆的制动指令转为BP管压力的变化，再通过列车管（BP）传递给被救援车辆。

被救援模式：把救援动车组或机车列车管（BP）压力转换为电气指令。

1. 救援模式

在救援模式下（见图7.24），打开总风塞门T31，BP塞门T03，将救援旋钮打到救援位置，T01.06电磁阀得电A1-A2导通，使T01.07活塞阀A2-A3导通，从而可以将T01.04中继阀产生的BP压力导通。

救援其他动车组时来自总风的风压进入T01模块后分为三路：

第一路经过T01.02电控转换阀通过制动电信号控制制动预控制压力作为T01.04中继阀的Cv压力。

第二路作为制动工作用风T01.04中继阀的R压力，由Cv压力控制通过T01.04

中继阀生成 C 压力。在救援模式下 T01.06 电磁阀 A1、A2 气路导通，控制 T01.07 活塞阀 A2、A3 管路导通形成 BP 压力，通过控制 BP 压力实现对被救援动车组的制动控制。

第三路紧急制动时，先导电磁阀 T01.03 的 A2、A3 导通，控制 T01.11 紧急制动活塞阀将 A2、A3 气路导通将 BP 压力排向大气，实现被救援动车组与救援动车组同步实施紧急制动。

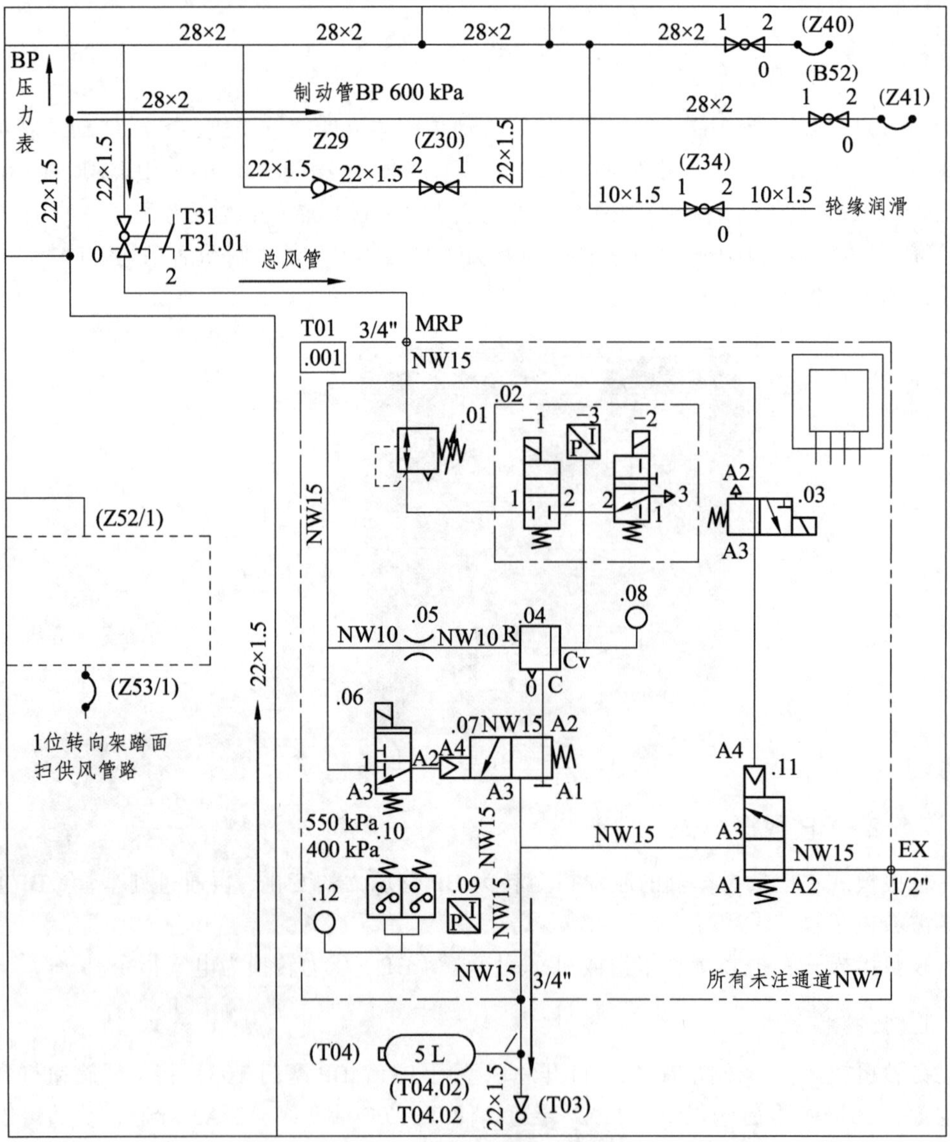

图 7.24　救援车气路走向

2. 被救援模式

在被救援模式下（见图 7.25），打开塞门 Z30 和塞门 T03。将救援旋钮打到被救援位置。

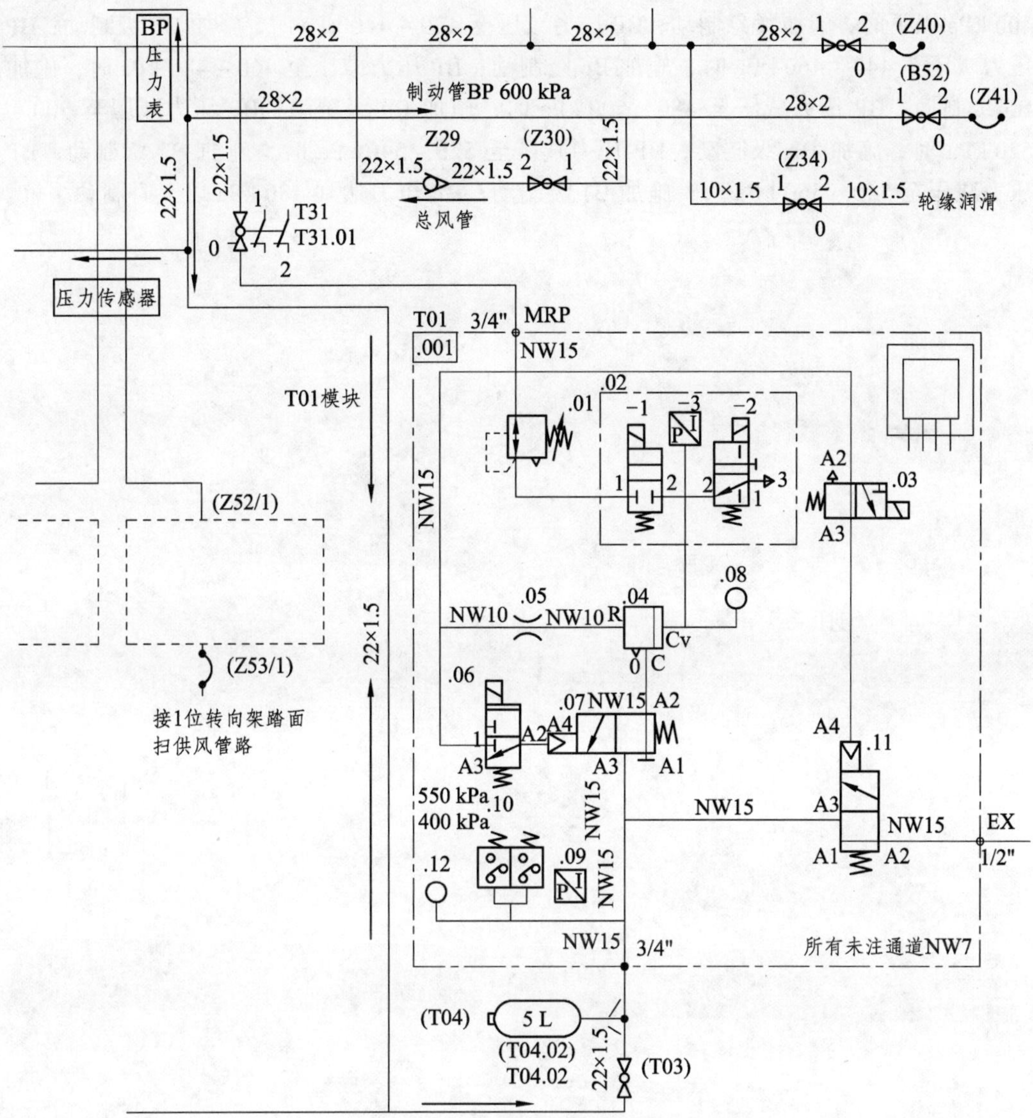

图 7.25　被救援车气路走向

救援动车组或机车通过 BP 管向被救援车供风（600 kPa），进入被救援车 BP 管后分为四路：

第一路通过 Z30 阀（被救援时打开）、单向阀 Z29 向总风管供风，用于基础制动及辅助用风。

第二路去向 BP 压力表，用于显示 BP 管压力。

第三路去向头车 PBCU 中的压力开关模块 B14 的 B14.02 传感器，用于为 EBCU 提供 BP 压力。

第四路经 T03（被救援时打开）向 T01 模块的压力传感器 T01.09 和压力开关 T01.10 供风由压力开关检测压力值，由压力传感器将转换的电信号反馈至制动控制单元对被救援动车组进行制动控制。

救援动车组或机车施加制动时 BP 管减压，压力开关 T01.10 检测到 BP 压力减压至

400 kPa 以下时，施加紧急制动；BP 压力减压至 420 ~ 440 kPa 时，施加 B7 级制动；BP 压力减压至 440 ~ 460 kPa 时，施加 B6 级制动；BP 压力减压至 460 ~ 480 kPa 时，施加 B5 级制动；BP 压力减压至 480 ~ 500 kPa 时，施加 B4 级制动；BP 压力减压至 500 ~ 520 kPa 时，施加 B3 级制动；BP 压力减压至 520 ~ 540 kPa 时，施加 B2 级制动；BP 压力减压至 540 ~ 560 kPa 时，施加 B1 级制动；BP 压力达到 580 kPa 以上时制动缓解。

第8章

辅助电气系统

辅助电气系统的电能输入源自牵引变流器中间直流环节，并通过辅助变流器自身的“整流-逆变”功能，将 DC 3 000 ~ 3 600 V 中间电压转化为中压负载设备和低压负载设备正常工作所需的三相 AC 380 V 交流配电（如空调、冷却风机、电茶炉等）、单相 AC 220 V 交流配电（如客室插座、水箱伴热等）和 DC 110 V 直流配电（如充电机、各类控制单元等），在动车组电能转化过程中发挥着“承上启下”的重要作用。

辅助电气系统的核心作用就是通过辅助控制单元 ACU、供电母线、隔离开关及接触器、充电机、蓄电池、逆变器等部件，借助 WTB/MVB/以太网/IOM 等网络控制及反馈功能，最终实现各类电气接口输出电源的合理分配和精确控制。同时，辅助电气系统还提供各类非正常情况下的电能转化方案，以满足中低压负载设备正常工作需要。例如：当分相区内无高压供电输入时，它可将牵引电机再生制动电能转化为中压电能；当紧急情况下中压电能输出故障时，它可将直流电能转化为中压电能；当无法通过高压供电进行防冻保温时，它可提供外接中压电源接口；当救援工况蓄电池电压不能满足需要时，它可提供外接低压电源接口。

综上所述，辅助电气系统凭借其“分诊、导流”的作用，为全列中低压负载设备提供稳定、可控的电能输入，并具备自我保护、故障冗余和外部转换功能，是动车组关键技术体系的重要组成部分。本章节将主要介绍辅助电气系统电能转化方案、主要部件基本结构和工作原理，中低压电能分配控制以及典型中低压负载设备功能。

8.1 辅助电气系统构成与功能

随着动车组技术发展日新月异、高铁运输环境日趋复杂，特别是“复兴号品牌战略”重大举措的实施，都对动车组辅助电气系统提出越来越高的安全性、可靠性和舒适性要求。辅助电气系统的结构形式趋于多样化，各组件的布局位置、结构原理和功能作用趋于单元化、模块化、智能化。从结构形式上看，当前主要有“牵辅一体”和“牵辅分离”两种，两种牵引变流器和辅助变流器结构形式各有利弊，CR400BF 原型车采用的是“牵辅一体”形式，批量车型采用的是“牵辅分离”形式。

辅助电气系统具有以下特点：

（1）辅助电气系统的供电母线全列贯通，中压供电母线可实现各自独立、分段供电，低压供电母线可实现常规供电和应急供电。

（2）辅助电气系统的中低压负载设备种类多，在各自所属系统中发挥着重要作用，需要的中低压电源输入幅值不一、制式不一、接口众多、布线复杂。

（3）辅助电气系统的核心部件—辅助变流器逐渐向单元化、模块化、智能化发展，依靠高频电力电子技术和 IGBT 元件应用，来实现电能快速、准确、受控的转化过程，并通过传感器、网络控制等技术，实现辅助电气系统的安全性、可靠性和舒适性。

（4）辅助电气系统采用故障冗余设计，全列辅助电气单元采用主备故障冗余设计方案，在某一辅助电气单元故障时，相邻辅助电气单元可通过自动减载、自动（手动）扩展的方式进行扩展供电，保证辅助电气系统功能完整，尽量减少对动车组运行安全和乘坐舒适性的影响。

8.1.1 辅助供电系统的构成

根据中低压负载设备布局位置和技术参数，辅助电气系统设计有相应的硬件结构和软件框架，并通过供电线、控制线、信号线进行串联并联管理。辅助电气系统硬件一般由辅助变流器组件、充电机组件、蓄电池组件、中压供电母线、低压供电母线、连接线插及端子排等组成。辅助电气系统软件一般由 ACU 控制软件、BMS 蓄电池管理软件、TCMS 控制软件等组成。

辅助供电系统主要由 4 组辅助变流器、4 台充电机和 4 组蓄电池设备组成。CR400BF 型动车组的 4 组辅助变流器分别设置在 1、3、6、8 拖车上，向全列辅助设备供电。辅助控制单元 ACU 根据辅助变流器布局位置和功能分为两种：ACU-A，布置于 Tc01 和 Tc08 车辅助变流器机箱内；ACU-B，布置于 Tp03 和 Tp06 车辅助变流器机箱内；4 台充电机分别设置在 1、8 车，给直流系统供电；4 台蓄电池组分别设置在 1、8 车，给控制设备和应急负载供电。

8.1.2 辅助供电系统功能

CR400BF 型动车组采用动力分散型对称牵引单元布置形式，牵引电能来自 AC 25 kV 牵引供电系统，经受电弓及高压箱分别进入 2 个牵引单元。每个牵引单元的牵引变压器通过次边绕组输出 AC 1 770 V 给相邻 2 个动车的牵引变流器。每个牵引变流器可通过“整流-中间直流-逆变”功能，一部分通过逆变模块输出 AC 0 ~ 2 800 V 给牵引电机，转化为电机输出转矩和轮周牵引力，另一部分通过中间直流环节输出 DC 3 000 ~ 3 600 V 给辅助变流器。辅助变流器通过“整流-逆变”功能，一部分输出 AC 400 V 给各路中压负载提供可靠的中压动力电输入或控制电输入，另一部分输出 DC 110 V 给充电机、蓄电池及其他低压负载提供可靠的低压动力电输入或控制电输入。

辅助供电系统为空气压缩机、冷却通风机、油泵/水泵电机、空气调节系统、采暖、照明、旅客信息系统、控制、广播、列车无线等设备提供电源。上述负载要求辅助供电系统具有包括三相 AC 380 V 母线、AC 220 V 母线、DC 110 V 母线等输出。系统具有自诊断功能和故障保护措施。供电线路发生的过载、短路、瞬时大电流冲击、过压、欠压、接地等现象均有保护、确保旅客及设备安全的作用。

辅助供电系统采用冗余设计，当发生故障时，能够进行切换补偿，确保列车正常运行。

1. AC 380 V 系统冗余设计

辅助系统中辅助变流器都通过供电母线向整列动车组输出同相位 3AC 380 V/50 Hz

电源，每个辅助变流器输出为 200 kV·A，全列车为 800 kV·A。根据负载统计情况，冬季模式辅助系统最大功率需求约 576 kW，夏季模式最大功率需求约 520 kW。全列车共 800 kV·A，由此可见当 3AC 380 V/50 Hz 辅助变流器供电系统中，当一个辅助变流器单元或牵引变流器四象限整流单元故障时，辅助系统可输出 600 kV·A，车载交流供电网络由其余 3 台辅助变流器单元继续供电，系统不必减载。当两台辅助变流器或牵引变流器故障时，只减少与旅客舒适度相关的负载，如空调、部分采暖、部分电茶炉等，其余系统正常供电。此时供电管理系统通过检测电流，确保冗余可用的情况下最大限度地输出电能，当电流过载时，才减少空调系统一半的输出。

2. DC 110 V 系统冗余设计

DC 110 V 供电，为了提高某些负载的可靠性（如应急照明、中央控制单元，人机界面等），直流供电干线分为 BN1、BN2 两路，直流负载一部分由 BN1 供电，另一部分负载由 BN2 供电。对于特别重要的负载，采用直连电池不间断供电（BD 供电）。这样，直流和交流供电系统可靠性大大提高，每个牵引单元的一部分负载由 BN1 供电，另一部分负载由 BN2 供电，当一个充电机故障时，其他充电机负责向所有的直流负载供电。全列车充电机供电容量为 2×30 kW。辅助系统最大功率需求约 59.6 kW，当充电机全部故障时，（蓄电池）保证重要负载的供电，满足应急通风大于 90 min，满足应急照明、广播等用电 120 min。

8.2 辅助电气系统受电模式

根据动车组运用检修环境和电源输入形式的不同，辅助电气系统受电模式可以分为两大类，即由牵引变流器中间直流环节供电和外接中压供电，也就是说辅助电气系统受电除了依靠列车本身提供的牵引电能，还可在无牵引电能输入情况下，依靠外接中压实现中低压负载的正常工作，便于生产检修。

8.2.1 牵引变流器中间直流环节供电

中间直流环节为辅助变流器提供稳定的电源输入，在分相区、电制动等工况下均可维持在辅助变流器需要的电压范围内。正常情况下，各辅助变流器向同一组母线输出 3AC 380 V/50 Hz 中压电源，形成贯穿全列的中压供电母线，如图 8.1 所示。中压供电母线采用分段布置形式，当某一段母线对应的辅助变流器故障时，可通过对应的耦合接触器，实现中压供电母线的分段隔离。充电机通过中压供电母线，将三相交流电转换为 DC 110 V 给蓄电池，蓄电池输出三种类型（BN1、BN2、BD）的低压电，一部分为低压设备提供电源输入，另一部分为各系统提供控制电输入。

8.2.2 外接中压供电

为满足动车组中压设备整修测试、接触网无电期间防冻保温等生产实际需求（如空调系统整修、冷却风机试验、存放动车组防冻打温等），CR400BF 型动车组在 Tp03 和 Tp06 车辅助变流器机组上装有外接中压电源插座，直接给中压供电母线供电。

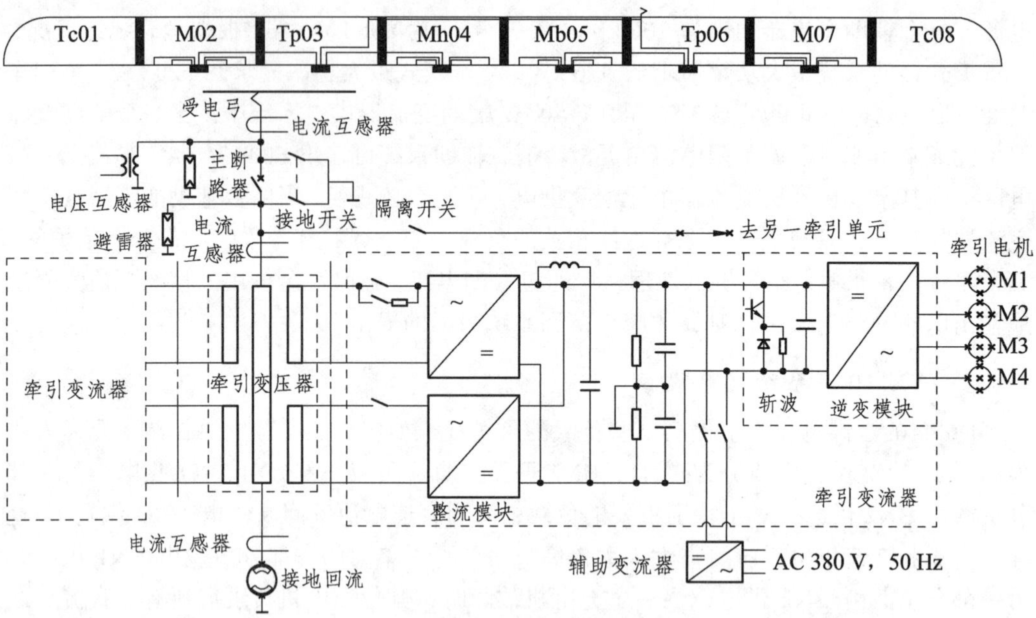

图 8.1　辅助变流器受电示意

外接电源插座与受电弓设有连锁机构，即外部电源供电时受电弓不能升弓。其布置于 Tp03 和 Tp06 车辅助变流器箱体一侧，由维护铰链板进行防护。CR400BF 型动车组只允许对半列辅助变流器中的一台使用外部电源，中压供电时需将辅助变流器上的耦合接触器闭合，另一台辅助变流器上的电源被阻塞，再通过列车 ZS 钥匙，激活外部电源。

操作流程：在动车组运行过程中，无须对辅助电源部件进行单独操作。列车停车后（在司机室控制台操作“主断路器断开”和“降弓”）或高电压装置已接地。需要外接供电时，05 车母线钥匙应该从“380 V 开”位置经“关闭”位置打到“外接供电”位置。列车母线钥匙只在“外接供电”位置时才可拔出。当外接电源的开关转换和控制功能都具备后，列车母线钥控开关旁边的控制板上的“外接供电就绪”标志灯就会亮起来。外接电源输入准备好后，列车母线钥匙可以用来给 03（或 06）车辅助变流器上的外接电源插座解锁。外部电源插头插入插座，列车母线的外接电源接触器吸合，这样外部电源就可以供电。外部电源供电完毕并断开后，可将外部电源插头就从插座里拔出。使用列车母线钥匙把插座锁上后，将其插入 05 车的备品柜内列车母线钥控开关里，经“关闭”位置转向“380 V 开”位置。

8.3　辅助变流器基本结构和工作原理

8.3.1　基本结构

辅助变流器箱体为低温碳钢机箱，通过吊耳安装于车体上，辅助变流器包括开关和保护部件、各种监控设备和电源模块。

1. 辅助变流器主体

辅助变流器主体如图 8.2 所示。

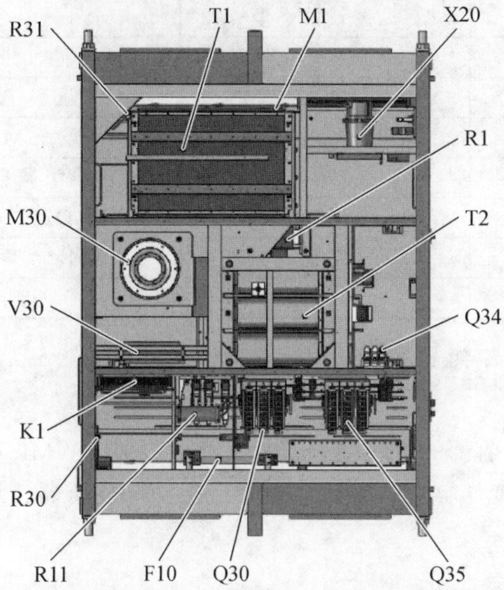

K1—辅助变流器控制器；M1—内置风扇；M30—主风扇；X20—外部供电插头（TKD524 型）；
R1—滤波电抗器；R11—预充电电阻；R30，R31—电阻；T1—PWMI 功率模块；T2—变压器；
V30—电容；F10—熔断器；Q35—耦合接触器（TKD524 型）；Q30—输出接触器；
Q34—外部供电接触器（TKD524 型）。

图 8.2　主要部件

辅助变流器的模块化设计，使器件可以通过两块侧板或两个底盖安装和维护，如图 8.3 和表 8.1 所示。

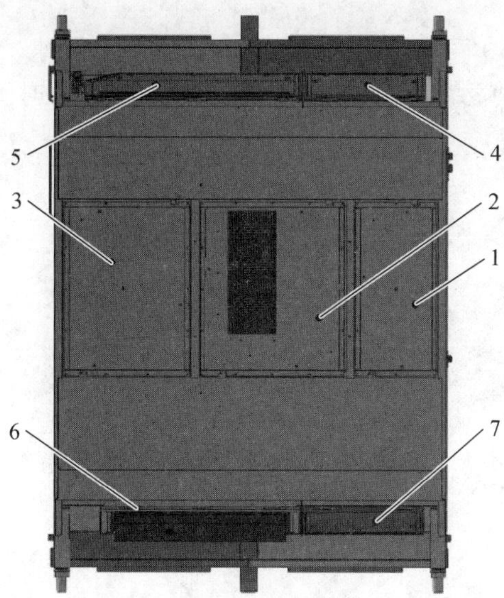

图 8.3　维修位置

表 8.1　维修位置及可达部件

位置	维修位置	机械锁紧类型	可达部件
1	底盖 1	六角保险螺钉 M5	A4 板、外部供电接触器 Q34
2	底盖 2	六角保险螺钉 M5	变压器 T2、滤波电抗器 R1
3	底盖 3	六角保险螺钉 M5	主风扇 M30、滤波电容 V30
4	K1 侧门 1	门锁	输出接触器 Q30、耦合接触器 Q35
5	K1 侧门 2	门锁	接触器 Q21、Q22、Q23，控制器 K1
6	功率模块侧门 1	门锁	PWMI 功率模块，内置风扇 M1
7	功率模块侧门 2	门锁	外部供电插头 X20

2. 辅助变流器冷却组件

1）主气流

空气由安装在机箱前部的进气格栅进入，然后经过 PWMI 功率模块的散热器，主风扇 M30 将空气抽到变压器室，通过空气导流板冷却变压器，最后经过底部的两个排气口排出，如图 8.4 所示。

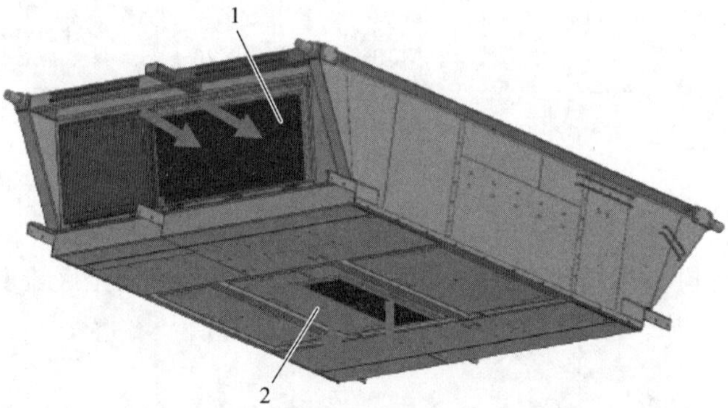

1—进气口；2—排风口。

图 8.4　冷却系统结构

冷却系统（见图 8.5）可以使主风扇保持尽可能低的转速，这样就能在保持最佳通风和冷却效果的前提下将污垢程度、噪声水平以及风扇工作时间降到最低。

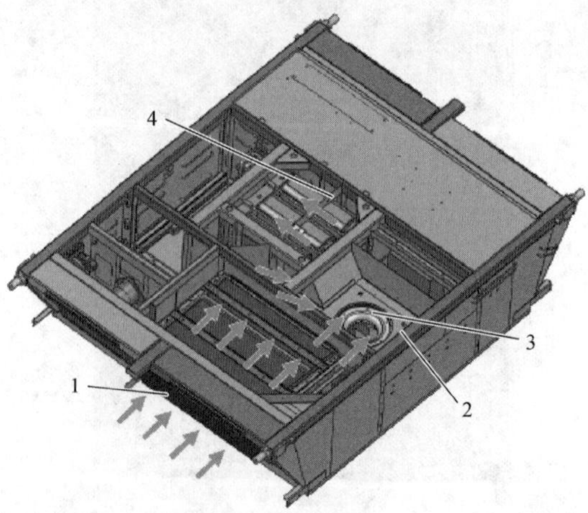

1—空气过滤器；2—隔板；3—主风扇 M30；4—盖板上的排风口。

图 8.5　内部冷却结构

主风扇转速由辅助变流器控制器根据温度进行控制，各模块将散热器的温度报告给控制器，控制器对温度进行监控，并依据温度情况直接打开或关闭主风扇。风扇控制可以实现充分的自主工作，不需要外部进行干涉。

2）内循环

接触器侧和模块侧的机箱门上各设置一个风扇 M1 保证内部的空气循环。这些模块连续工作，也就是说，一旦系统控制器供电（DC 110 V），这两个风扇就开始工作，直到系统控制器断电时停止工作。

8.3.2 工作原理

根据辅助变流器具有不同的电气接口，将安装在 1、8 车的辅助变流器 TKD523B 命名为辅助变流器 A，安装在 3、6 车的辅助变流器 TKD524B 命名为辅助变流器 B。动车组辅助变流器额定功率 200 kV·A，辅助变流器 A 和辅助变流器 B 双辅助变流器在电路结构上基本一致。辅助变流器通过 MVB 总线与列车中央控制单元 CCU 进行数据交换。

1. 正常供电模式

辅助变流器的输入端与牵引变流器的中间直流回路相连，其用途是将来自牵引变流器中间直流回路的直流供电电源变为 3AC 380 V/50 Hz 交流电压向动车组的辅助负载供电。所有辅助变流器同时向贯通整列列车的 3AC 380 V/50 Hz 母线供电。3AC 380 V 母线在列车工作期间处于并联状态，如果母线发生故障，可以打开辅助变流器 B 的耦合接触器，从而将各部分隔离开。母线为各节车厢的所有交流辅助负载供电。各辅助变流器独立与母线进行同步并联。

在过分相区的情况下，可以通过牵引变流器中间电路将牵引电机发出的电转换成三相交流电继续供给辅助系统。动车组在无火回送速度满足 80 km/h 的情况下，也能够向辅助系统供电，当速度低于 55 km/h 时退出供电状态。

辅助变流器主要由以下部分组成：输入部分、输入电流和输出电压测量、PWMI 功率模块、配备 RS232 诊断接口和以太网接口的控制器、配备集成正弦波滤波器的 50 Hz 输出变压器、输出接触器和熔断器、保护和监控设备、风扇、滤波器、接地故障检测。辅助变流器 A 和辅助变流器 B 的电路结构如图 8.6 和图 8.7 所示。

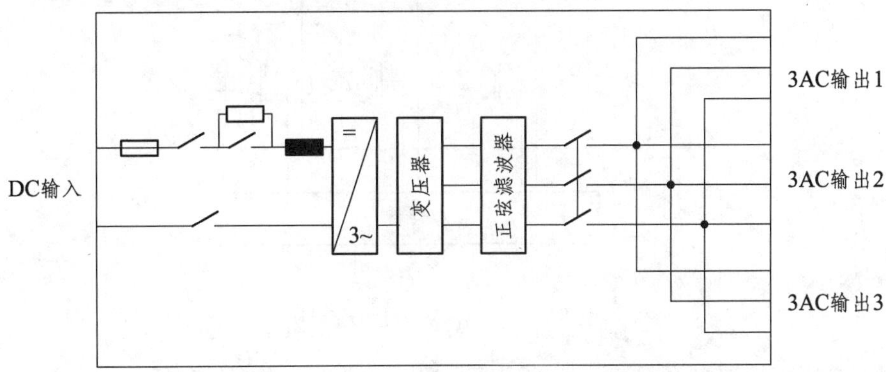

图 8.6 TKD523 型辅助变流器电路结构

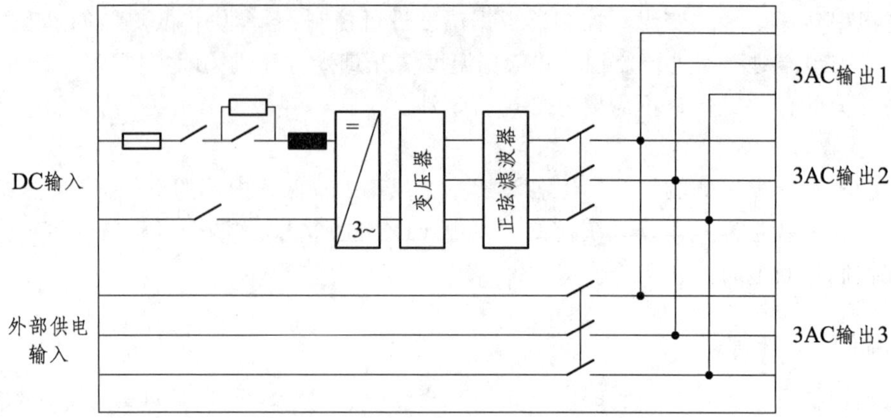

图 8.7　TKD524 型辅助变流器电路结构

1）输入部分

输入部分包括滤波电容器、输入熔断器、主接触器、预充电装置、滤波扼流圈、输入电压和电流传感器。预充电装置的功能是限制辅助变流器的浪涌电流。它包括一个预充电电阻 R11、一个预充电接触器 Q21 和多个主接触器 Q22、Q23。辅助变流器启动时，预充电接触器吸合，通过预充电电阻给中间支撑电容充电。电容电压达到一定值时，主接触器关闭，辅助变流器准备开始工作。安装滤波扼流圈 R1 的目的在于平滑由 IGBT 的开关操作引起的输入电流的波动，吸收线路上的冲击电压，从而防止对辅助变流器造成损坏。输入扼流圈与输入电缆连接一起保持输入电流中的谐波含量处于非常低的水平。

2）PWMI 功率模块

PWMI 功率模块包括一个受控三相全桥，该全桥将来自牵引变流器的电压逆变为三相脉冲调宽（PWM）3AC 380 V/60 Hz 输出电压，如图 8.8 所示。由于采用并联输出，PWMI 功率模块以固定频率模式工作。

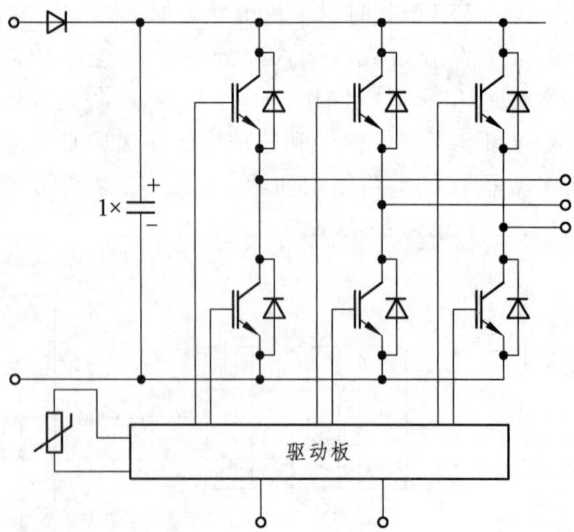

图 8.8　PWMI 功率模块结构

输入电压直接取自牵引变流器的中间电路，PWMI 功率模块包括一个散热器，上面安装有 IGBT 开关、二极管、支撑电容和驱动板，该模块上没有控制器。主控制器单独安装在机箱上，使用一台变压器进行电气隔离，并将高 PWMI 功率模块电压变为可用的 3AC 380 V 电压。

3）辅助变流器控制器

辅助变流器控制器为主控制器和模块控制器的集合。它负责全面系统控制、与上级控制通信以及不同类型功率变流器的控制和调节（如 PWMI 功率模块）。控制器配备 16 条 IGBT 控制信道、14 条 IGBT 反馈输入以及 8 条数字输入和 4 条数字输出。此外，该控制器还配备了用于变压器连接的模拟电源输入和电压输入。

2. 外部电源模式

辅助功率模块侧门 2 的位置设计了输入插座 X20（见图 8.9 和表 8.2），全列只允许一台使用外部电源，通过 ZS 钥匙控制转换（见图 8.10）。对整列动车组供电时，通过控制器将辅助变流器的连接通过一个箱体内置的相输入接触器 Q34 实现。

在下列情况下，外部电源接通：

（1）CCU 发出了工作模式“外部电源”指令。

（2）“外部电源”的输入电压在有效范围内。

（3）“外部电源”的旋转磁场不存在问题。

（4）没有接地故障信息。

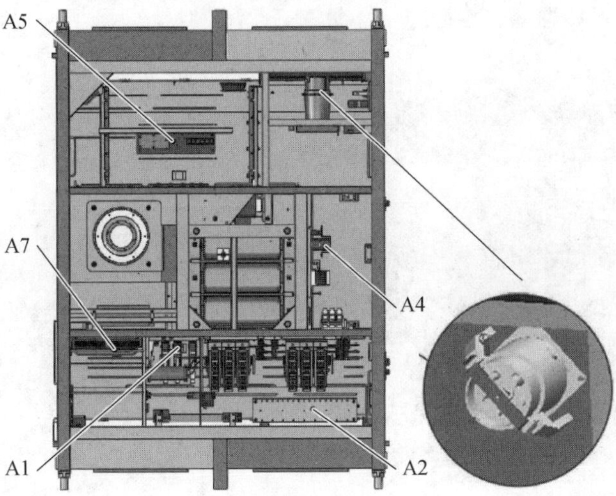

图 8.9　插座 X20

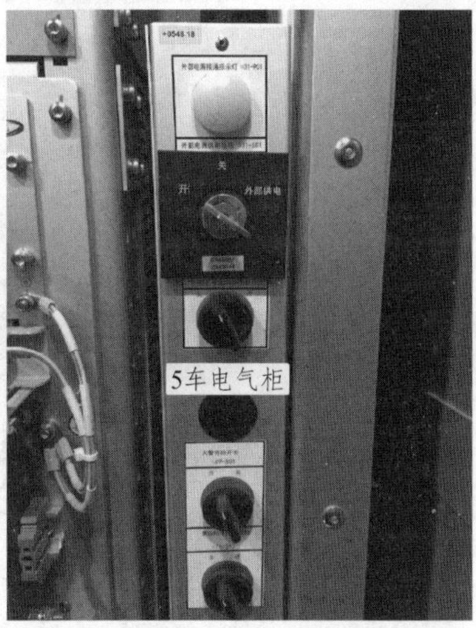

图 8.10　ZS 钥匙

表 8.2　外部电源要求参数

参数	要求
频率/Hz	50
额定电压/V	3AC 380
最大电流/A	300
最大功率 AC/kW	200

8.4 中低压电能分配方案

中低压电能分配方案如图 8.11 所示。供电线路对应的供电对象如图 8.12 所示。中压供电对象包括空压机、牵引系统冷却风机、充电机、空调及采暖系统等。低压供电对象包括诊断监控、PIS 系统、牵引/制动控制、照明等。应急供电对象包括应急通风、应急照明、视频监控等。

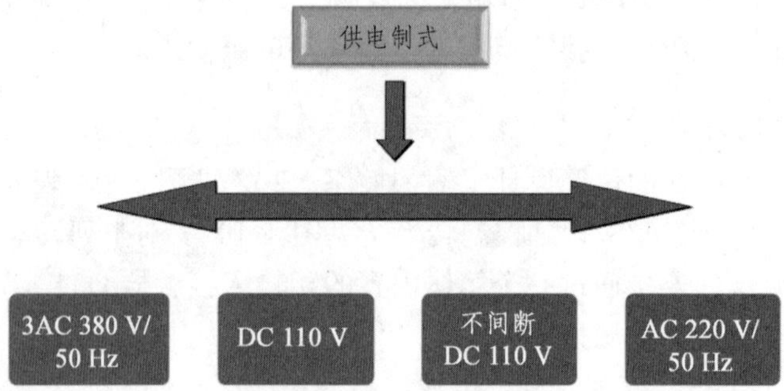

图 8.11 中低压电能分配方案

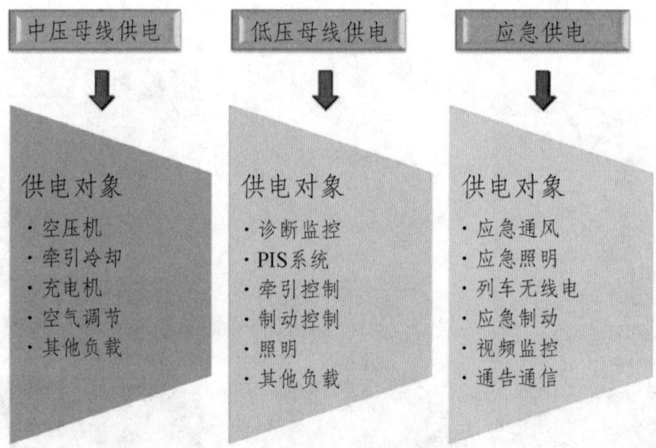

图 8.12 供电线路对应的供电对象

8.4.1 中压电能分配

中压电能分配见表 8.3。

表 8.3 负载及电压

3AC 380 V/50 Hz	220 V/50 Hz
客室空调	厨房负载
司机室空调	水系统加热
主空气压缩机	交流插座

续表

3AC 380 V/50 Hz	220 V/50 Hz
主变压器辅助系统	无
牵引变流器辅助系统	无
辅助变流器冷却单元	无
充电机	无
司机室前窗加热	无
开水炉	无

8.4.2 低压电能分配

供电等级分为"直连电池"供电"BD"(不间断供电)、"常规电池"供电"BN"(电池母线),见表 8.4。"直连电池"供电就是负载直接与电池相连,不经过开关。"常规电池"供电"BN"就是电池接触器后与负载相连,电池母线供电由充电机箱内的电池接触器 K1、K2 闭合和关断来控制,常规电池母线分两路供电,一路为 BN1,另一路为 BN2。

表 8.4 供电等级及负载种类

类别	负载种类
BN1	中央控制单元 CCU1,IOM(冗余 1),MVB 转发器-电源线 A,MVB 转发器-电源线 A,牵引变流器控制 1,空调控制系统,控制柜通风机(左),前风挡加热控制,常规照明,应急照明(组 1),辅助变流控制,充电机控制,车门控制,旅客信息系统显示器,卫生用水系统控制,撒砂控制与撒砂加热,辅助空气压缩机控制,轮缘润滑控制,制动控制单元,列车控制系统,火警控制系统,驾驶室的显示器,列车广播,安全环路,厨房控制,轴温监控系统 1,雨刷与汽笛,车钩控制与车钩加热
BN2	中央控制单元 CCU2,IOM(冗余 2),MVB 转发器-电源线 B,MVB 转发器-电源线 B,牵引变流器控制 2,应急照明(组 2),控制柜通风机(右),轴温监控系统 2
BD	应急照明,旅客信息系统的应急操作,驾驶员,乘务员 HMI 屏,紧急尾灯信号,制动防滑保护,列车无线通信紧急操作,车钩控制

8.5 系统组件基本结构和工作原理

8.5.1 充电机

CR400BF 型动车组辅助供电系统中共包含 2 台充电机和 2 组蓄电池箱,充电机的额定输出功率为 2×30 kW,充电机与蓄电池箱一一对应。充电机采用吊装方式,分别安装于 1、8 车。

充电机作为车辆辅助供电系统的一部分,其主要功能是将辅助变流器输出的 3AC 380 V 交流电转换为 DC 110 V 直流电,为蓄电池充电和车辆照明等直流负载供电。

1. 充电机结构及安装位置

CR400BF 型动车组充电机箱体器件布局如图 8.13 ~ 图 8.16 所示。

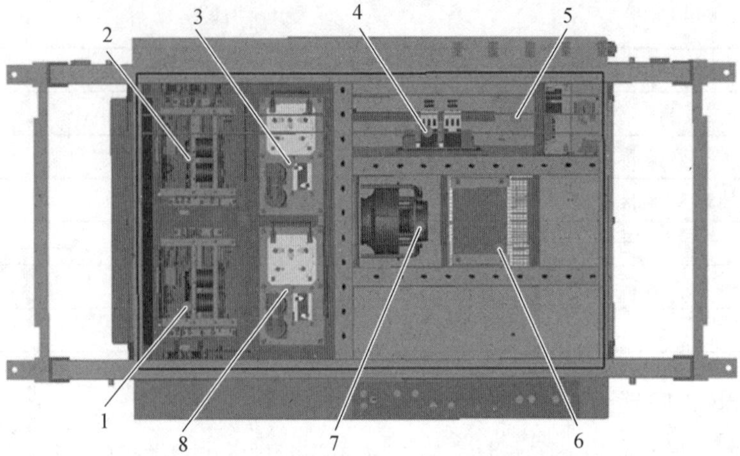

1—PM2 模块；2—PM1 模块；3—BC1 磁性器件安装板；4—主接触器安装板；5—6U 机箱；6—输入电抗器 R5；7—主风机；8—BC2 磁性器件安装板。

图 8.13　充电机俯视图

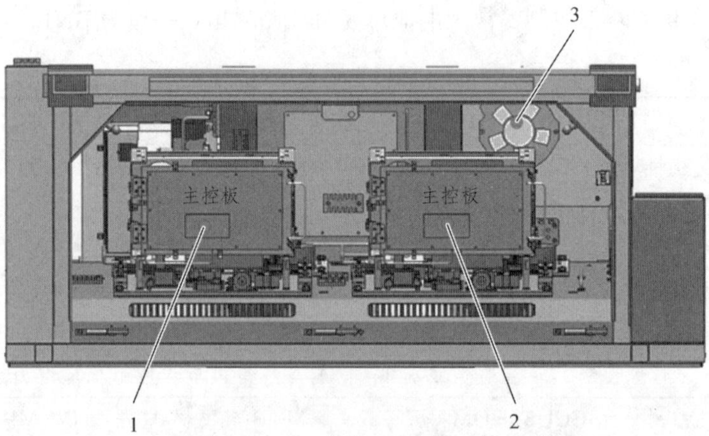

1—PM1 模块；2—PM2 模块；3—内部循环风机 M2。

图 8.14　充电机俯视图

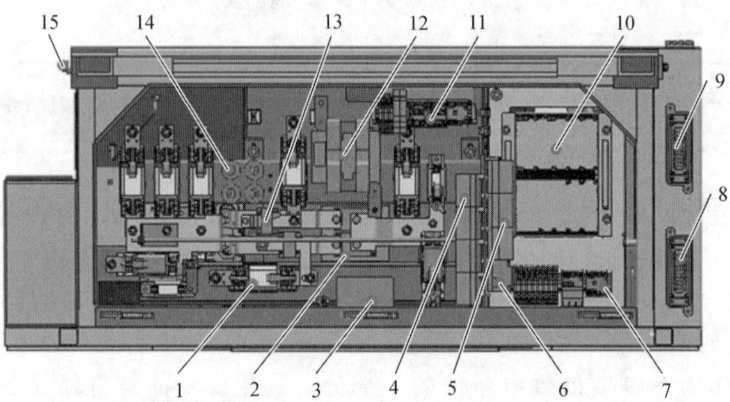

1—熔断器；2—输出二极管；3—输出接触器 Q2；4—输出电压传感器；5—交流输入电压传感器；6—漏电检测传感器；7—风机接触器器；8—通信接口 X5；9—接口 X4；10 主控制器 6U 机箱；11—Q1 控制接触器；12—输出接触器 Q1；13—充电电流传感器；14—滤波电容；15—接地柱。

图 8.15　充电机低压侧器件布局

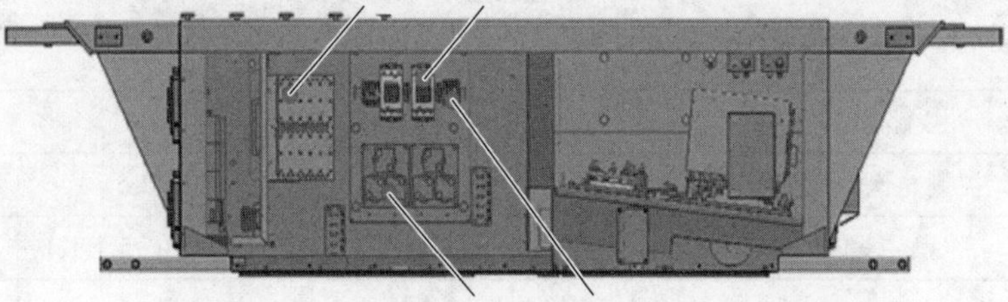

1—6U 机箱；2—主接触器 Q3；3—预充电电阻；4—预充电接触器。

图 8.16　充电机低压侧器件布局

2. 充电机主要电气参数

1）输入参数

充电机输入参数见表 8.5。

表 8.5　充电机输入参数

序号	参　数	要　求
1	额定输入电压	3AC 380 V/50 Hz
2	输入电压静态容许误差	±10%
3	输入电压动态容许误差	±20%

2）输出参数

充电机输出参数见　表 8.6。

表 8.6　充电机输出参数

序号	参数	要　求
1	额定输出电压/V	DC 110
2	输出电压的容许偏差	+25%，−30%
3	额定输出功率/kW	2×30
4	最大输出电流/A	544
5	输出特性曲线	IU 特性曲线（温度补偿，温度传感器类型 NTC）
6	输出电压精度	±1.5%
7	输出电压的波动	<1%RMS（额定电压、电流下）
8	蓄电池限流控制精度	≤±5%
9	效　率	≥90%（额定电压及 80%额定功率下）

3）控制电源参数

充电机控制电源参数见表 8.7。

表 8.7　充电机控制电源参数

序号	参　数	要　求
1	控制电源电压/V	DC 110
2	控制电源电压范围/V	DC 77 ~ 137.5
3	控制电源电压变化	满足 GB/T 25119—2010 中 5.1.1.1 中的要求

3. 充电机工作原理

1）主要功能

充电机将 3AC 380 V 转换为幅值可调的直流电为电池充电和列车 DC 110 V 负载供电，除电压转换功能外充电机还具有通信、故障保护等功能。

（1）充电机可以进行恒压、限流、浮充电的充电模式转换。

（2）充电机具有输入过压、输入欠压、输出短路、功率元件故障、接触器故障、过热等故障自检及保护功能。

（3）充电机具有数据记录、转储、下载、软件分析等功能，以便存储分析充电机运行状态、故障、充电过程数据、充电状态切换等。

（4）充电机具有通信功能，可通过 MVB 实现与整车网络间的信息互换，可通过 RS485 实现与锂电池 BMS 的通信。

（5）充电机具有电池类型识别功能，可自动识别碱性蓄电池和锂电池类型，并按电池特性进行充电。碱性蓄电池条件下，充电机具有温度补偿功能，可根据蓄电池的温度对充电电压、充电限流值进行补偿；锂电池条件下，充电机响应锂电池 BMS 的充电请求。

（6）充电机输出接触器具有断电延时 30 s 功能，列车给出“蓄电池 OFF”信号后，充电机输出接触器延时 30 s 断开。

2）正常条件下的运行

充电机的输入与列车 3AC 380 V 交流母线直接连接，额定输入电压为 3AC 380 V/50 Hz。充电机的启动运行须满足如下条件：

（1）列车控制单元通过 MVB 发送启动命令。

（2）DC 110 V 外部电源断开（蓄电池箱内）。

（3）输入电压在有效范围内。

（4）充电机无故障产生。

3）外接 3AC 380 V 应急条件下的运行

外接供电电源通过辅变流器接至交流母线，充电机运行于外接供电电源 3AC 380 V/50 Hz 条件下，充电机的外接供电运行须满足如下条件：

（1）充电机外接 3AC 380 V 相序等满足要求，且网络禁止发送 BC 停机命令。

（2）DC 110 V 外部电源断开（蓄电池箱内）。

（3）输入电压在有效范围内。

（4）充电机无故障产生。

4. 充电机基本原理

图 8.17 所示为充电机的主电路拓扑，充电机由两个 BC 单元并联组成，每个 BC 变

换电路包含预充电电路、PM 功率模块、变压器、整流电路输出滤波电路。三相不可控整流电路实现输入交流到中间直流的整流，DC-DC 直流变换电路实现中间直流到输出脉动直流的转换,输出滤波电路则将脉动直流变换为稳定的直流电压供给车辆负载和蓄电池。

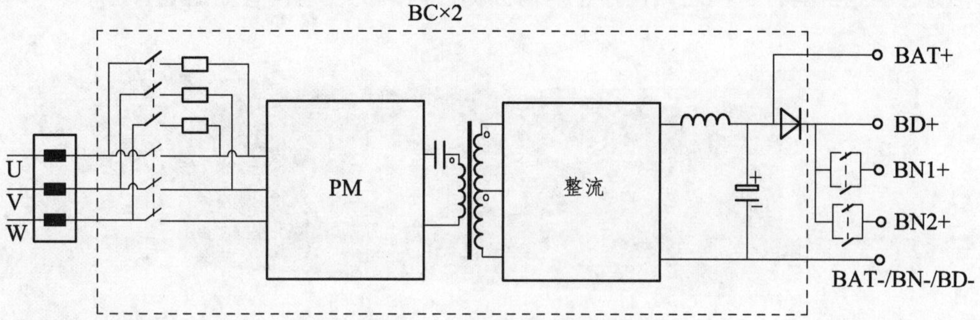

图 8.17　充电机主电路拓扑

充电机在检测到输入三相电符合启动条件后，闭合预充电接触器，经预充电电阻对三相不可控整流桥之后的支撑电容进行预充电。当直流支撑电容电压达到设定电压值时闭合主接触器，后级的变换电路开始工作，中间直流电经过变换电路变为高频交流电，经高频变压器传递到变压器的副边，副边的交流电再经整流电路变为脉动的直流电，最后经输出侧的滤波电路滤波后,输出稳定的直流电压,为蓄电池充电和车辆 DC 110 V 直流负载供电。

充电机实时监测充电电流、输出电压等采用闭环控制，实现蓄电池的限流充电、均充电和浮充电及充电机的输出限流控制和恒压控制,实现对蓄电池及车辆负载的高性能供电功能。

5. 冷却形式

充电机额定功率 60 kW，功率器件及高频变压器等发热严重。为降低器件的温升，充电机的冷却形式选择强迫风冷，图 8.18 所示为充电机冷却风道示意。

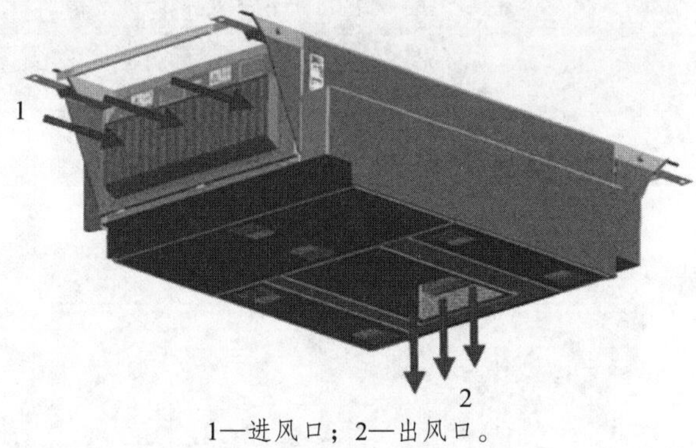

1—进风口；2—出风口。

图 8.18　充电机冷却风道示意

充电机箱体分为通风空间和非通风空间，通风空间采用交流主风机 M1 进行冷却，非通风空间采用 DC 110 V 直流风机 M2、M3。

主风机位于图 8.18 所示的主风道内，主要对功率模块 PM、输入电抗器 R5 及输出二极管进行散热。主风机的转速根据检测的温度进行控制，主风机尽量保持低速，当温度上升后再进一步提升风机转速，这样确保污染程度、噪声等级和风机损耗最小。控制器检测温度并根据温度直接开关主风机和风机调速，风机自主工作，无须外界干预。

内部空气循环风由直流风机 M2 和 M3 保证，循环风机随充电机的工作状态启停，充电机启动风机运行，反之风机停止。内部循环风机的安装位置如图 8.19 所示。

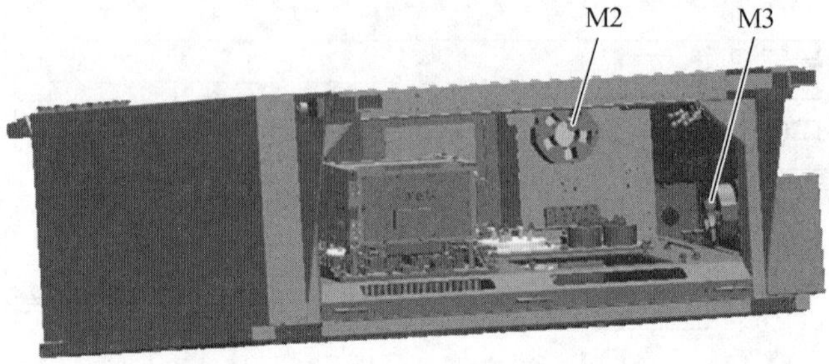

图 8.19　内部循环风机安装位置

8.5.2　蓄电池

1. 蓄电池结构及安装位置

CR400BF 型动车组车蓄电池采用钛酸锂蓄电池系统，设置 4 组蓄电池，每组蓄电池的容量 190 A · h，电池组额定电压 110 V，分布在 01 车和 08 车车下。

蓄电池箱箱体主框架采用低合金高强度结构钢焊接而成，用于安装蓄电池组，如图 8.20 所示。蓄电池组与外接的电气连接均通过蓄电池箱的接口实现。电池组由 2 个台车组成，每个台车上装有 10 并 45 串的单体电池，单体电压为 2.3 V，容量为 20 A · h，如图 8.21 所示。

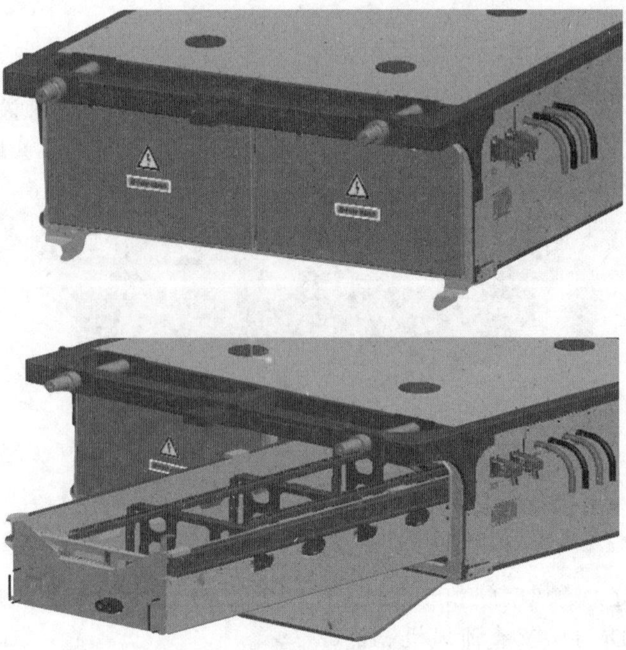

图 8.20　蓄电池箱体

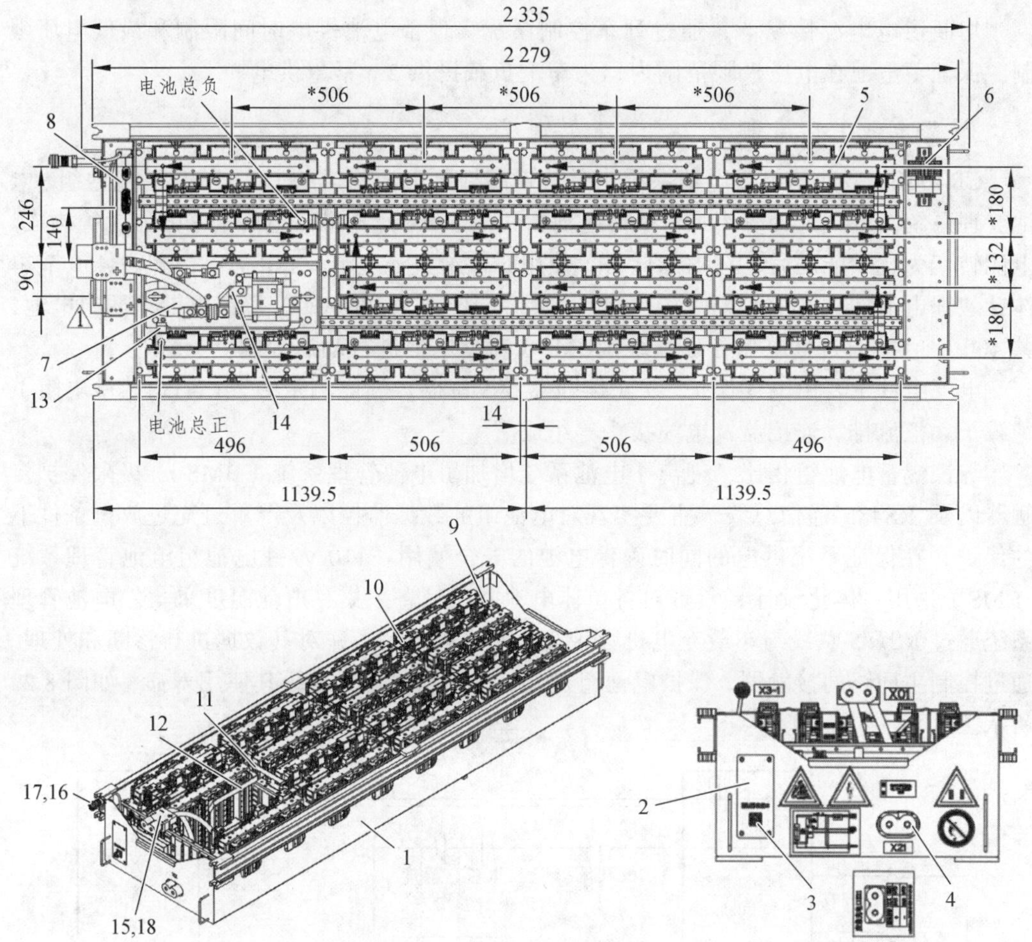

1—台车组成；2—小车端面法兰盘；3—BMS 检测口；4—应急充电口；5—10P3S 电芯模组；
6—端子排/空开组成；7—高压器件组成；8—RT03 BMS；9—*x* 轴方向电芯模组间铜排；
10—*y* 轴方向电芯模组间铜排；11—电芯模组间铜排 2；12—电池负铜排；
13—电池正铜排；14—接触器铜排；15—动力输出连接器；16—通信连接器；
17—插头连接器端子；18—LV320 端子。

图 8.21　蓄电池内部结构

2. 蓄电池主要参数

蓄电池主要参数见表 8.8。

表 8.8　蓄电池主要参数

结构尺寸/mm	$3072_{-4}^{0}\times1711_{-2}^{2}\times574_{-1}^{1}$		
质量/kg	1 530±50	电池类型	钛酸锂电池
单体电压/V	2.3	电池成组方式	45 串（190 A·h/110 V）
电池组恒压控制电压/V	117	电池组最大充电电流/A	320（单组 190 A·h）
电池组欠压保护值/V	67.5（单体 1.2 V）	电池组过压保护值/V	130（单体 2.9 V）
车上低压保护继电器动作电压/V	90	电池工作温度范围/°C	−40～60
耐　压	1 500 V，1 min（单台车）	绝　缘	DC 500 V，>1 MΩ（单台车）

切断供电电源情况下，通过列车控制系统实现蓄电池供电时间限制和最低电压限制。保证蓄电池在电压极限范围内，为车上负载提供 2 h 紧急供电。

3. 蓄电池工作原理

CR400BF 型动车组蓄电池系统由单体钛酸锂蓄电池构成的 DC 110 V 蓄电池组、电池管理系统及电气组件等组成。单体电池由正极、负极、隔膜、电解液、电池壳等构成。电能转变为化学能之后，在内部储备，使用时供给直流电流。110 V 电池包由 450 节单体钛酸锂电池构成，每组电池 10 并 45 串/标称 103.5 V/200 A·h，每个电池箱两组电池，共 400 A·h。通过蓄电池管理系统（BMS）对蓄电池进行动态控制。

电气组件主要由电气保护装置（熔断器、继电器）、温度测量装置（NTC 热敏电阻）、绝缘子、汇流排、连接器及电缆接头等组成。

与镍镉蓄电池组相比，锂离子电池系统增加了电池管理系统（BMS）、极限保护接触器以及 RS485 通信总线，主要实现对电池组的数据监控以及严重过充过放电条件下的保护，在保证系统供电的同时确保电池的安全使用。110 V 锂电池组电池管理系统（BMS）采用一体化设计，负责对各单体电池电压信息采集、电池温度采集。电池管理系统通过 RS485 总线与车载充电机数字交换和充电控制，并对其数据进行诊断和处理，通过控制主回路的接触器，保护电池组过充、过放和过温，延缓其使用寿命，如图 8.22 所示。

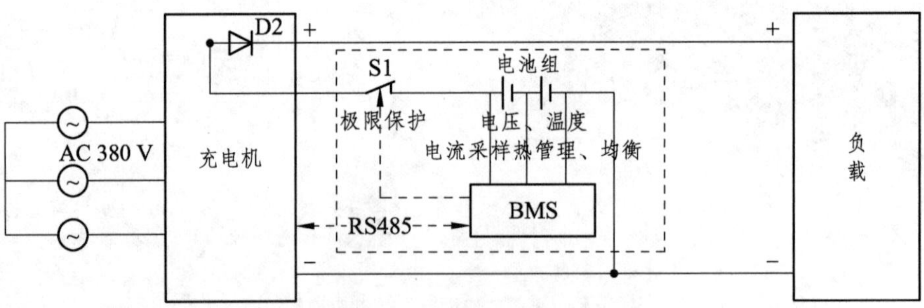

图 8.22　蓄电池系统原理

BMS 的主要功能如下：

（1）电池系统剩余电量（SOC）估算。

（2）电池系统 SOH 估算。

（3）电池系统功率预测和控制。

（4）故障报警及故障分级管理。

（5）单体电压检测电池。

（6）电池系统温度检测。

（7）电池一致性评价和均衡控制。

（8）电池系统总电压检测。

（9）电池系统电流检测。

（10）历史/故障数据存储。

8.5.3 单相逆变器

1. 单相逆变器结构及安装位置

单相逆变器（见图 8.23）主要功能是将来自车上充电机/蓄电池的直流 DC 110 V 电源变换为交流 AC 220 V 电源，供车上乘客以及乘务人员使用，其额定功率为 3.5 kV ·A。单相逆变器箱体安装于各车 PIS 柜内，每车一台，最大外廓尺寸 500 mm × 320 mm × 350 mm，质量约为 37.5 kg。

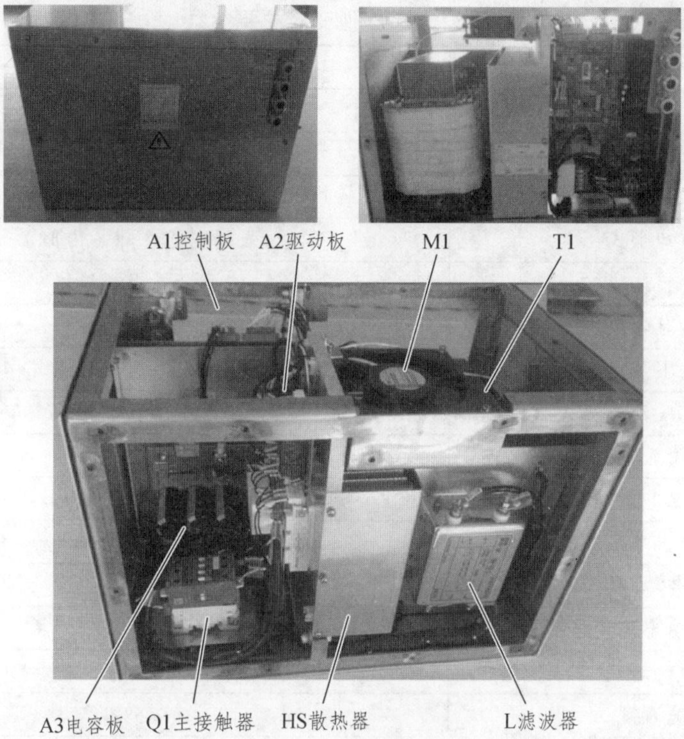

图 8.23　单相逆变器

220 V/50 Hz 逆变器具有以下外部接口（见图 8.24）：

（1）DC 110 V 输入通过 X040。

（2）AC 220 V 输出通过 X080。

图 8.24　逆变器接口

（3）二进制输入和输出通过 X081。

（4）服务接口通过 J9（在箱体内部）。

为实现通信，可使用接口电缆直接把笔记本电脑的串行接口（9 针 Sub-D 型连接器）与箱体上的 J9（9 针 Sub-D 插座）连接。

2. 单相逆变器主要参数

单相逆变器主要参数见表 8.9。

表 8.9　单相逆变器主要参数

参　数	要　求
最大外廓尺寸（$L\times W\times H$）/mm	500×320×350
质量/kg	不大于 55
防护等级	IP20
冷却形式	强制空气冷却（内部）
箱体	无涂层铝制箱体
正常运行时输入电压/V	DC 110
输入电压静态公差	－30%～＋25%
输入电压动态公差	－40%～＋40%
最大输入电流/A	45
输出电压/V	1AC 220+N（+PE）
静态输出电压公差	－3%～+6%
额定输出功率/kV·A	3.5
额定输出电流/A	15.9
短时过载	额定功率的 1.2 倍，持续 30 s
失真度	<5%
输出滤波器	EMC 滤波器
连接负载	插座（用于乘客、乘务人员、清洁）

3. 单相逆变器工作原理

单相逆变器主要由输入滤波器主接触器、预充电接触器和预充电电阻、驱动器板、测量值记入、二进制输入输出、处理器、用于电气隔离和电压适配的变压器、正弦滤波器、EMC 滤波器组成，其基本结构如图 8.25 所示。

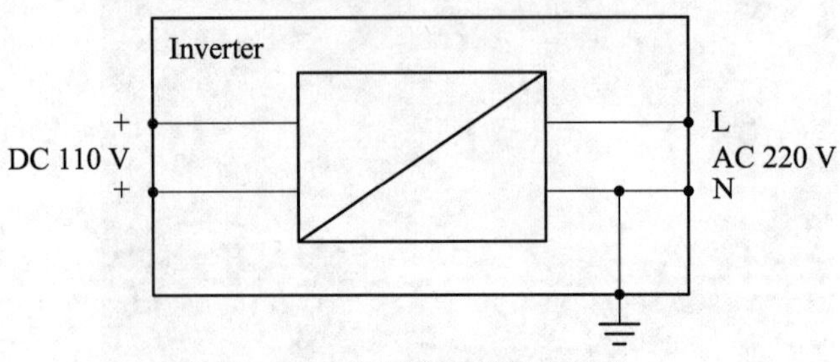

图 8.25　单相逆变器基本结构

单相逆变器直接连接到列车的直流系统上，标称电压为 DC 110 V。

1）运行 220 V/50 Hz 逆变器需要的条件

（1）逆变器从车辆控制方面接收激活信号。

（2）输入电压处于有效范围。

（3）逆变器不发生错误。

2）220 V/50 Hz 逆变器控制系统的功能

（1）控制逆变器的输入输出功率变流器，以便在给定的输入变量的情况下获得要求的输出变量。

（2）逆变器抵抗过载和短路的自保护。

（3）故障存储用于诊断的目的。

（4）存储故障探测和纠正所需的所有参数。

（5）逆变器和列车控制系统之间的信号数据交换。

4. 冷却形式

220 V/50 Hz 逆变器采用强制空气冷却。空气通过箱体底部区域的通风格子窗进入箱体内（见图 8.26），然后空气从底部向上（见图 8.27）被导入到箱体后侧的散热器和变压器 T1 区域。之后空气被分配到箱体前部的通风槽内。在驱动板和控制板之间，空气流向风扇 M1，然后从顶侧排出。内部空气循环是通过内部风扇 M1 来保证的。这些模块不间断的运行，即伴随系统控制器（DC 110 V）一起接通和断开。

图 8.26　空气入口（下侧）

图 8.27　空气出口（顶侧）

8.5.4 三相逆变器

CR400BF 型动车组三相逆变器也称为应急通风逆变器，是专门为中国标准动车组车辆设计的。当列车主供电故障的情况下，该电源自动工作将电池 DC 110 V 电源逆变成三相 AC 380 V（或按照空调需求调整）交流电源，为空调机组通风机供电，保证车厢内通风顺畅。

1. 三相逆变器结构及安装位置

在 CR400BF 型动车组的每节车厢下方的废排单元上，都附着一个三相逆变器（应急通风逆变器），如图 8.28 和图 8.29 所示。

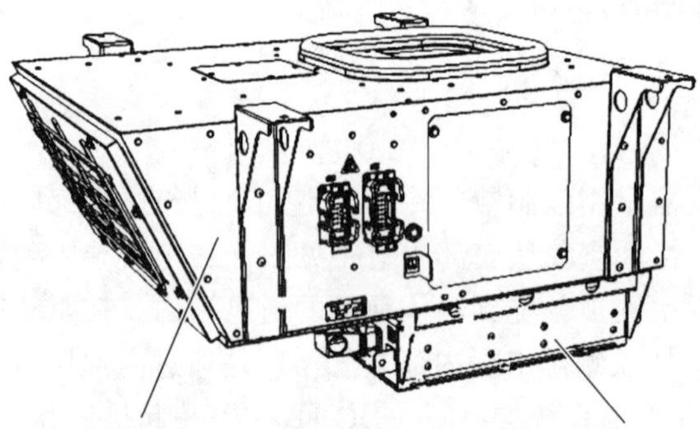

图 8.28 三相逆变器位置

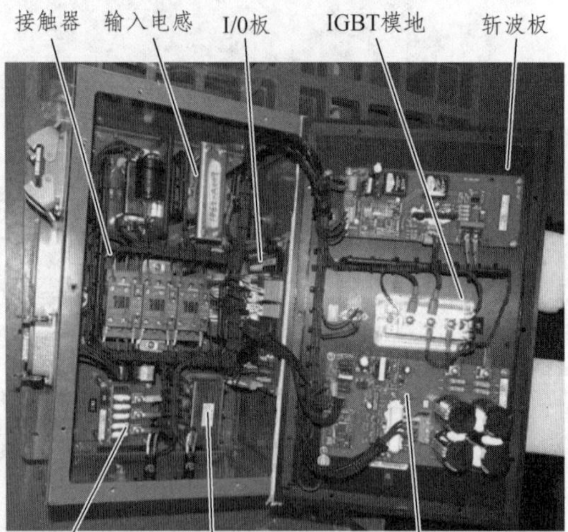

图 8.29 内部结构

2. 三相逆变器主要参数

三相逆变器主要参数见表 8.10。

表 8.10　三相逆变器主要参数

参　数	要　求
额定功率为/kV·A	1.5
额定电压/V	DC 110
变化范围/V	DC 77 ~ 137.5
输出电压/V	AC 380 ×（1 ± 5%）
输出总谐波含量/%	≤3
输出电压频率/Hz	50 ± 1
允许负载不平衡/%	<20
启动方式	调频调压软启动
运行方式	可以按照客户要求限制工作、连续工作或受控于启动信号
输出电压波形	正弦波
三相输出电压不平衡度/%	<1（额定负载）
逆变器开关频率/kHz	6
斩波器开关频率/kHz	18
额定输出电流/A	2.3
电压上升率（/V/S）	40
噪声/dB	<65
寿命/年	20
外壳材料	铝合金
冷却方式	自然冷却

3. 三相逆变器工作原理

三相逆变器主要部件包括输入电路、斩波电路、逆变电路、输出电路和控制电路 5 部分，如图 8.30 所示。

输入电路由滤波器 EMI1、充电电阻 R1、输入接触器 KM1、KM2 组成，该部分保证电源可以正常地开通、断开。

斩波电路由电容 C1、电感 L1、功率管 V1、二极管（V1 自带）组成，主要功能是将电池提供的 DC 110 V 升压到 DC 570 V。该升压斩波电路方案相对简单，具有功率器件少、开关频率高、电磁兼容性好、损耗低的特点。

逆变电路主要由支撑电容、智能 IPM 模块 V2 组成，主要功能是将 DC 570 V 电压逆变成 3AC 380 V 电压。该部分采用 IPM 智能 IGBT 功率模块，自身具有内部 IGBT 过热、过流及控制电源欠压等保护功能。

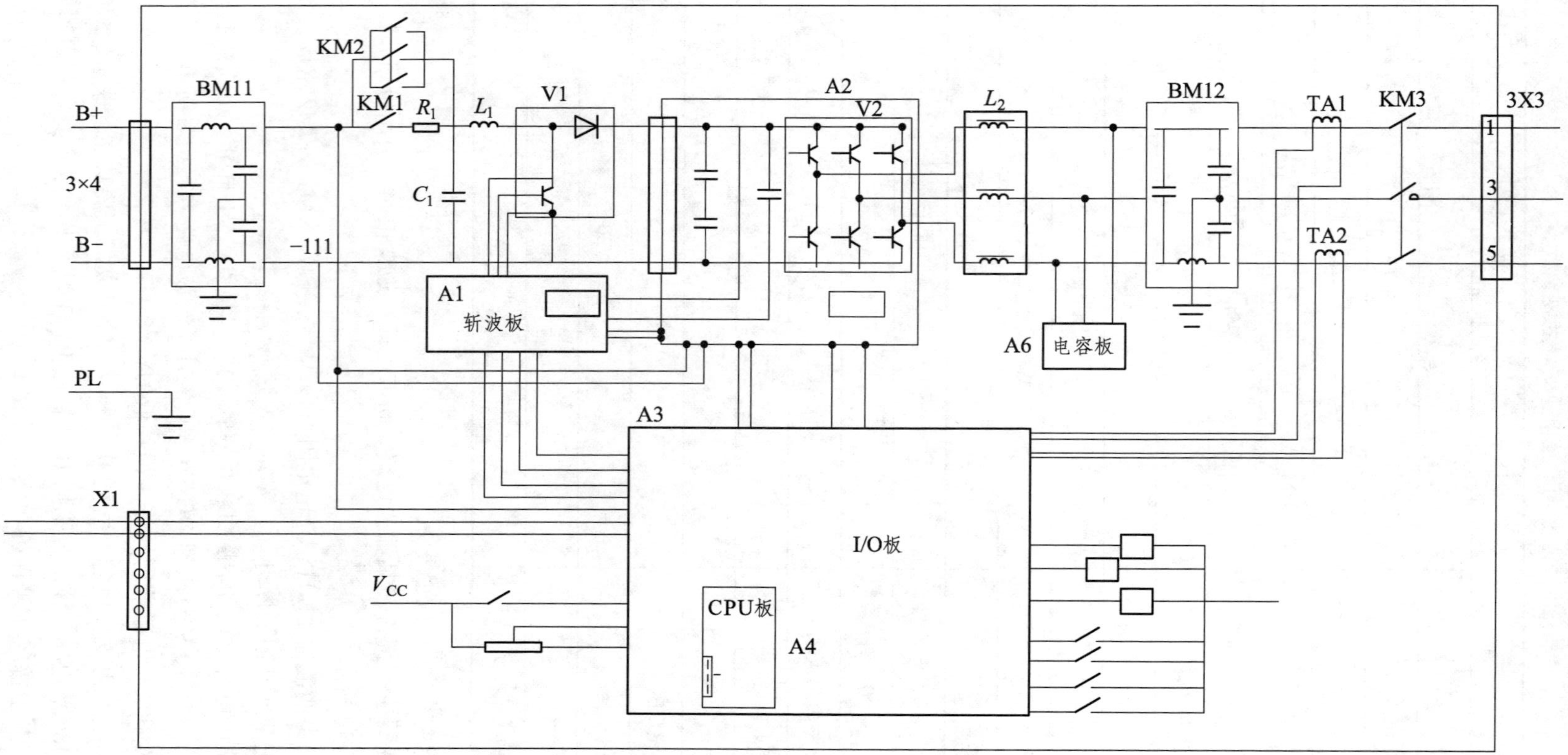

图 8.30　三相逆变器工作原理

输出电路由输出滤波电感 L2、输出滤波电容板和输出接触器 KM3 组成，输出滤波器保证输出电压谐波含量小于 3%。

控制电路主要由防反二极管 VD1、斩波控制板、I/O 板、IPM 板和 CPU 板等组成。

DC 110 V 供电，控制系统得电开始自检。当空调给出允许启动信号，逆变器检测到后先吸合 KM1，再吸合 KM2、KM3，然后输出允许信号给斩波器，斩波器在 3 s 内正常输出。若斩波器工作正常，逆变器开始工作，10 s 内正常工作，输出 3AC 380 V 电压，并给出正常工作时常闭触点信号；若斩波器或逆变器工作不正常，系统将停止工作。空调给出启动信号后，若逆变器连续 3 次故障，将自动锁死，停止工作，需断电重启才能重新工作，否则即使有启动信号，逆变器也不会重新启动。欠压保护：当输入电压低于 77 V 时，逆变器停止工作；当输入电压恢复正常时，逆变器自动重新软启动工作。

过压保护：当输入电压高于 137.5 V，逆变器停止工作；当输入电压恢复正常时，逆变器自动重新软启动工作。

输入反接保护：当输入电源极性接反时，逆变器不工作；当极性恢复时，逆变器应能正常工作，无器件损坏。

输出过流保护：当负载电流超出 120%额定负载电流时；逆变器工作 60 s 后停止工作；当负载恢复正常时，逆变器自动重新软启动工作。

输出短路保护：当逆变器输出短路时，逆变器停止工作；当输出短路撤销后，逆变器应能正常工作。

主散热器过热：主散热器表面最高温度超过（85 ± 5）°C 时，逆变器停止工作。

第9章

网络控制系统

现代列车正朝着高速化、自动化和舒适化的方向发展。列车网络控制系统是列车的中枢神经系统，负责列车的控制、监测和故障诊断，是列车安全可靠运行的技术保障。随着列车的智能化程度和安全性要求的提高，列车上采用的智能化子系统越来越多，检测部位和项点也越来越多，需要大量信息安全、实时、可靠地在各子系统及列车网络控制系统间进行传输，列车网络控制系统已成为列车的主要核心技术。

9.1 列车通信网络（TCN）

1988年，IEC第9技术委员会TC9成立了第22工作组WG22。1992年6月，TC9WG22以委员会草案的形式向各国发出列车通信网络TCN的征求意见稿。1999年6月，TCN标准草案正式成为国际标准。列车通信网络的标准化对目前和将来的开发提供了一个良好的基础，Adtranz、Firema、Siemens和其他多家制造工厂的所有新项目均以TCN为基础。现已交付或投入运营的采用TCN的车辆达600辆以上，并且装备TCN的车辆数量正在迅速增长。

列车通信网络（TCN）是列车上信息交互的基础设施。它通常包括用于车辆内部通信的车辆总线和用于全车信息交换的列车总线。传统的高标准化WTB（绞线式列车总线）技术用于列车总线而MVB（多功能车辆总线）用于车辆总线。其他总线技术如CAN，串行链路也广泛应用于车辆总线。MVB或CAN也可用来开发列车通信网络。以太网总线技术（如以太网列车主干网，ETB）是相对较新的列车通信网络但近些年渐渐流行，它可以提供更大的带宽。

9.2 数据通信基础

数据是指对字母数字以及组合意义的一种表达。工业数据通信指的是在工业生产过程中，计算机及其外围设备、检测工艺参数数值与状态的变送器和控制设备生产过程的控制设备。而在各种设备与计算机之间，设备与设备之间，各个设备的不同功能单元之间相互遵照通信规约，利用数据传输技术传输数据信息的过程。例如，压力、流量、速度、温度等参数都是经典的工业数据参数。两根导线上挂设众多的设备，具有经济实用，安装简单，通信方便的优点。这两根实行串行数据通信的导线就叫作总线。总线不仅可以传输测量控制的数据，还可以传输设备状态，参数控制和设备故障诊断等信息。

在工业数据通信中，数据传输总线可以分为传感器总线，设备总线和现场总线。由于计算机技术的迅速发展，现场总线依托计算机也得到了迅速的发展。根据资料，现已有现场总线 100 多种，其中开放型总线就有 40 多种，其中典型的代表有 RS485 总线、工业以太网、PROFIBUS 总线、FF 总线、CAN 总线、光总线等。

工业数据通信是计算机和通信技术结合的产物，是软硬件的结合体。借助某种传输介质将数据准确、及时地传送到正确的目的地是数据通信系统的基本任务。数据通信技术主要涉及有通信协议、接口、同步、信号编码、数据交换、安全、通信控制与管理等问题。工业数据通信系统中，具有通信能力的现场测量控制仪表和监控计算机是主要的通信设备，是构成控制网络的节点。工业数据通信系统由数据信息的发送设备、接收设备、传输报文、通信协议、传输介质等几部分组成。

发送/接收设备和传输介质是工业数据通信系统的硬件，发送设备将信息源产生的报文经过编码转换为便于传送的信号形式，送给传输介质，接收设备则从带有干扰的信号中正确恢复原有信号进行解码解密等。工业数据通信中典型的发送/接收设备有：① 各种变送器；② 可编程逻辑控制器 PLC、PID 控制器等；③ 各种调节阀门；④ 各种数据采集装置；⑤ 作为监视操作设备的监控计算机或工作站；⑥ 电机控制设备；⑦ 机器人；⑧ 变频器；⑨ 网络连接设备，如中继器、网桥、网关等。传输介质是从发送设备到接收设备之间的信号传递所经过的媒介，是通信中世界传送信息的载体。工业数据通信系统传输介质有无线传输介质，如电磁波、红外线等。有线传输介质，如双绞线、电缆、电力线、光缆等。传输介质的特性是影响数据通信质量的重要因素。

报文和通信协议属于工业数据通信系统中的软件。原始数据或测控参数值，或是经过计算机处理后的结果，或是某些指令或标志经过数字化处理之后，形成需要传送的信息，包括文本、命令、参数值、图片、声音等，这些都称之为报文。通信设备之间控制数据通信与理解通信数据意义的规则，则为通信协议。通信协议关键要素是语法、语义和时序。

9.3 网络通信基础

将分布在不同地理位置上的具有独立工作能力的计算机、终端机器附属设备使用通信设备和通信线路连接起来，并配置网络软件，以实现信息传递和计算机资源共享的系统，称为数据通信网络。网络中的每台计算机称为一个节点。

通信网络的功能主要表现在以下几个方面：

1. 数据传送

数据传送是通信网络的最基本功能之一，用以实现计算机与终端或计算机之间传送各种信息。利用这一功能，地理位置分散的生产单位、部门通过网络连接起来，进行集中的控制和管理。

2. 资源共享

利用计算机系统的软硬件资源是组件通信网络的主要目标之一。计算机系统的许多资源是十分昂贵的，如大的计算机中心、应用软件、大容量磁盘等。组件计算机网络后，网络中的用户就可以分享分散在不同地点的各种软硬件资源，为用户提供了极大的方便。在计算机网络中的计算机可以通过网络彼此成为后备机，一旦某台计算机出现故障，故障机的任务就可以由其他计算机代为处理，避免了由于某台计算机出现故障而导致系统瘫痪，大大提高了可靠性。提高计算机的可靠性是指当网络中某台计算机负担过重时，可通过网络将一部分任务交给网络中较空闲的计算机完成，这样就能均衡整个系统的负担。

9.3.1 网络拓扑结构

1. 总线型拓扑结构

总线结构上所有的节点都连接到一条称为总线的公共线路上（见图 9.1），即所有的节点共享一条数据通道，节点间通过广播进行通信，即一个节点发出的信息可以被网络上多个节点接受，而一段时间只允许一个节点传送信息。

优点：连接形式简单，易于实现，所用线缆最短，增加或者移除节点比较灵活，个别节点发生故障时，不影响网络中其他节点的正常工作

缺点：网络传输能力低，安全性低，总线发生故障时，会导致全网瘫痪。节点数量的增多会影响网络性能。

2. 星形拓扑结构

星形结构是以一个节点为中心的处理系统。其他各节点都与该中心节点有着物理链路的直接互连，其他节点之间不能直接通信，其他节点之间的通信需要该中心节点进行转发，如图 9.2 所示。因此，中心节点必须有着较强的功能和较高的可靠性。

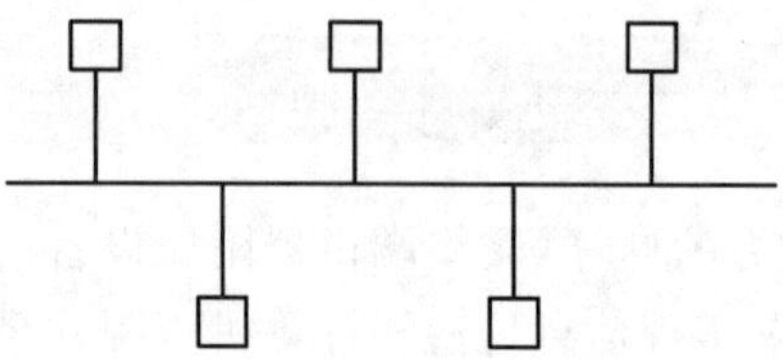

图 9.1 总线型拓扑结构

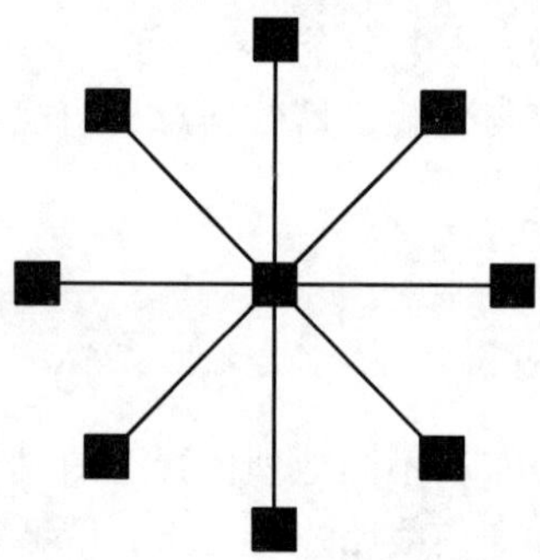

图 9.2 星形拓扑结构

优点：结构简单，建网容易，控制简单，维护容易，网络传输速度快。

缺点：属于集中控制。主机负载过重，可靠性低，通信线路利用率低。安全隐患大。

3. 环形拓扑结构

环形结构是将联网的计算机由通信线路连接成一个闭合的环（见图 9.3），在环形结构网络中信息按照固定方向流动，或顺时针方向，或逆时针方向。

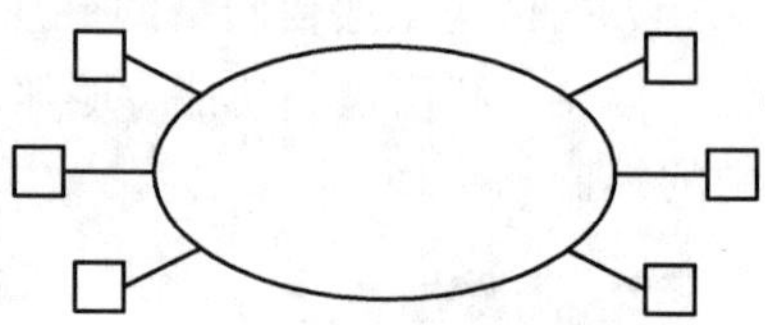

图 9.3 环形拓扑结构

优点：一次通信的最大传输延迟是固定的，每个网上节点只与其他二个节点有物理链路直接互连。传输控制机制简单，实时性强。

缺点：一个节点发生故障时，可能导致全网瘫痪，可靠性差。维护困难，扩展性能差。

4. 混合型拓扑结构

混合型拓扑结构是由星形结构和总线型结构结合的网络结构。其解决了星形网络在传输距离上的局限，同时又解决了总线型网络在连接用户数量上的限制，如图 9.4 所示。

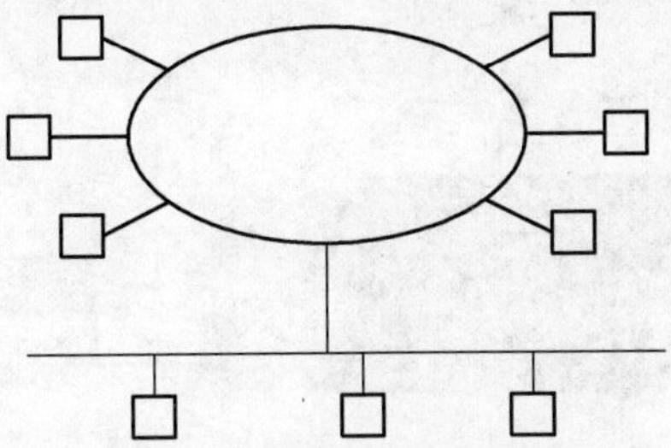

图 9.4　混合型拓扑结构

9.3.2　传输介质

网络传输介质是网络中发送方与接收方之间的物理通路，指在网络中传输信息的载体，它对网络的数据通信影响很大。常用的传输介质为有线传输介质和无线传输介质两大类。不同的传输介质，其特性也各不相同，它们不同的特性对网络中数据通信质量和通信速度有较大影响。

有线传输介质指在两个通信设备间实现的物理连接部分，能将信号从一方传输到另一方。有线传输介质主要有双绞线、同轴电缆和光纤，双绞线和同轴电缆传输电信号，光纤传输光信号。

无线传输介质指周围的自由空间，利用无线电波在自由空间的传播可以实现多种无线通信。在自由空间传输的电磁波根据频谱可将其分为无线电波、微波、红外线、激光等，信息被加载在电磁波上进行传输。

常用的网络传输介质有双绞线、同轴电缆、光纤等。它们的特点如下：

（1）双绞线电缆（见图 9.5）：双绞线分为非屏蔽双绞线（UTP）和屏蔽双绞线（STP）。双绞线的最大网线长度为 100 m，如果要加大网络的范围，在两段双绞线之间可安装中继器，最多可安装 4 个中继器，如安装 4 个中继器连 5 个网段，最大传输范围可达 500 m。

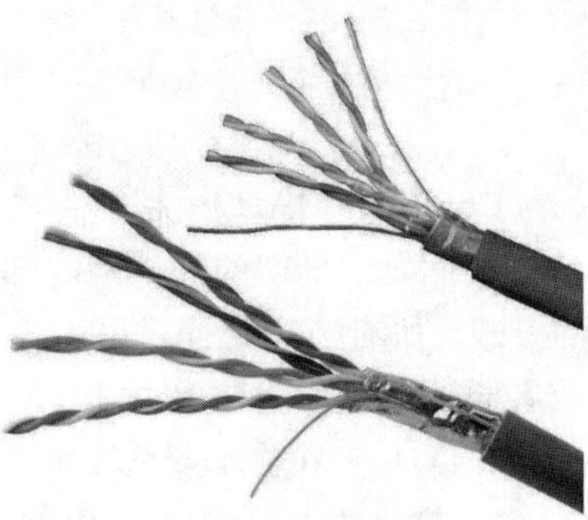

图 9.5　双绞线电缆

（2）同轴电缆（见图 9.6）：① 按直径的不同，可分为粗缆和细缆两种：粗缆传输距离长，性能好但成本高、网络安装维护困难，一般用于大型局域网的干线，连接时两端连接终端负载。细缆安装较容易，造价较低，但日常维护不方便，一旦一个用户出现故障，便会影响其他用户的正常工作。② 根据传输频带的不同，可分为基带同轴电缆和宽带同轴电缆两种类型。基带为数字信号，信号占整个信道，同一时间内能传送一种信号。宽带可传送不同频率的信号。

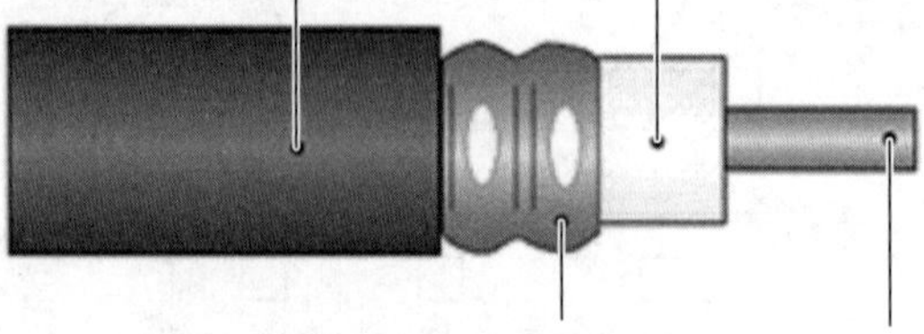

图 9.6　同轴电缆结构

（3）光纤：由一组光导纤维组成，用来传播光束，是细小而柔韧的传输介质。应用光学原理，由光发送机产生光束，将电信号变为光信号，再把光信号导入光纤，在另一端由光接收机接收光纤上传来的光信号，并把它变为电信号，经解码后再处理，如图 9.7 所示。与其他传输介质比较，光纤的电磁绝缘性能好、信号衰小、频带宽、传输速度快、传输距离大。主要用于要求传输距离较长、布线条件特殊的主干网连接。

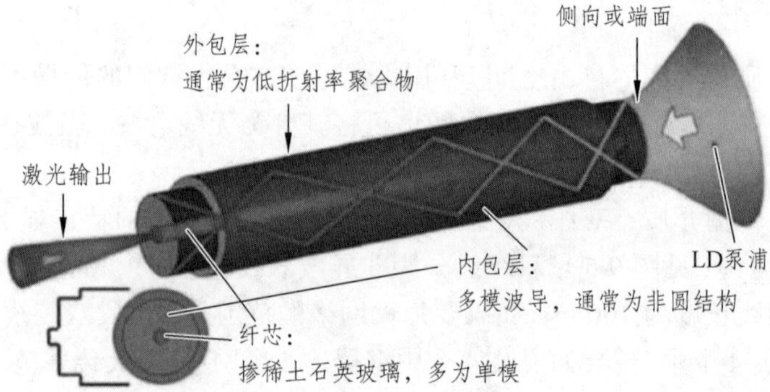

图 9.7　光纤传输原理

9.3.3　访问控制技术

访问控制（Medium Access Control，MAC），是解决当局域网中共用信道的使用产生竞争时，如何分配信道的使用权问题。早期的局域网的部署一般都是总线型的，总线型局域网采用“共享介质”的方式，所有节点都通过网卡连接到作为公共传输介质的总线上。总线通常采用双绞线或者同轴电缆作为传输介质，所有的节点都可以通过总线发送或接收数据，但一段时间内只允许一个节点通过总线发送数据。当一个节点通过总线以“广播”方式发送数据的时候，其他节点只能以“收听”方式接收数据。

总线作为公共的传输介质被多个节点共享，可能出现同时有两个以上的节点通过总线发送数据的情况，有可能会发生冲突，导致传输失败，所以这个时候就需要介质访问控制的方法来进行控制。

目前，广泛采用的两种介质访问控制方法有以下几种。

（1）争用型介质访问控制，又称随机型的介质访问控制协议，如 CSMA/CD（Carrier Sense Multiple Access with/Collision Detection）方式。

CSMA/CD 的工作原理是所有节点都连接在同一作为传输介质的总线上，节点通过总线发送或接收数据。一个节点在总线上以广播形式发送数据时，其他的节点只能以收听的方式接收数据。总线是被多个节点所共享的，就有可能出现同一时刻多个节点通过总线发送数据的情况，可能产生冲突，造成传输失败。节点需要通过“竞争”的方式获得发送权，每个节点能够得到总线发送权的时间是不确定的，所以 CSMA/CD 属于随机型介质访问控制方法。

（2）确定型介质访问控制，又称有序的访问控制协议，如 Token（令牌）方式，Token（令牌）方式分为 Token Ring（令牌环）和 Token Bus（令牌总线）。

Token Ring（令牌环）是在令牌环介质访问控制方法中，使用了一个沿着环路循环的令牌。令牌实际上是一个特殊格式的帧，本身并不包含信息，仅控制信道的使用，确保在同一时刻只有一个节点能够独占信道。当环上节点都空闲时，令牌绕环进行。节点计算机只有取得令牌后才能发送数据帧，因此不会发生碰撞。由于令牌在网环上是按顺序依次传递的，因此对所有入网计算而言，访问权是公平的。由于每个节点不是随机的争用信道，不会出现冲突，因此称它是一种确定型的介质访问控制方法，而且每个节点发送数据的延迟时间可以确定。在轻负载时，由于存在等待令牌的时间，效率低；在重负载时，对各节点公平，效率高。采用令牌环的局域网还可以对各节点设置不同的优先级，具有高优先级的节点可以发送数据，如某个节点需要传输实时性的数据，就可以申请高优先级。

Token Bus（令牌总线）是在物理总线上建立一个逻辑环。从物理连接上看，它是总线结构的局域网，但逻辑上，它是环形拓扑结构。链接到总线上的所有节点组成了一个逻辑环，每个节点被赋予一个顺序的逻辑位置。和令牌环一样，节点只有取得令牌才能发送帧，令牌在逻辑环上依次传递。在正常运行时，当某个节点发送完数据后，就要将令牌传送给下一个节点。

9.3.4 网络协议与互联

1. 开放式系统互联模型

开放式系统互联模型（Open System Interconnection Model，OSI 模型）是一种概念模型，由国际标准化组织提出，一个试图使各种计算机在世界范围内互连为网络的标准框架，定义于 ISO/IEC 7498-1。

OSI 参考模型是一个具有七层结构的体系模型。发送和接收信息所涉及的内容和相应的设备称为实体，OSI 的每一层都包含多个实体，处于同一层的实体称为对等实体。

OSI 参考模型也采用了分层结构技术，把一个网络系统分成若干层，每一层都去实现不同的功能，每一层的功能都以协议形式正规描述，协议定义了某层同远方一个对等层通信所使用的一套规则和约定，如图 9.8 所示。每一层向相邻上层提供一套确定的服务，并且使用与之相邻的下层所提供的服务。从概念上来讲，每一层都与一个远方对等层通信，但实际上该层所产生的协议信息单元是借助于相邻下层所提供的服务传送的。因此，对等层之间的通信称为虚拟通信。

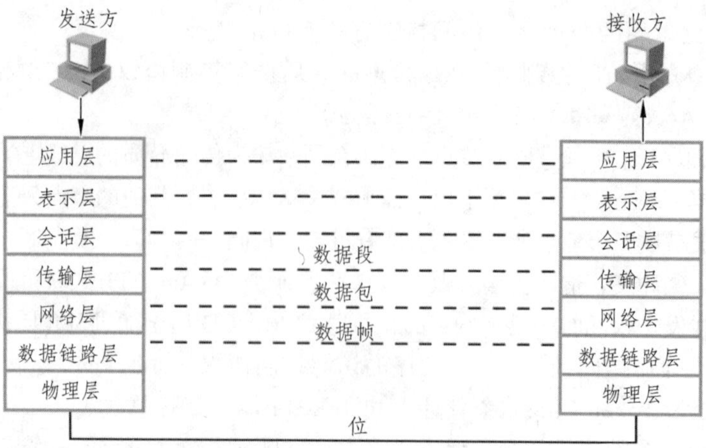

图 9.8　开放式系统互联模型

2. OSI 参考模型的层次划分

OSI 参考模型共可分为 7 个层次。

1）第 7 层 应用层

应用层（Application Layer）提供为应用软件而设的接口，以设定与另一应用软件之间的通信，如 HTTP、HTTPS、FTP、TELNET、SSH、SMTP、POP3、HTML 等。

2）第 6 层 表示层

表示层（Presentation Layer）把数据转换为能与接收者的系统格式兼容并适合传输的格式。

3）第 5 层 会话层

会话层（Session Layer）负责在数据传输中设定和维护计算机网络中两台计算机之间的通信连接。

4）第 4 层 传输层

传输层（Transport Layer）把传输表头（TH）加至数据以形成数据包。传输表头包含了所使用的协定等传送资讯，如传输控制协定（TCP）等。

5）第 3 层 网络层

网络层（Network Layer）决定数据的路径选择和转寄，将网络表头（NH）加至数据包，以形成封包。网络表头包含了网络资料，如互联网协定（IP）等。

6）第 2 层 数据链路层

数据链路层（Data Link Layer）负责网络寻址、错误侦测和改错。当表头和表尾被加至数据包时，会形成资讯框（Data Frame）。数据链表头（DLH）是包含了实体位址和错误侦测及改错的方法。数据链表尾（DLT）是一串指示数据包末端的字符串。如以太网、无线局域网（Wi-Fi）和通用分组无线服务（GPRS）等。

数据链接层分为两个子层：逻辑链路控制（logical link control，LLC）子层和介质访问控制（Media access control，MAC）子层。

7）第 1 层 物理层

物理层（Physical Layer）在局部区域网络上传送数据帧（Data Frame），它负责管理计算机通信设备和网络媒体之间的互通，包括了针脚、电压、线缆规范、集线器、中继器、网卡、主机界面卡等。

9.4 列车通信网络的组成

9.4.1 多功能车辆总线

多功能车辆总线 MVB 是专为铁路列车（车辆）内设备互联而开发的高可靠和强实时的现场总线。多功能车辆总线 MVB 是列车网络中各类信息的发源地，也是服务命令的执行机构。多功能车辆总线具有固定的结构和地址，拓扑结构为一对多主从方式，由总线控制器管理各设备对总线的访问。不同的介质可以直接通过中继器互相连接。MVB 由 1 个专用的主节点控制，它可以被冗余的主节点支持以增加可靠性。MVB 由 1 个集成的总线执行控制器控制，该控制器在物理层提供冗余，1 个设备在 2 个互为冗余的线路上发送，但仅从 1 条线路上接收，同时监视另 1 条线路。

MVB 根据传输介质不同分 ESD、EMD、OGF，一个 MVB 网络结构应包括一个或多个总线段。

（1）ESD 电气短距离介质是依照 RS485 标准的差分传输导线对，在无须电气隔离的情况下在 20 m 的传输距离内最大可支持到 32 个设备。若使用电气隔离，则传输距离可更远。

（2）EMD 由屏蔽双绞线组成的电气中距离介质。在 200 m 的传输距离内最大可支持 32 个设备，允许使用变压器作电气隔离。

（3）OGF 光纤介质。通过星形连接，传输距离可达 2.0 km，主要用于较为苛刻的环境。

（4）采用 8 位的循环冗余校验方式。

（5）物理层支持三种传输介质，通过本身两个通道进行冗余，重要的 I/O 采用双份，冗余切换过程将在尽量短的时间内进行。

（6）通过设置总线重复器，网络拓扑可为总线型、星形或混合型。

（7）数据链路层支持三种基本的数据传输模式：过程数据、消息数据、监督数据。

（8）传输速率为 1.5 Mb/s，信号采用双向 L 型差分曼彻斯特编码；不同的网络（EMD）终点需要配置专用的终端器。

9.4.2 绞线式列车总线

绞线式列车总线 WTB 是专为铁路列车车辆重联而开发的高可靠和实时的现场总线。绞线式列车总线采用总线型拓扑结构，通过跨接电缆或自动连接器来实现车辆之间的互联。WTB 无须中继器传送距离可达到 860 m。WTB 可以以连续顺序给节点自动编号，让所有的节点识别列车的左/右侧。当列车组成改变时，列车总线自动重新构成，得到一个总线主节点，各车辆均自动获得各自的地址、方向（左/右）和位置（前/后），列车中其他车辆的数量和位置。

它特别适合于需要动态编组的列车（也同样适合于固定编组的列车），其具有如下特点：

（1）传输速率为 1 Mb/s，信号采用双向 L 型差分曼彻斯特编码，数据帧格式为 HDLC。

（2）采用 16 位的循环冗余校验方式。

（3）物理层采用变压器耦合的双绞屏蔽线，传输通道可配置为冗余或非冗余方式，不须中继器传输距离可达 860 m（22 节车辆或 32 个节点）。

（4）当采用冗余设计时，如果正在工作的一组列车总线出现问题时，网关能自动控制切换到另一组工作。

（5）网络拓扑为简单的总线型结构，方便车辆间布线。

（6）具有列车初运行功能，支持列车的动态编组。

（7）数据链路层支持两种基本的数据传输模式：过程数据、消息数据。

（8）WTB 通过本身两个通道进行冗余，重要的 I/O 采用双份，冗余切换过程将在尽量短的时间内进行。

9.5 CR400BF 型动车组网络系统

9.5.1 组成及原理

网络控制系统（TCMS）通过贯穿列车的总线实现信息传输，对车辆运行和车载设备动作的相关信息进行集中管理，为司机和乘务员的操作提供有效指导，为设备的维护保养和乘客的服务提供支持。TCMS 具有信息传输、逻辑控制、画面显示、故障诊断和用户支持五大功能，如图 9.9 所示。

9.5.2 网络系统构成

1. 网关及中央控制单元

中央控制单元（CCU）是用于列车自动化的高性能计算机，如图 9.10 所示。中央控制单元主要由网关、CPU 处理板卡、IOM 管理板卡、MVB 通信板卡、数字量输入输出板卡、电源板卡、冷却风扇、机箱等组成。同时扩展可实现网侧电流、变压器差分电流、网压、蓄电池电压等模拟量采集功能。中央控制单元可实现 WTB、MVB、ETH 的通信功能。中央控制单元在通用 CPCI 总线的技术上加入本控制单元特有的信号，实现了扩展性的 CPCI 总线技术；除了 CPCI 总线外，在背板上还包含数字和模拟的 I/O 信号；具有 MVB、以太网接口可以执行高级控制和诊断功能，可以控制任何列车子系统，如制动和车门。它可用于列车子系统的物理控制（如打开/关闭/锁车门、激活供热/制冷/通风等）和诊断（如查看某扇车门正常关闭、监测制动器温度等），是 MVB 总线主设备，具有本牵引单元车辆网络的管理功能，主要负责列车控制、监视和故障诊断，各子系统通过 MVB 总线与 CCU 进行通信。WTB 网关集成在 CCU 机箱中，连接子系统和列车通信网络，用的接口包括多种总线技术（如 WTB、MVB、CAN、串行链路和以太网）以及输入/输出接口模块。

2. 人机接口显示屏（HMI）

通过 HMI 发布部分控制操作指令，各子系统工作状态、故障信息和操作及维修提示信息进行集中显示，如图 9.11 所示。

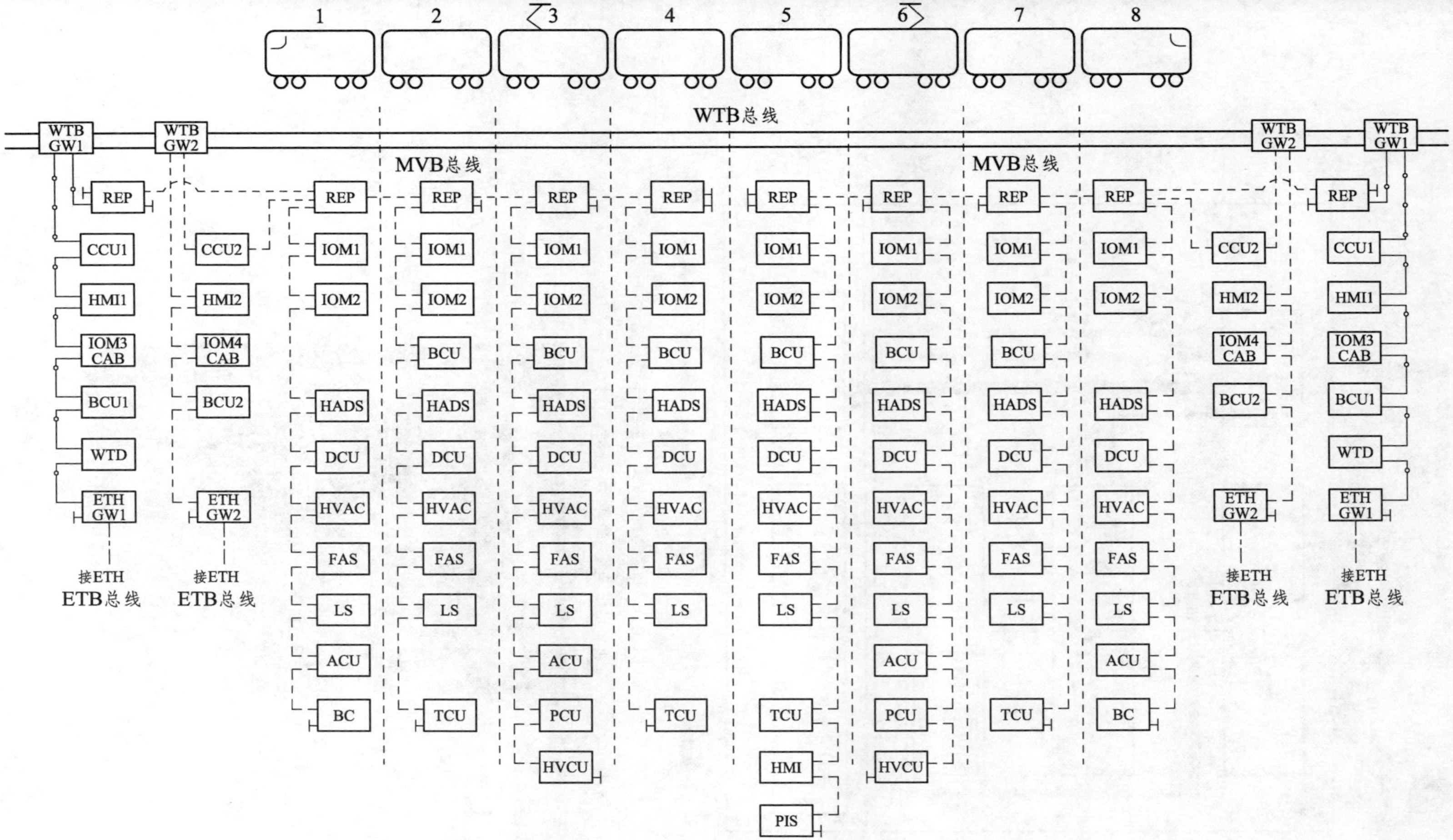

——— 表示WTB线；—∘—∘— 表示MVB信号线；- - - - - 表示MVB信号线；——— 表示硬线；— - — 表示以太网线；

MVB和WTB总线的车间连接用分线盒或两个连接器　　　　图中符号“⊥”表示终端电阻

REP—MVB 中继器；HMI—人机接口；BC—充电机控制单元；CCU—中央控制单元；PIS—旅客信息系统；HVCU—高压控制单元；WTB/MVB—网关；HVAC—空调；LS—横向加速度主机；DCU 门控制单元；BCU—制动控制单元；HADS—热轴检测系统；TCU—牵引控制单元；ACU—辅助控制单元；ETH/GW—以太网网关；WTD—无线传输装置；PCU—受电弓控制单元；IOM—输入输出单元；FAS—火警系统。

图 9.9　网络控制系统

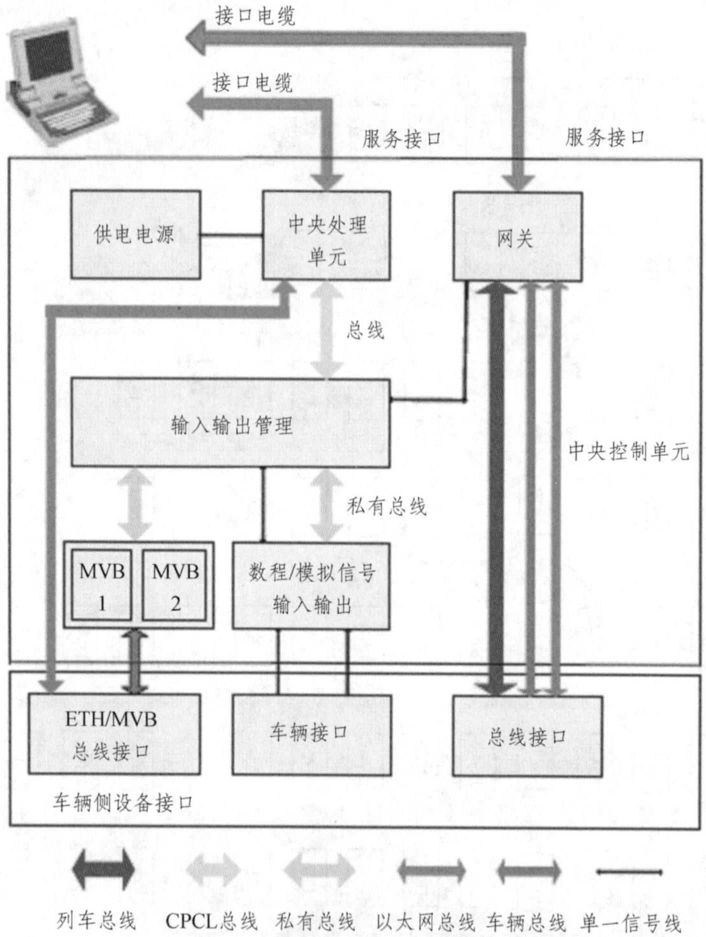

（a）中央控制单元控制框图

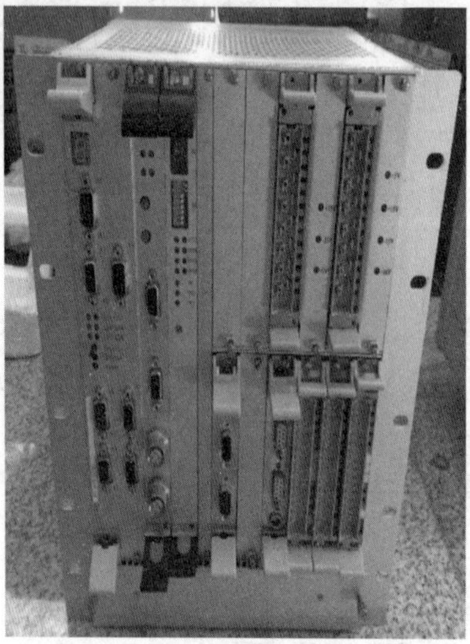

（b）中央控制单元实物

图 9.10　中央控制单元

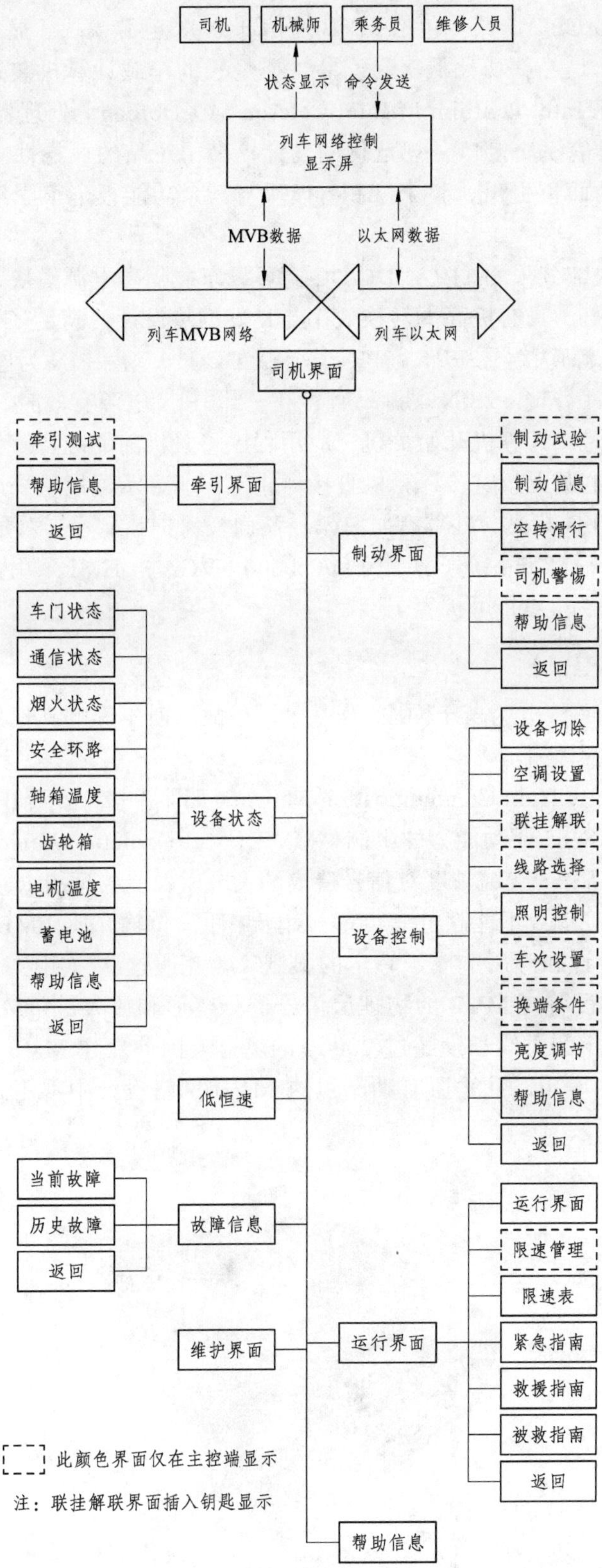

图 9.11　人机接口显示屏功能

HMI 主要包括 CPU 电路（包括 MVB 通信部分）、电源模块、显示器模块、存储器及外围接口电路，是一款功耗低、易安装、质量轻的车载计算机装置。主 CPU 电路模块采用超低功耗 Intel Pentium M/Intel Celeron M（Dothan）处理器，通过 PC104 总线接口与 MVB 通信模块接口，规范化的设计提高了产品的可靠性。内装板卡的接口直接从外围箱体的面板引出，整个 CPU 模块与其余功能板卡牢固地固定在机箱内，抗振性能佳。

HMI 电源模块部分采用 110 V DC/DC 高可靠车载隔离电源模块，外部电源输入范围为 – 30% ~ + 25%，具有极高的转换效率与良好的热设计，满足 GB/T 25119 电磁兼容的相关要求。电源连接器 2PIN、3PIN 均连接 DC 110 V，2PIN 为电源输入，3PIN 作为信号使用。正常工作时，2PIN 电源一直存在，当 3PIN 电源有效时，计算机开始工作，当 3PIN 电源无效时，计算机开始关机，应用程序将关机前的准备工作完成后，计算机停止工作。2PIN 电源无效时，计算机直接停止工作。显示器模块采用高对比度、低反射 TFT 显示屏，LED 背光，外部有防眩晕玻璃面板保护。显示屏对角线 10.4 英寸，显示窗口为 211 mm × 158 mm，分辨率为 800 × 600（VGA）。HMI 采用宽温高可靠工业级存储器，存储空间为 4 G（可扩容）。

3. 中继器（REP）

中继器将车辆总线分为若干网段，当某个网段故障时不影响其他部分车辆总线的工作，可对信号再生和整形。

在列车的 TCN（Train Communication Network）网络中，按照 IEC 61375-1 标准规定，因受物理层 RS485 驱动能力的限制，MVB（Multi-function Vehicle Bus）总线最多可以连接 32 个设备；因线缆长度对信号造成的衰减以及受物理层 RS485 接收能力的限制，MVB 线缆长度最大不能超过 200 m（对于中距离传输介质 EMD），这些条件的存在对 MVB 网络设计和应用造成了一定的限制。为克服这些应用限制，标准中提出可采用 MVB 中继器设备对 MVB 的物理层信号进行整形和放大，使 MVB 网络能应用在设备总数超过 32 个和总线长度超过 200 m 的场合。因此，在 MVB 网络中，MVB 中继器得到了广泛的应用，几乎所有动车组的 MVB 网络设计中都用到了 MVB 中继器（见图 9.12）。

图 9.12　中继器外观

4. 以太网网关（GW）/交换机

以太网网关（GW）/交换机（见图 9.13）实现了 WTB 列车总线和 MVB 车辆总线的通信协议转换，实现了 MVB 总线与以太网总线数据协议转换。TKD586A/B 型以太网网关/交换机包括 TKD586A 型以太网网关和 TKD586B 型以太网交换机两种设备。TKD586A 型以太网网关用于接收列车网络的 MVB 数据，转发到以太网设备，或将以太网的设备转发至 MVB 网络（但需要提前进行相关配置），并用于形成列车以太网总线，连接各车厢的以太网，以及车辆上的各控制设备以太网接口。以太网网关包括 CPU 板卡、ETB 板卡、电源板卡和交换机 4 种模块，安装于 01 车和 08 车的司机室电气柜。TKD586B 型以太网交换机用于列车各设备之间的以太网通信，提供 4 个以太网接口（M12），分别连接相邻车厢的以太网网关，以实现以太网列车级通信功能；并且提供 28 个以太网接口（M12）和 2 个调试以太网口（RJ45），用于连接本车辆内的各设备（最多连接 28 个设备），以实现以太网车辆级通信功能。以太网网关包括 ETB 板卡、电源板卡和交换机 3 种模块，安装于 02 ~ 07 车的乘客室电器柜，每节车厢安装一台；以太网网关也包括交换机模块，因此也可以实现以太网交换机的功能。两者之间的区别在于以太网交换机相比以太网网关缺少 CPU 卡，因此无法接收 MVB 数据，无法实现 MVB/ETH 转换的功能。TKD586A 型以太网网关又被称为 MVB/ETH 网关。

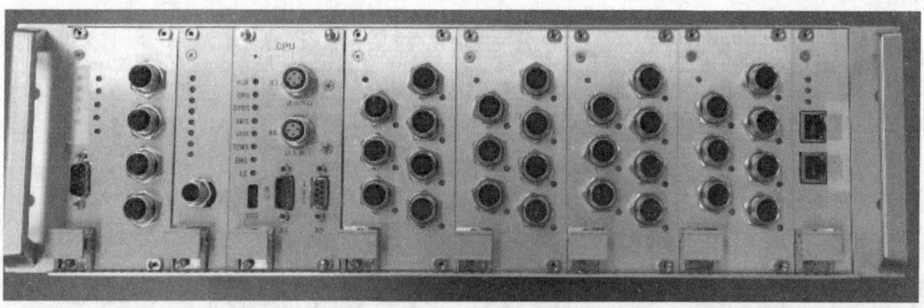

图 9.13　以太网网关

目前，工业以太网技术在列车网络中应用研究的时间不长，为信息交换而设计的以太网用于要求实时性和确定性的列车网络时，还需要一定的技术积累。而且用以太网全面替代现有的列车网络中的现场总线牵涉大批量 MVB 设备的改造，所以现在以太网技术在列车网络中的应用主要采用与现有的 MVB 总线相结合的模式。以太网的列车运行过程中起监视作用，不参与列车控制，当以太网故障时，列车的运行不受影响。由于以太网在列车上的应用，大量的故障数据、事件记录、设备运行参数等都可通过以太网通信的方式传输给显示屏和无线车载设备等，然后根据具体需求对数据进行分类存储、显示以及发送至地面监视服务器，大大提高了对动车组的安全状态和故障情况进行监控的能力，增加了对网络设备维护的手段。原来部分通过 MVB 网络传输的数据可通过以太网进行传输，对传输信息可进行更合理的分配，提高了整个网络通信带宽的利用率。高速动车组以太网总线采用线型拓扑（见图 9.14），传输速率为 100 Mb/s。在每节车厢装有以太网交换机，用于以太网总线之间的连接，可以传输故障诊断、事件记录、显示等数据。以太网采用 100BASE-TX，全双工模式。

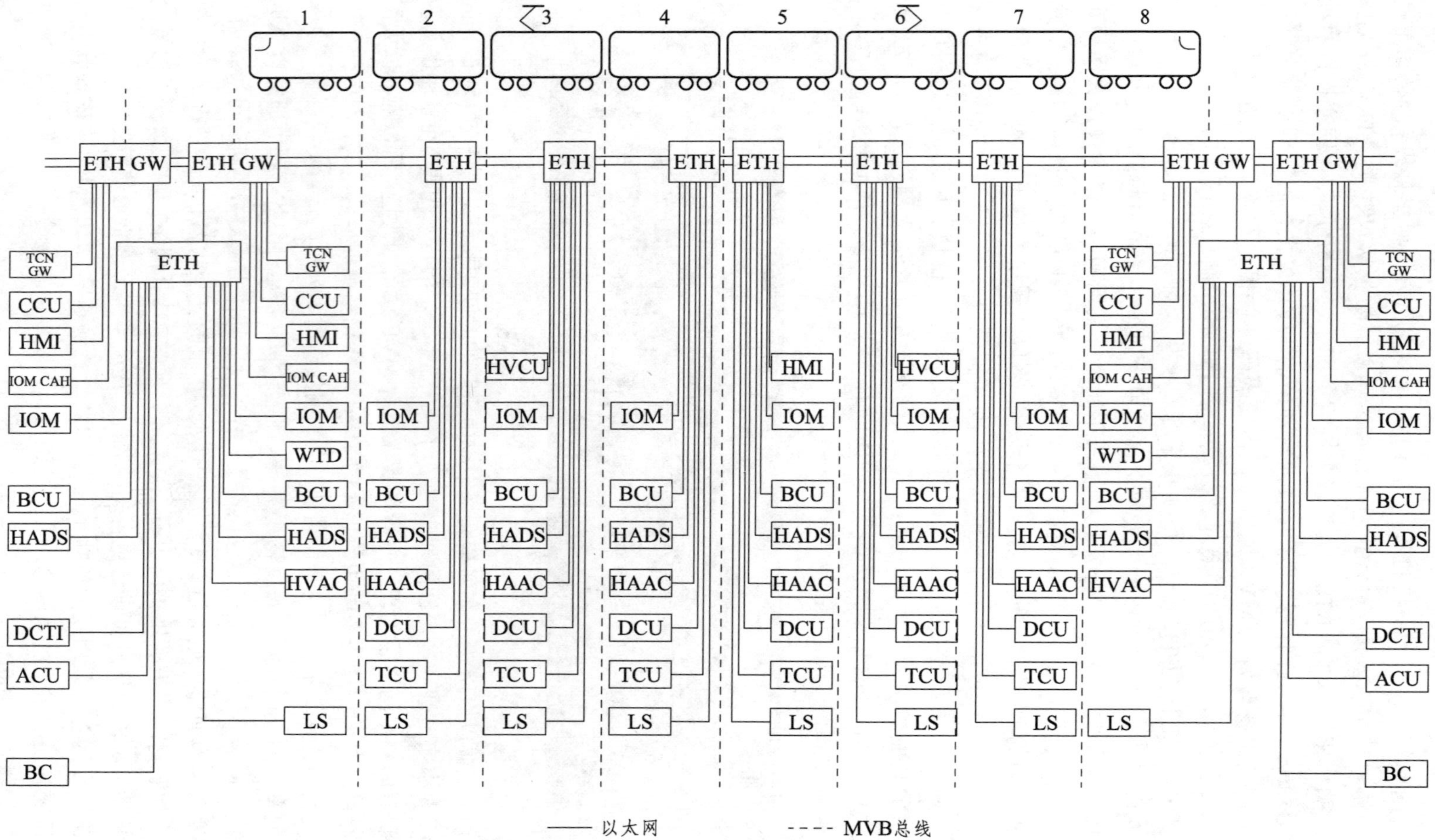

图 9.14　标准动车组以太网拓扑结构

（1）网络硬件（CCU、GW、I/O 模块、HMI、WTD）通过以太网总线连接至各车的以太网交换机。

（2）其他具有以太网接口的子系统控制单元可以通过以太网总线连接至各车的以太网交换机。

（3）以太网网关可以通过 MVB 总线串行接入 MVB 网络，获取 MVB 网络中的信息。

（4）以太网可作为维护网络，对连接至以太网的车载子系统实现单点维护。

（5）以太网目前仅作为监视网，不参与控制，当以太网故障时，动车组能够不受影响地运行。主要网络设备包括 TCN 网关（GATEWAY）、中央控制单元（CCU）、人机接口显示屏（HMI）、中继器（REP）、输入输出模块（IOM）、无线传输装置（WTD）、以太网网关、以太网交换机、高压控制单元等。

5. 输入输出模块（IOM）

输入输出模块与不具有车辆总线接口的输入输出信号进行连接，根据中央控制单元控制指令输出控制。

输入输出模块（IOM）是一种用于采集车辆数字量输入信号，同时具有数字量输出信号功能的装置，大量地用于轨道交通运输车辆。输入输出模块采用模块化的设计，系统的功能被划分成各个功能模块，并采用标准的 3U 尺寸的板卡，可以采集 DC 110 V 或者 DC 24 V 的数字量输入信号，并传输到网络控制系统；同时，可以接收网络控制系统的输出指令，使其输出 DC 110 V 的数字量信号。

输入输出模块主要由 CPU 板卡、MVB 通讯卡、DC 110 V 数字量输入板卡、DC 24 V 数字量输入板卡、DC 110 V 数字量输出板卡、电源板卡、机箱等组成（见图 9.15）；具有 MVB、ETH 接口，可实现 MVB、ETH 的通信功能。

图 9.15　输入输出模块

6. 高压控制单元（HVCU）

基于 CPCI 总线技术的高压控制单元（HVCU）是一种采集车辆高压系统运行状况有关的各种信息，并对这些数据进行逻辑判断处理的装置（见图 9.16），大量地用于轨道交通运输车辆。高压控制单元作为列车高压系统的控制设备，主要实现高压系统设备的管理、运行信息采集、运行状态的监视和故障诊断，如网压、网流、变压器原边/副边电流信号、油温进行采集；过流、过压时可输出硬件保护 DO。从而保证列车高压系统安全可靠地运行。系统采用模块化的设计，划分成各个功能模块，并采用标准的单尺寸和双尺寸实现。例如，中央处理单元、通信接口模块和输入输出模块等。由于模块化技术的稳定发展，所以在各种车辆控制器上运用了很多类型的模块。

图 9.16　高压控制单元

7. 数据记录及无线传输装置（WTD）

适用于 CR400BF 型动车组的远程无线传输装置采用 MVB 网络技术、以太网技术、GSM 无线传输技术、WLAN 无线局域网技术，能够满足检修部门对运行动车组动态跟踪监控、提供远程技术支持和故障应急指导并及时组织维修的实际需求。将高速动车组运行途中传输的信息分为动态位置跟踪信息、基本状态信息和故障信息等。动态位置跟踪信息主要包括运行动车组的位置，如经纬度或线路公里标；基本状态信息主要有速度、牵引、制动、车门、轴温等安全相关信息，以及空调、卫生间等旅客服务设施状态信息等；故障信息主要是在车载网络上传输的、可获取的故障事件以及其相关环境参数，用于故障发生后支持车载故障的诊断、分析、排除及动车组检修。根据动车组列车网络控制系统工作原理，主要状态与报警信息在列车 WTB/MVB 网络上进行传输，报警信息全部汇聚到列车司机显示屏，供司控人员使用。因此，装置应接入 MVB 网络获取有关牵引、制动、供电、空调、门等子系统状态的实时运行数据，与司机显示屏通过以太网连接获取的以故障代码为索引的实时故障数据，通过 GPS 功能模块获取列车位置信息，通过 GPRS 发送实时数据，若终到车站或运用所具备 WLAN 无线覆盖，通过 WLAN 实现过程记录数据下载。装置应安装于动车组端车电气柜内，即每列车配置 2 台无线传输装置，分别与端车司机室显示屏通过以太网连接，并接入 MVB 网络，具备运行信息记录功能、线传输功能（见图 9.17）。

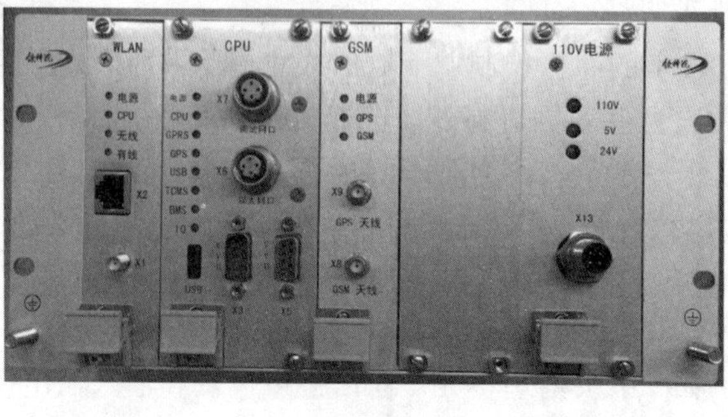

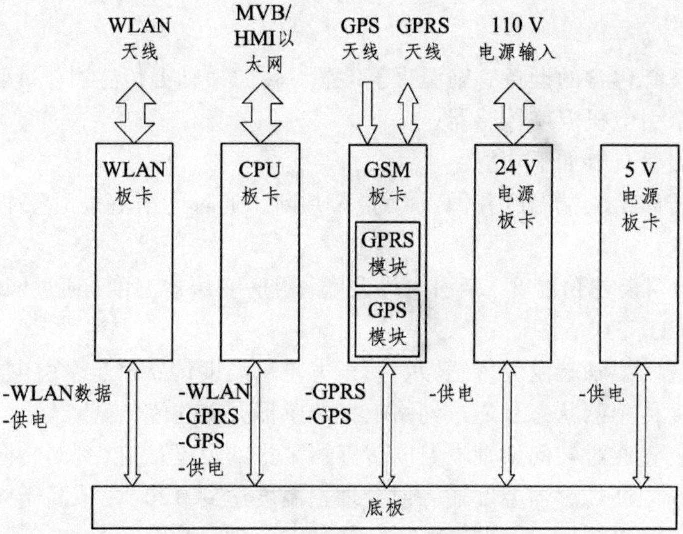

图 9.17　数据记录及无线传输装置

8. 失稳检测装置

失稳检测装置具有转向架稳定性状态报警、记录、下载及跟踪功能，系统网络接口与整车网络的互联。装置通过在车体上安装加速度传感器，实时采集车体的横向、垂向、纵向振动加速度，并传输给监控主机，主机结合列车运行里程、速度、公里标等信息，根据相关标准对加速度信号进行时域分析、频域分析及模式识别，给出车辆运行可靠性的评价结果，并将结果实时发送给整车网络，动车据此采取相应的减速运行及故障导向安全措施。

失稳检测装置由失稳检测主机和传感器组成，每节车厢安装 1 台失稳检测主机，4 个传感器（见图 9.18），主机与传感器之间通过线缆连接，与列车通过列车网络通信。

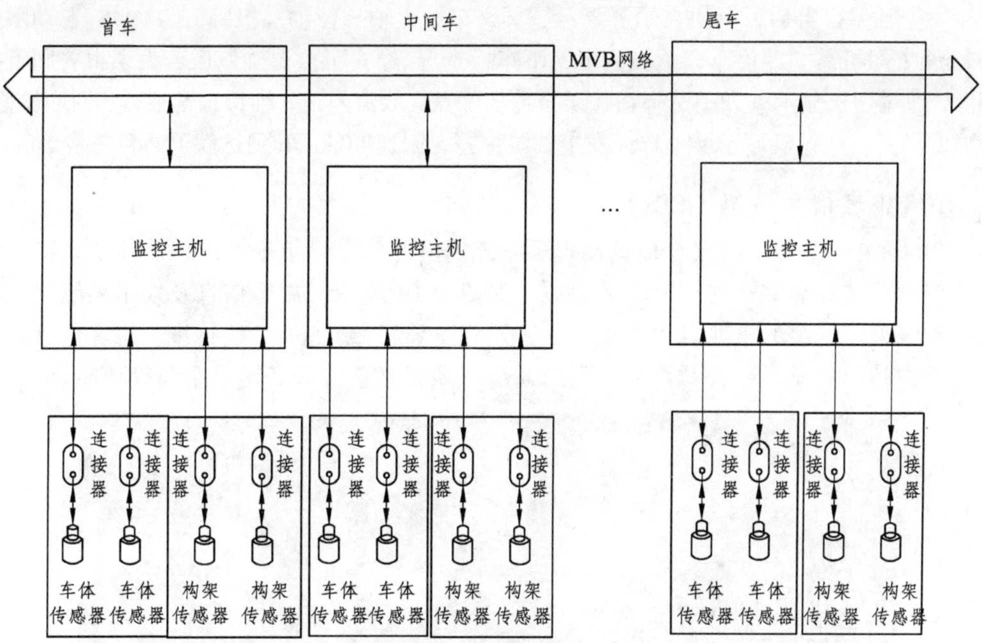

图 9.18　失稳检测装置

9. 热轴主机

轴温报警系统包含的设备有轴温报警装置、转向架轴温传感器。动车还包含齿轮箱温度传感器、牵引电机温度传感器。

轴温报警装置具有如下功能：

（1）监视转向架轴端温度并做预警/报警判断，通过网络上报预警/报警信息以及温度值。

（2）监视动车齿轮箱温度、牵引电机温度、厨房变压器温度，通过网络上报温度值，预警/报警由 CCU 完成。

（3）监视转向架轴端温度传感器、动车齿轮箱温度传感器、牵引电机温度传感器、厨房变压器温度传感器状态，通过网络上报传感器开路/短路信息。

轴温报警装置通过转向架轴端温度传感器采集的温度信息，判断转向架轴端是否发生预警，若判断温度传感器温度输入值合理，温度达到 120 °C 或高于同车同侧其他轴的温度平均值 50 °C，持续时间长于 5 s，就判定为轴温预警。

发生轴温预警后，司机显示屏显示"××车××轴×位轴温预警"，TCMS 提示限速 200 km/h，维持运行。若 TCMS 提示限速 200 km/h 且列车速度大于 200 km/h，1 min 后速度未低于 200 km/h，列车自动施加最大常用制动至速度 200 km/h 以下。

列车限速 200 km/h 后，若温度恢复到门槛值以下，且 TCMS 连续 3 min 收到温度正常信息后自动消除故障，取消限速，恢复运行；若故障再次出现，1 min 后自动限速 200 km/h 运行，故障不可恢复。

轴温报警装置通过转向架轴端温度传感器采集的温度信息，判断转向架轴端是否发生报警，若判断温度传感器温度输入值合理，温度达到 140 °C 或高于同车同侧其他轴的温度平均值 65 °C，持续时间大于 5 s，就判定为轴温报警。

发生轴温报警后，司机显示屏显示"××车××轴×位轴温报警"，TCMS 自动限速 40 km/h（司机需立即停车，汇报调度，下车检查）。经人工点温确认后若为误报警则汇报调度，通过司机显示屏人工选择切除误报警故障点，取消限速，维持正常运行，回库检修。若温度异常，在司机显示屏上选择发生轴温报警，限速 40 km/h 到达就近站台更换车底。

10. 旅客信息系统（PIS）

CR400BF 型动车组旅客信息及娱乐系统由内部信息显示子系统、广播子系统、内部通信子系统和客室电视播放单元组成，如图 9.19 所示。旅客信息及娱乐系统列车级控制总线采用冗余的千兆以太网总线，音频总线采用 UIC568 总线标准。旅客信息系统具有车内外信息显示、公共广播、内部通信、乘客紧急报警、娱乐系统等功能。

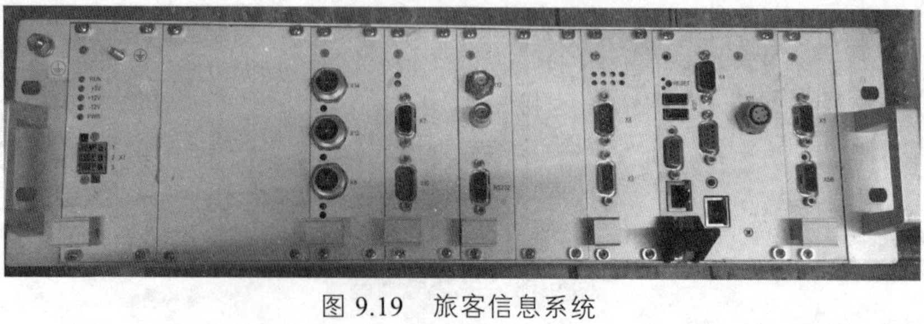

图 9.19　旅客信息系统

旅客信息系统控制器安装在餐车 PIS 柜内，包含配置列车编组和行车路线使用的数据库和文件。旅客信息系统控制器主要完成对列车广播、内部通信和车内外信息显示的控制。

11. 烟火报警系统（FAS）

烟火报警系统用于列车火情监测，如图 9.20 所示，它由 1 个烟火报警控制器（SDCU）、多个火灾探测器（SD）和 1 个线性热探测器（LHD）共同组成，SDCU 和 SD 之间通过双路 CAN 网组成的冗余环形网络互联，其中：

（1）火灾探测器采用的是基于光散射原理的点型感烟火灾探测器，其主要功能有二：一是通过测量自身所处环境的烟雾浓度判定是否有火灾发生（为保证火灾探测器在不同温度环境下测量的准确性，火灾探测器采用了温度补偿及智能差分算法，能主动消除环境和瞬间的烟雾干扰，避免误报）；二是通过测量线性热探测器阻值确定 LHD 所处环境是否发生火灾。

（2）烟火报警控制器主要功能：一是负责为火灾探测器提供 DC 24 V 电源，二是负责采集与其连接的所有火灾探测器数据信息，并对系统运行、报警、故障实时监控；三是将系统状态信息（探测器火警、故障、污染）通过 MVB 和硬线（公共报警）传送给列车网络 TCMS。

（3）线性热探测器用于监视车下牵引和辅助变流器是否有火灾发生。

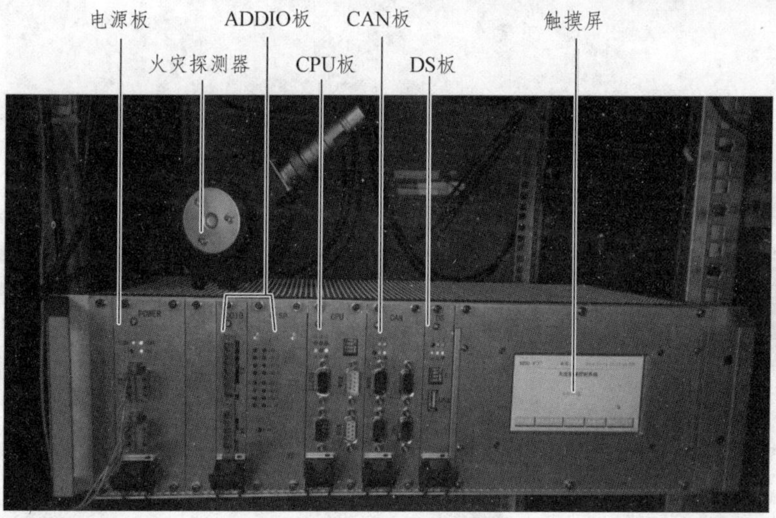

图 9.20　烟火报警系统

12. 车厢视频及弓网监控系统

1）车厢视频监控系统

车厢视频监控系统采用半球网络摄像机、全景网络摄像机对视频图像采集，车厢视频监控服务器主要用于视频存储，为摄像机提供电源以及故障报警等，如图 9.21 所示。

2）受电弓监控系统

监控屏（见图 9.22）集成列车级受电弓视频监控服务器和人机接口，具有数字视频解码和播放功能，以单画面轮询方式显示各受电弓及高压部件视频监控画面，每 30 s（可设置）轮询播放。

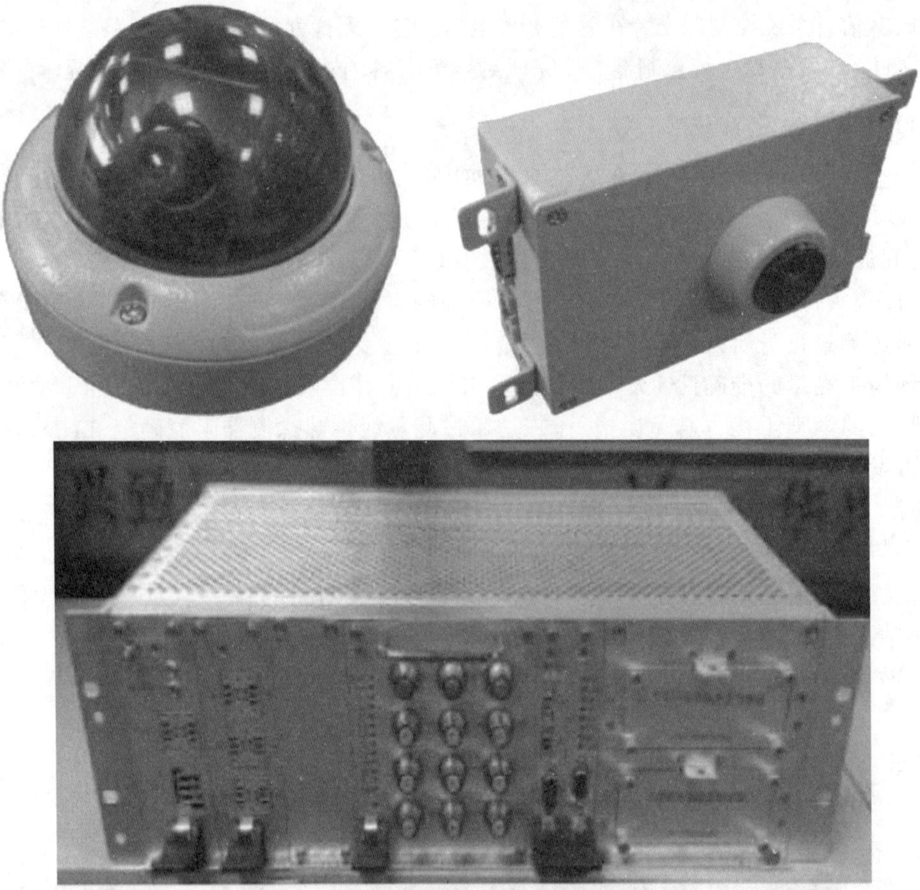

图 9.21　车厢视频监控系统

图 9.22　监控屏

受电弓视频监控系统包括视频监控服务器、受电弓摄像机和监控屏，如图 9.23 所示。监控屏设置在 05 车机械师室，集成列车级视频监控服务器和人机接口，具有数字视频解码和播放功能，单画面轮询方式显示各受电弓及高压部件视频监控画面。视频监控服务器设置在 03 车和 06 车，存储视频图像，图像设里程、区间信息、日期、时间、车次、车厢号和速度标记。视频监控服务器为受电弓摄像机提供电源。受电弓摄像机设置在 03 车和 06 车，靠近邻车受电弓，集成摄像头、云台、补光灯和加热玻璃等，具有云台控制和电动变焦功能，具有补光和强光抑制功能。系统启动后，补光灯默认开启，可根据升降弓信号自动开启和关闭，降弓 10 min 后补光灯自动关闭。受电弓摄像机集成加热玻璃，具有除雾融雪功能。视频监控服务器之间通过车体同轴线独立组网，将视频数据传输至监控屏；AVRU 通过以太网线连接至视频监控服务器，将旅客信息系统提供的车次、里程等数据和列车网络提供的升降弓信号传输至监控屏。

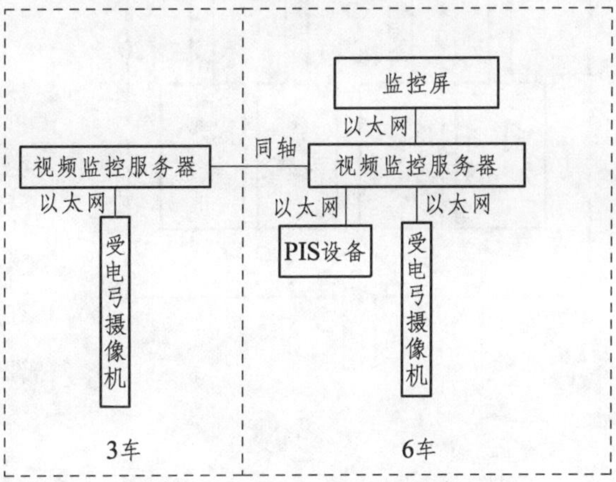

图 9.23　受电弓视频监控系统

13. 座位信息显示系统

CR400BF 型动车组座位信息显示系统，是动车组车辆座位的电子指示系统，提供座位号指示和座位售票状态指示。

CR400BF 型动车组座位信息显示系统根据列车车次号、车厢号等查询条件，从地面站车无线交互平台进行各座位售票状态的检索。列车座位信息显示系统通过座位信息接入点的客票系统专用网络访问地面站车无线交互平台，获取本车次各座位的售票信息。

CR400BF 型动车组座位信息显示系统由座位信息接入点、座位显示网关和座位信息显示器和车顶 3G/4G 天线组成，如图 9.24 所示。座位信息显示系统与旅客信息及娱乐系统共用全列以太网总线。借助全列旅客信息及娱乐系统以太网座位信息接入点将各座椅的售票信息下发至座位显示网关，由座位显示网关转发给座位信息显示器。在每节车厢设有 1 个座位显示网关，负责处理本车过道两侧座位的座位信息。座位显示网关在完成本车厢座位信息的管理外，同时负责完成对本车所有座位信息接入点的管理等功能、座位信息显示器的集中供电。座位信息显示器通过 RS485 通信总线与座位显示网关通信，获取本座椅各座位的售票信息。

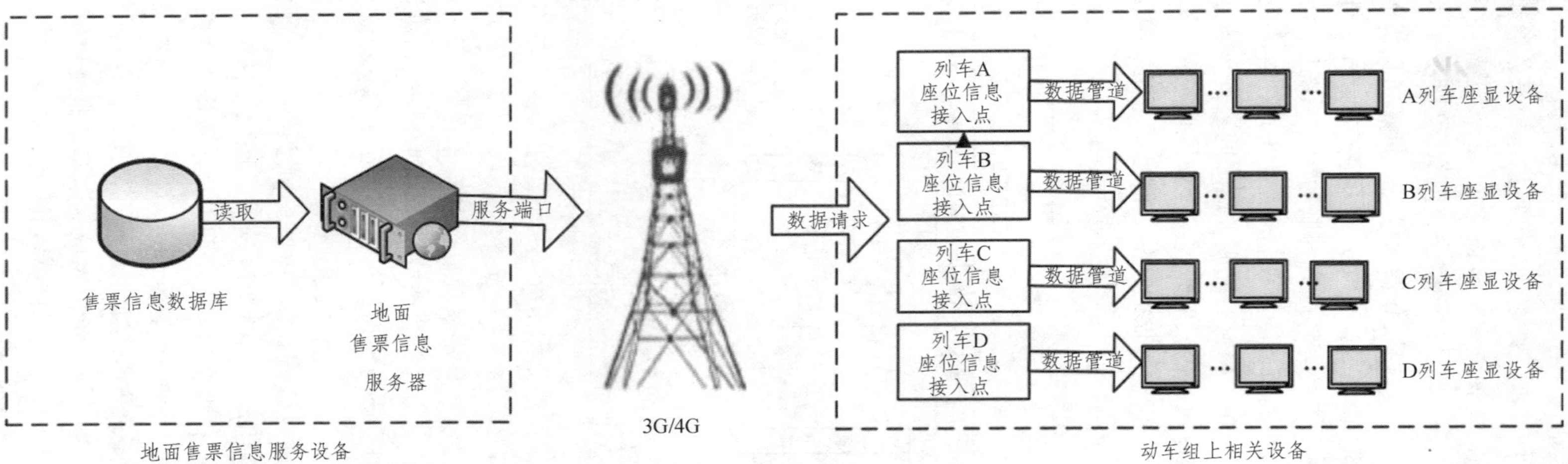

图 9.24　地面售票信息服务器与车上设备通信系统

参考文献

[1] 成桂富，毛茂，张卫.辅助变流器风扇及箱体裂纹原因分析与改进[J]. 铁道机车与动车，2018（12）：44-46,6.

[2] 贾潞，金炜. CR400BF 型动车组辅助变流器主风扇结构故障原因探究[J]. 铁道机车车辆. 2023，43（5）：72-78.

[3] 孟葳. 动车组车体蛇行失稳机理与影响因素试验研究[J]. 铁道机车车辆，2021（2）：28-32，69.

[4] 刘金柱. CR400BF 复兴号动车组网侧过流故障分析与系统优化[J]. 铁道机车车辆. 2021，41（5）：70-75.

[5] 袁路涛. 基于 SiC 器件的 CR400BF 型动车组车载隔离型逆变器研究[D]. 石家庄：石家庄铁道大学，2022.

[6] 罗登. 动车组辅助供电系统拓扑及其控制策略研究[D]. 成都：西南交通大学，2018

[7] 李玉成. CR400BF 型动车组车体平稳性影响因素分析及实际运用探讨[J]. 高速铁路技术. 2022，13（3）：57-61.